权威·前沿·原创

皮书系列为
"十二五""十三五""十四五"时期国家重点出版物出版专项规划项目

BLUE BOOK

智库成果出版与传播平台

河南双创蓝皮书
BLUE BOOK OF MASS ENTREPRENEURSHIP
AND INNOVATION IN HENAN

河南创新创业发展报告（2023）

ANNUAL REPORT ON INNOVATION AND ENTREPRENEURSHIP
DEVELOPMENT OF HENAN (2023)

加快创新要素集聚提升

顾　问　张大卫
主　编　喻新安　胡大白　杨雪梅
副主编　于善甫　郭军峰　于广超　张志娟

社会科学文献出版社
SOCIAL SCIENCES ACADEMIC PRESS (CHINA)

图书在版编目(CIP)数据

河南创新创业发展报告 . 2023：加快创新要素集聚提升 / 喻新安，胡大白，杨雪梅主编 . --北京：社会科学文献出版社，2023.7
  （河南双创蓝皮书）
  ISBN 978-7-5228-2059-0

Ⅰ.①河… Ⅱ.①喻… ②胡… ③杨… Ⅲ.①企业创新-企业发展-研究报告-河南-2023 Ⅳ.①F279.276.1

中国国家版本馆 CIP 数据核字（2023）第 121142 号

河南双创蓝皮书
河南创新创业发展报告（2023）
——加快创新要素集聚提升

顾　　问 / 张大卫
主　　编 / 喻新安　胡大白　杨雪梅
副 主 编 / 于善甫　郭军峰　于广超　张志娟

出 版 人 / 王利民
组稿编辑 / 任文武
责任编辑 / 郭　峰
文稿编辑 / 白　银
责任印制 / 王京美

出　　版 / 社会科学文献出版社·城市和绿色发展分社（010）59367143
　　　　　　地址：北京市北三环中路甲 29 号院华龙大厦　邮编：100029
　　　　　　网址：www.ssap.com.cn
发　　行 / 社会科学文献出版社（010）59367028
印　　装 / 天津千鹤文化传播有限公司

规　　格 / 开　本：787mm×1092mm　1/16
　　　　　　印　张：23.25　字　数：349 千字
版　　次 / 2023 年 7 月第 1 版　2023 年 7 月第 1 次印刷
书　　号 / ISBN 978-7-5228-2059-0
定　　价 / 128.00 元

读者服务电话：4008918866

版权所有 翻印必究

河南创新创业发展报告（2023）
编 委 会

顾　问　张大卫

主　编　喻新安　胡大白　杨雪梅

副主编　于善甫　郭军峰　于广超　张志娟

编　委　（以姓氏笔画为序）

于广超　王奎清　王洪彬　田文富　白文静
刘卫星　刘玉来　刘　晓　刘晓慧　刘蕊娜
杜文娟　李　斌　豆晓利　宋海静　张　冰
张新民　陈明星　武文超　尚思宁　周建光
赵　品　钱　翼　高　昕　郭军峰　崔明娟
韩　雄　韩　鹏　裴茂伟　魏　征　魏琼蕊

主要编撰者简介

喻新安 男,经济学博士,教授,研究员,河南省政协常委、学习和文史委副主任,河南省社会科学院原院长、首席研究员,河南省高校智库联盟理事长,河南中原创新发展研究院、河南新经济研究院首席专家,国家统计局"中国百名经济学家信心调查"特邀专家。享受国务院政府特殊津贴专家,曾获"河南省跨世纪学术带头人"、"河南省优秀专家"、"河南省杰出专业技术人才"、第二届(2011)"河南经济年度人物"称号。先后在河南省委党校、河南省社科联、河南省社会科学院工作。兼任河南省社科联副主席、中国区域经济学会副会长、中国工业经济学会副理事长,河南省"十五"至"十四五"规划专家委员会成员,第三届、第四届皮书学术评审委员会委员。主持国家级、省部级课题30余项,公开发表论文400余篇,出版著作30多部,获省部级社会科学特等奖、一等奖、二等奖20余项。

胡大白 女,黄河科技学院创办人、董事长,教授,中国当代教育名家,享受国务院政府特殊津贴专家。第十届全国人大代表,第九届河南省人大代表,河南省第七、八、九、十次党代会代表,曾任中国民办教育协会监事会主席、河南省民办教育协会会长,现任名誉会长。曾获"中国十大女杰"、"全国三八红旗手"、"60年60人中国教育成就奖"、"中国好人"、"中国好校长"、"世界大学女校长终身荣誉奖"、"河南省劳动模范"、"河南省道德模范"、"河南省优秀共产党员"、"改革开放40周年影响河南十大教育人物"、新中国成立70周年"河南省突出贡献教育人物"等荣誉称号。

从事民办高校管理工作，致力于创新创业理论研究、民办高等教育理论研究等，担任《河南创新创业发展报告》主编、《河南民办教育发展报告》主编。出版著作7部，主持"民办高校实施内涵式发展的战略研究"等省部级以上课题10余项，发表论文60余篇，获第六届河南省发展研究奖一等奖、河南省哲学社会科学优秀成果二等奖等。

杨雪梅 女，黄河科技学院校长，博士，教授，博士生导师，享受国务院政府特殊津贴专家。第十二届、第十三届全国人大代表；全国青联常委，民建中央委员、民建河南省委常委，中国民办教育协会副会长、河南省民办教育协会副会长兼秘书长，河南省高校创新创业协会会长，河南省政府督学、河南省教育评估中心首批评估专家。曾获"全国五一劳动奖章""全国五一巾帼奖章""全国青年五四奖章""全国三八红旗手""全国女职工建功立业标兵""河南省优秀专家""河南省学术技术带头人""河南省十大科技领军人物"等荣誉称号。从事民办高校管理工作，致力于民办高等教育领域理论研究和管理实践。出版专著7部，主编著作（丛书）等10余部（套），主持"民办高校应用型人才培养模式创新与实践"等省部级以上课题20余项，发表论文40余篇。曾获高等教育国家级教学成果奖二等奖、河南省高等教育教学成果奖特等奖、河南省社会科学优秀成果奖一等奖等20余项。

序

河南中原创新发展研究院对河南创新创业的研究已持续七年。第七部河南双创蓝皮书，以"加快创新要素集聚提升"为主题，综合反映我们的研究成果。全书包括总报告、创新主体篇、创新环境篇、创新产业篇和创新探索篇五部分，力求全面、客观、真实地反映2022年以来河南加快创新要素集聚提升的整体面貌，为扎实推进现代化河南建设、谱写新时代中原更加出彩绚丽篇章提供理论和智力支持。

当前，世界经济增长乏力、政治局势动荡不安、逆全球化单边主义盛行，我国经济发展也面临增速放缓、结构调整和动能转换的巨大挑战。党的二十大报告明确指出，必须坚持科技是第一生产力、人才是第一资源、创新是第一动力，要开辟发展新领域新赛道，不断塑造发展新动能新优势。面对严峻复杂的国内外形势，河南基于低成本要素投入的发展模式难以为继，只有大力实施创新驱动发展战略实现经济高质量发展。近年来，河南把创新摆在发展的逻辑起点、现代化河南建设的核心位置，持续壮大民营企业、中小企业等多元创新主体，极大激发平台、载体、人才、资金等创新要素集聚提升效能，为稳定经济大盘提供了坚实支撑。

2022年以来，河南省以创新要素集聚破局求变，创新对高质量发展的支撑引领作用进一步强化。一是创新要素集聚效能全面提升。2022年全省经济大盘总体稳定，三次产业结构持续优化，创新领域全国排名有所提升，新经济、新模式、新技术不断涌现。二是多元创新主体持续壮大。2022年河南市场主体总量1034.5万户，跃居全国第四位，研发经费投入突破1100

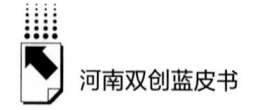

亿元，民营企业创新活力加速释放，形成了由创新型中小企业、"专精特新"中小企业和专精特新"小巨人"企业组成的优质中小企业梯度培育体系。三是创新平台体系更加完备。2022年，河南通过整合省内外创新资源，高标准建设嵩山实验室、神农种业实验室等10家省实验室，省级产业研究院、产业创新中心和中试基地加快布局，河南省科学院、中原科技城、国家技术转移郑州中心加速融合。四是创新创业人才引育更加高效。为集聚一流创新团队，"1+20"一揽子人才引进政策加快实施，"人人持证、技能河南"建设深入推进，"中原英才计划"有序实施，大力吸引豫商豫才返乡创业。五是金融支持创新创业更精准。2022年，河南省高新技术企业、科技型中小企业、"专精特新"企业贷款快速增长，形成政策性科创金融的郑银样本，"信用河南"建设正在提速。六是创新载体能级持续跃升。郑洛新国家自主创新示范区、河南自贸试验区、高新区和开发区引领创新发展，智慧岛"双创"载体建设推广，"中原农谷"建设高效推进。七是制度创新激发创新要素集聚效能。营商环境改革纵深推进，科技体制机制改革全面深化，法律法规护航创新驱动战略实施。八是"三个一批"项目要素集聚效应明显。截至2022年，河南共"签约一批"项目2823个，"开工一批"项目5152个，"投产一批"项目5135个。

在创新资源争夺战日趋激烈的当下，河南需要从创新生态营造、高层次人才引育、高能级创新平台构筑等方面着手。一是着力培育一流创新生态。通过深化"共生型"合作、完善科技服务体系、营造一流创新环境，打造一流创新生态。二是持续构筑高能级创新平台体系。通过高起点建设运行实验室体系、高水平建设科研机构、加快发展高水平研究型大学，加快创新要素集聚。三是大力实施高素质人才引领行动。通过加大引进培养高素质人才力度、着力激发高素质人才活力，增强区域创新能力。四是加快构建多元化金融支持体系。通过进一步发挥政府引领作用、构建多元化资金支持体系，增强对创新活动的支撑作用。五是强化企业创新主体地位。通过完善创新主体阶梯式培育、让企业成为人才"引育用留"主体，促进各类创新要素向企业集聚。六是提高科技成果转化和产业化水平。通过健全科技成果转移转化机制、加强科技成果转移转化服务，提升创新体系效能。

本书以"加快创新要素集聚提升"为主题，围绕高等教育支撑区域经济高质量发展、"中原农谷"建设、科技企业孵化器建设、"专精特新"中小企业高质量发展、科技成果转移转化体系建设、农业强省创新支撑体系建设、创新型人才引进培育环境营造、创新链产业链资金链人才链深度融合、未来产业前瞻布局、传统产业提质发展、战略性新兴产业培育壮大、现代服务业优化提升、科技体制改革、区域创新差异化发展、数字化转型、地市创新发展等方面，力求从不同角度反映 2022 年以来河南加快创新要素集聚提升的整体面貌，提出河南加快创新要素集聚提升的对策建议，为扎实推进现代化河南建设提供理论和实践依据。

河南省高校智库联盟理事长
河南中原创新发展研究院
喻新安
2023 年 4 月 8 日

摘 要

本书以"加快创新要素集聚提升"为主题，分为总报告、创新主体篇、创新环境篇、创新产业篇和创新探索篇，力求从不同的角度反映2022年以来河南加快创新要素集聚提升的做法和成效，为扎实推进现代化河南建设，谱写新时代中原更加出彩的绚丽篇章提供有力的理论和智力支持。

总报告由两篇分报告组成。《2022~2023年创新要素集聚提升与河南经济发展的形势分析与政策取向》，在对河南省创新要素集聚提升的成效进行回顾的基础上，系统分析了2023年加快创新要素集聚提升与河南经济发展的形势，提出了2023年河南加快创新要素集聚提升的对策建议。《河南省城市创新能力评价报告（2023）》从实证的角度入手，构建了包含5个一级指标、37个二级指标的河南省城市创新能力评价指标体系，对河南省18个省辖市的创新能力进行评估，并结合总评价得分排名、分项指标得分排名进行分析。

创新主体篇从河南省创新发展实际出发，以高等院校、中原农谷、科技企业孵化器、"专精特新"中小企业等创新主体为研究对象，对河南高等教育支撑区域经济高质量发展、河南省高职院校孵化器孵化能力提升、加快推进中原农谷建设、推动郑州市科技企业孵化器建设、洛阳市培育"专精特新"中小企业高质量发展、河南科技大学探索实施教育科技创新和创建"双一流"建设高校等问题进行了思考并提出建议。

创新环境篇围绕科技成果转移转化体系、农业强省创新支撑体系、数字营商环境与创新能力、创新型人才引进培育的良好环境营造、创新链产业链

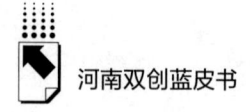

资金链人才链深度融合等主题，对河南省当前创新环境开展分析和研究，提出在加快构建科技成果转移转化体系、完善农业强省建设创新支撑体系、优化数字营商环境、营造创新型人才引进培育的良好环境、推动创新链产业链资金链人才链深度融合等方面的对策建议。

创新产业篇以推动产业结构转型升级为导向，以把实体经济做实做强做优为目标，从河南未来产业前瞻布局、传统产业提质发展、战略性新兴产业培育壮大、现代服务业优化提升、农业绿色发展五个方面出发，提出创新要素集聚助力河南现代化产业体系建设的相关思路和政策建议，为河南全面塑造发展新优势、从容应对国内外发展变革与挑战提供有力支撑。

创新探索篇以河南省以及各地市践行创新发展战略的实践经验为基础，以河南省深化科技体制改革、河南省区域创新差异化发展、河南省中小企业数字化转型研究、濮阳市绿色低碳转型发展、南阳市副中心城市建设、驻马店加速创新要素集聚提升的经验为切入点，梳理河南创新发展过程中取得的成效，分析存在的问题和难点，有针对性地提出对策和建议，以期为各地经济高质量发展提供参考和借鉴。

关键词： 创新创业　创新要素　现代化河南

目 录

Ⅰ 总报告

B.1 2022~2023年创新要素集聚提升与河南经济发展的
形势分析及政策取向………… 河南中原创新发展研究院课题组 / 001

B.2 河南省城市创新能力评价报告（2023）
……………………… 河南中原创新发展研究院课题组 / 043

Ⅱ 创新主体篇

B.3 河南高等教育支撑区域经济高质量发展路径研究……… 高　昕 / 060

B.4 河南省高职院校孵化器孵化能力提升策略研究………… 白文静 / 074

B.5 加快推进中原农谷建设　打造国家现代农业科技创新高地
…………………………………………… 豆晓利　赵　品 / 087

B.6 推动郑州市科技企业孵化器建设对策研究
…………………………… 韩　雄　魏琼蕊　刘蕊娜 / 097

B.7 洛阳市培育"专精特新"中小企业高质量发展研究
…………………………………………… 钱　翼　刘玉来 / 112

B.8 河南科技大学实施教育科技创新
和创建"双一流"建设高校的探索 …………………… 王洪彬 / 123

Ⅲ 创新环境篇

B.9 河南省科技成果转移转化体系建设的思路与对策研究
………………………………………………………… 李　斌 / 135
B.10 河南建设农业强省的创新支撑体系研究 …………… 陈明星 / 147
B.11 河南数字营商环境对创新能力的影响及对策研究 …… 张　冰 / 160
B.12 河南省营造创新型人才引进培育良好环境问题研究 … 魏　征 / 171
B.13 河南推动创新链产业链资金链人才链深度融合研究 … 崔明娟 / 182

Ⅳ 创新产业篇

B.14 河南以创新要素集聚支撑未来产业前瞻布局 ………… 尚思宁 / 197
B.15 河南省以创新要素集聚助力传统产业提质发展的路径
………………………………………………………… 张志娟 / 209
B.16 河南省以创新要素集聚助力战略性新兴产业培育壮大
………………………………………………………… 刘　晓 / 221
B.17 河南省以创新要素集聚助力现代服务业优化提升的对策
………………………………………………………… 杜文娟 / 233
B.18 郑州市以农药包装废弃物回收处理加快农业绿色发展的
实践创新 ……………………………………………… 赵　品 / 246

Ⅴ 创新探索篇

B.19 河南省深化科技体制改革的思路和对策研究 ………… 刘卫星 / 257

目 录

B.20 河南省区域创新差异化发展问题与对策研究 ………… 王奎清 / 271
B.21 数字经济时代河南省中小企业数字化转型研究
　　　………………………………… 宋海静　张红玉　岳佳坤 / 281
B.22 濮阳市创新引领绿色低碳转型发展的实践探索 ……… 田文富 / 291
B.23 南阳集聚创新要素助力副中心城市建设研究 ………… 韩　鹏 / 301
B.24 驻马店加速创新要素集聚提升的经验与启示 ………… 张新民 / 314

Abstract …………………………………………………………… / 325
Contents …………………………………………………………… / 328

皮书数据库阅读 **使用指南**

CONTENTS

Ⅰ General Reports

B.1 Analysis on Innovation Factor Agglomeration and Upgrading and Henan's Economic Development Policy in 2022-2023
Research Group of Henan Zhongyuan Innovation and Development Research Institute / 001

B.2 Evaluation Report on Urban Innovation Capacity in Henan Province (2023)
Research Group of Henan Zhongyuan Innovation and Development Research Institute / 043

Ⅱ Innovation Entities

B.3 Research on Henan Higher Education to Support High-quality Regional Economic Development *Gao Xin* / 060

B.4 Research on Strategies for Enhancing the Incubation Ability of Incubators in Higher Vocational Colleges in Henan Province
Bai Wenjing / 074

CONTENTS

B.5 Accelerate the Construction of the Zhongyuan Agricultural Valley and Build a Focused Area of National Modern Agricultural Science and Technology Innovation *Dou Xiaoli, Zhao Pin* / 087

B.6 Research on Strategies for Promoting the Construction of Technology Enterprise Incubators in Zhengzhou
Han Xiong, Wei Qiongrui and Liu Ruina / 097

B.7 Research on Cultivating High-quality Development of "Specialized, Refined, Differential and Innovative" Small and Medium-sized Enterprises in Luoyang City *Qian Yi, Liu Yulai* / 112

B.8 A study on Henan University of Science and Technology Implements Educational Science and Technology Innovation and Develop Double First-Class University *Wang Hongbin* / 123

III Innovation Environment

B.9 Research on the System of Commercial Application of Technological Achievements in Henan *Li Bin* / 135

B.10 Research on the Innovation Support System for Henan's Construction of an Advanced Agricultural Province *Chen Mingxing* / 147

B.11 Research on Henan's Digital Business Environment and Innovation Capacity *Zhang Bing* / 160

B.12 A Study on Creating a Good Environment for Introducing and Cultivating Innovative Talents in Henan Province *Wei Zheng* / 171

B.13 Henan Promotes the Deep Integration of Innovation Chain, Industrial Chain, Capital Chain and Talent Chain *Cui Mingjuan* / 182

IV Innovation Industries

B.14 Henan's Future Industrial Distribution Supported by Innovative Factor Agglomeration *Shang Sining* / 197

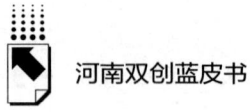

B.15 Henan to Promote the Quality Improvement and Development
of Traditional Industries with the Agglomeration of Innovative
Factors　　　　　　　　　　　　　　　　　*Zhang Zhijuan* / 209
B.16 Henan Helps Cultivate and Grow Emerging Sectors of Strategic
Importance with the Agglomeration of Innovative Factors　　*Liu Xiao* / 221
B.17 Strategies for Henan Province to Assist in the Optimization and
Upgrading of Modern Service Industry with the Agglomeration
of Innovative Factors　　　　　　　　　　　　　　*Du Wenjuan* / 233
B.18 Zhengzhou City Accelerates the Practical Innovation of Green
Agricultural Development with the Recycling of Pesticide
Packaging Waste　　　　　　　　　　　　　　　　　　*Zhao Pin* / 246

Ⅴ　Innovation Studies

B.19 Research on Ideas and Countermeasures for Deepening the Reform of
the Science and Technology System in Henan Province
　　　　　　　　　　　　　　　　　　　　　　　　　Liu Weixing / 257
B.20 Research on Regional Innovation and Differentiated Development
Problems and Countermeasures in Henan Province　　*Wang Kuiqing* / 271
B.21 Research on the Digital Transformation of Small and Medium-sized
Enterprises in Henan Province in the Era of Digital Economy
　　　　　　　　　　　Song Haijing, Zhang Hongyu and Yue Jiakun / 281
B.22 Puyang City's Practice of Innovation Leading the Development of
Green and Low-carbon Transformation　　　　　　　*Tian Wenfu* / 291
B.23 Research on Nanyang Agglomeration Innovation Factors Help
Sub-central City Construction　　　　　　　　　　　　*Han Peng* / 301
B.24 Experience and Enlightenment of Accelerating the Accumulation
and Upgrading of Innovation Factors in Zhumadian
　　　　　　　　　　　　　　　　　　　　　　　Zhang Xinmin / 314

总报告

General Reports

B.1
2022~2023年创新要素集聚提升与河南经济发展的形势分析及政策取向

河南中原创新发展研究院课题组*

摘　要： 2022年以来，河南把创新摆在发展的逻辑起点、现代化河南建设的核心位置，持续壮大民营企业、中小企业等多元创新主体，极大激发平台、载体、人才、资金等创新要素集聚提升效能，加快摆脱低成本要素投入发展模式，为稳定经济大盘提供了坚实支撑。当前，面对国内外宏观环境的深刻变化，河南省经济发展也面临前所未有的机遇和挑战。一方面，我国经济加快恢复，科技创新全面发力，经济长期向好的基础比较扎实。另一方面，全省经济发展面临的不确定性增加，部分结构性矛盾进一步凸显，推

---

* 课题组组长：喻新安，博士，河南中原创新发展研究院院长、河南省高校智库联盟理事长，研究方向为区域经济、产业经济。课题组成员：于善甫、刘晓慧、郭军峰、张志娟、武文超、张冰、崔明娟、杜文娟、豆晓利、田文富、李斌、宋瑜、蒋睿、刘晓、魏征。执笔人：于善甫、刘晓慧、郭军峰。

动高质量发展任务更加艰巨。从当前的国内外形势来看，河南面临的机遇大于挑战。2023年，要以习近平新时代中国特色社会主义思想为指导，全面学习贯彻党的二十大精神及中央经济工作会议精神，落实好省委、省政府各项工作部署，牢牢抓住构建新发展格局战略机遇，全面落实各项"拼经济"举措，聚焦改革创新，释放政策效能。在创新要素争夺日趋激烈的当下，河南仍需从创新生态培育、高能级创新平台体系构筑、高层次人才引育、多元化金融支持体系构建、企业创新主体地位强化、科技成果转化和产业化等方面入手，加快形成共促高质量发展的合力。

关键词： 创新要素　高质量发展　创新创业　制度创新　"三个一批"

一　河南省创新要素集聚提升的成效分析

2022年以来，河南省以创新要素集聚破局求变，创新对高质量发展的支撑引领作用进一步强化。一方面，创新主体活力加速释放，创新平台载体更加完备，"三个一批"项目滚动分批建设，高端创新资源协同创新格局逐渐形成。另一方面，创新创业人才引育政策逐步完善，专精特新贷大力推行，政策性科创金融模式加快探索，一流创新生态正在加速构建。

（一）创新要素集聚效能全面提升

1. 经济大盘总体稳定，多项指标企稳回升

在创新要素集聚效应的带动下，2022年河南省经济稳定向好、稳中提质，在全力稳住经济大盘中贡献了大省力量。如表1所示，2022年，河南省地区生产总值（GDP）、规模以上工业增加值、固定资产投资、社会消费品零售总额等主要经济指标增速均高于全国、位次前移，经济增速扭转了2020年以来连续两年低于全国平均水平的局面，消费支撑经济增长的韧性

不断增强，投资拉动经济发展的"驾辕之马"作用更加凸显。

2022年，河南省社会消费品零售总额突破2.4万亿元，同比增长0.1%，高于同期全国增速0.3个百分点；全省固定资产投资同比增长6.7%，比上年提高2.2个百分点，高于同期全国增速1.6个百分点，成为全省经济发展的亮点；全省工业技改投资同比增长34.4%、制造业投资同比增长29.7%、工业投资同比增长25.4%，分别高于全国25.3个、20.6个、15.1个百分点；全省全部工业增加值约2万亿元，增速快于全国0.8个百分点，新兴工业大省地位更加稳固；全省进出口总值达8524亿元，同比增长4.4%，进出口规模居全国第9位，比2021年前移1位，连续11年稳居中部六省第1位。其中，民营企业实现进出口金额4077.6亿元，同比增长11.6%，占全省进出口总值的47.8%，同比提高3.1个百分点。

表1　2022年河南省主要经济指标增速及排名

单位：亿元，%

经济指标	绝对量	总量排名	河南同比增速	全国同比增速	河南增速在全国的排名	河南增速在6个经济大省的排名
GDP	61345.05	全国第5位中部第1位	3.1	3.0	第15位，比2021年前移12位	第2位，比2021年前移4位
规模以上工业增加值	—	—	5.1	3.6	第16位，比2021年前移11位	第1位，比2021年前移5位
固定资产投资	—	—	6.7	5.1	第13位，比2021年前移10位	第2位，比2021年前移4位
社会消费品零售总额	24407.41	全国第5位	0.1	-0.2	第12位，比2021年前移13位	第3位，比2021年前移3位

资料来源：河南省统计局。

2. 三次产业结构持续优化，高附加值产业占比上升

2022年，河南省第一产业增加值5817.78亿元，同比增长4.8%；第二产业增加值25465.04亿元，同比增长4.1%；第三产业30062.23亿元，同比增长2.0%。河南省三次产业结构为9.5∶41.5∶49.0，接近7.3∶39.9∶

52.8的全国水平（见图1），初步形成以先进制造业和现代服务业为主体、特色现代农业为基础的现代产业体系。2022年，战略性新兴产业、高技术制造业增加值占规模以上工业增加值的比重分别为25.9%、12.9%，同比分别提高1.9个和0.9个百分点，创新驱动发展、转换发展动能势头强劲。①

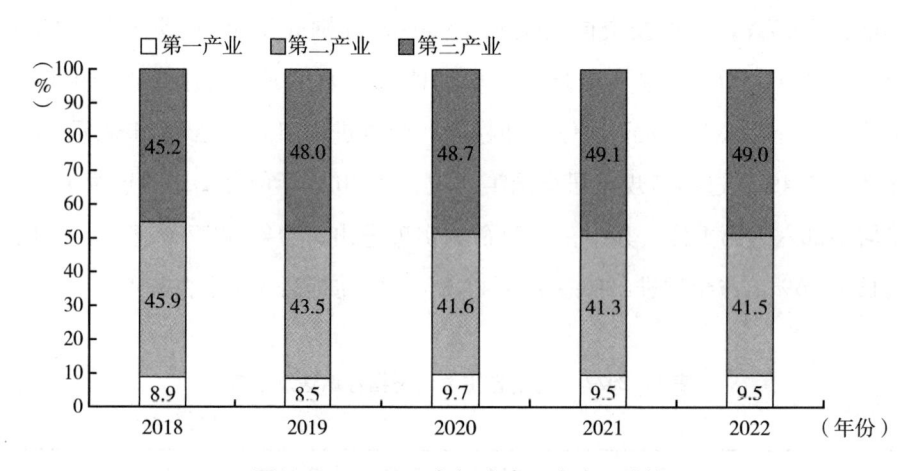

图1　2018~2022年河南省三次产业结构

资料来源：河南省统计局。

3. 创新领域排名有所提升，县域创新进入全国百强

得益于黄河流域生态保护和高质量发展这一国家战略的落实和推进，河南省创新领域排名提升。《中国区域科技创新评价报告2022》显示，河南省综合科技创新水平分值为62.31分，排名全国第17，比2021年提升2位；科技活动人力投入指数、高新技术产业化水平指数排名分别比2021年提升4位、2位。

中国中小城市发展指数研究课题组、国信中小城市指数研究院发布的"2022年度全国科技创新百强县市"榜单显示，河南省8县市上榜，分别是新郑市、巩义市、长葛市、禹州市、荥阳市、长垣市、永城市、中牟县。郑

---

① 河南省统计局：《2022年河南省国民经济和社会发展统计公报》，2023年3月23日。

州市中原区、二七区上榜"2022年度全国科技创新百强区"。在中国信通院发布的"2022年中国创新百强县（市）"榜单中，河南有长垣、巩义、长葛3个县（市）上榜。郑州市金水区分别以第8名、第20名上榜"赛迪创新百强区（2022）""赛迪百强区（2022）"。

4. 新经济新模式新技术涌现，数字化转型战略加快实施

河南省平顶山市被国家发展改革委评为2022年度战略性新兴产业集群发展成效明显城市，同时入选的还有上海市杨浦区、江苏省常州市、浙江省杭州市、安徽省铜陵市、福建省福州市、江西省赣州市、山东省烟台市、湖南省娄底市和广东省深圳市。安阳高新区先进钢铁材料制品制造创新型产业集群、平顶山高新区高性能塑料及树脂制造创新型产业集群、焦作高新区新能源汽车储能装置制造产业集群3个创新型产业集群入选科技部公布的2022年创新型产业集群，获批数量位列全国第3。这些创新型产业集群形成了"产业引领+龙头企业带动+大中小企业融通+金融赋能"的创新发展生态，成为推动河南高新技术产业高质量发展的重要平台。

《2022年河南省数字经济发展工作方案》明确提出，大力推进"5110"工程，即"五化"发展、一个牵引、十个行动。2022年，印发《河南省"十四五"新型基础设施建设规划》《河南省区块链技术应用和产业发展行动方案（2022—2025年）》《河南省大数据产业发展行动计划（2022—2025年）》《河南省元宇宙产业发展行动计划（2022—2025年）》《河南省卫星产业发展规划》等，全力打造数字经济高地。2022年，河南省区块链产业园区正式揭牌，郑州市获得工信部批准创建国家区块链发展先导区，国家超级计算郑州中心"超算人工智能公共服务平台"上线，中国移动（河南郑州）航空港区数据中心入选工信部公布的2022年国家新型数据中心典型案例名单。

（二）多元创新主体持续壮大

1. 市场主体总量跃居全国第四位

市场主体是技术进步的主要推动者，在国民经济发展中发挥着十分重要的作用。河南省人民政府办公厅发布的《关于培育壮大市场主体的实施意见》，提出六个方面24项举措，打出促进市场主体发展"组合拳"。同时，成立省培育壮大市场主体工作领导小组，统筹指导各地、各有关部门开展工作，协调解决重大问题。得益于深化"放管服效"改革和激发创新创业热情等政策措施制定实施，2022年河南市场主体达1034.5万户，同比增长20.9%，成为继粤鲁苏之后全国第4个市场主体总量破千万户的省份。其中，新设市场主体252.6万户，较上年增长68.0%。新技术、新产业、新业态、新模式"四新经济"市场主体数量较2021年底增长21.7%。

2. 大型企业创新投入力度加大

2022年，河南省研发经费投入突破1100亿元，规模以上工业企业研发活动覆盖率达到52%；技术合同成交额首次突破千亿元，同比增长68%。2022年《河南企业100强发展报告》显示，2018年以来，河南100强企业的入围门槛、营业收入、利润总额、研发投入等主要经济指标加快改善。2022年，河南100强企业共投入研发经费387.21亿元，与上年相比增长21.67%，远超上年7.89%的增长水平（见表2）。平煤神马、宇通集团、能源集团、中航光电和郑煤机的研发经费投入排在全省前五，研发经费投入合计超过96亿元。"2022年中国大企业创新100强"榜单显示，河南有龙佰集团和宇通集团2家企业上榜。其中，龙佰集团以收入利润率26.84%排在全国创新百强企业的第2位，仅次于深圳市大疆创新科技有限公司。

表2 2018~2022年河南企业100强主要经济指标变化情况

经济指标	2018年	2019年	2020年	2021年	2022年
入围门槛（亿元）	14.44	17.29	26.73	42.68	52.99
营业收入（亿元）	14261.91	15507.05	18578.16	22168.24	25289.16
利润总额（亿元）	556.18	666.34	811.14	1205.14	1253.03
纳税总额（亿元）	582.39	695.31	730.06	696.84	831.64
研发投入（亿元）	229.46	278.22	294.99	318.25	387.21
百亿级企业数量（家）	35	38	42	53	60

资料来源：根据2018~2022年河南省企业联合会、河南省企业家协会发布的《河南企业100强发展报告》整理。

3. 民营企业创新活力加速释放

河南省全面深化民营经济"两个行动"("两个健康"百县提升行动和"一联三帮"保企稳业专项行动），纵深推进"万人助万企"活动，毫不动摇支持促进民营经济健康成长，推动民营企业成为产业链、创新链上的中坚力量。2022年，河南省出台《关于新时代促进全省民营经济高质量发展的意见》，加强民营经济政策支持，提振民营企业发展信心。目前，华兰生物、多氟多、驼人医疗、安图生物、仕佳光子等民营企业组建了20多家省级产业研究院和中试基地，双汇集团、宇通集团、卫华集团等18家龙头民营企业在全省30条先进制造业重点产业链中担任了产业链盟会长单位。据河南省工信厅统计，截至2022年，河南省累计培育国家级专精特新"小巨人"企业370家，其中民营企业327家，占比88.4%；省级专精特新"小巨人"企业2211家，其中民营企业1945家，占比88%。

4. 中小企业创新能量竞相进发

近年来，河南持续培育优质中小企业，逐渐形成由创新型中小企业、"专精特新"中小企业和专精特新"小巨人"企业三个层次组成的优质中小企业梯度培育体系，不断提升中小企业创新能力和专业化水平。2022年，河南省高新技术企业突破1万家，同比增长29.6%，科技型中小企业达到2.2万家，同比增长45.3%，总量居中西部首位。2023年3月，河南省工信厅正式公布2022年度河南省创新型中小企业名单，共有7826家企业入选。在河南8家北交所上市企业中，天马新材、众诚科技、惠丰钻石、科创新材、同心传动、利通科技6家企业为专精特新"小巨人"企业，占北交所上市豫企数量的75%。2022年，河南省科技厅、发展改革委和工信厅等部门共同遴选了116家省级创新龙头企业、104家省级"瞪羚"企业。洛阳LYC轴承有限公司（以下简称"洛轴"）、河南豫光金铅集团有限责任公司（以下简称"豫光金铅"）2家河南省国企入选国务院国资委评选的"创建世界一流专精特新示范企业"名单。洛轴自主研发并顺利交付了16MW平台风电主轴轴承，豫光金铅研发了"废旧铅酸蓄电池自动分离—底吹熔炼再生铅"先进工艺。

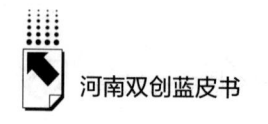

（三）创新平台体系更加完备

1. 省实验室高标准建设

省实验室是河南省高能级创新平台的第一梯队，也是打造国家战略科技力量的主力军。河南整合种业创新、新能源、食品、生物医学等重要领域的省内外创新资源，依据《河南省实验室建设管理办法（试行）》，相继成立10家省实验室，实验室主任均由"两院"院士担任（见表3），实验室学术委员会或战略咨询委员会委员由130多位院士担任。其中，嵩山实验室确定了7位院士专家担任首席科学家；黄河实验室确定了16位院士或学部委员担任10个重点研究方向的指导专家；龙门实验室组建了13个由院士担任首席科学家的团队。目前，省实验室已在郑州、洛阳、开封、鹤壁、濮阳、三门峡、驻马店等地建立了中试和成果转化基地，初步形成了"强核心、多基地、大开放、大协作、网络化"的创新体系，取得了一批标志性成果。

表3　河南省成立的10家省实验室整体情况

实验室名称	揭牌成立时间	研究方向	牵头单位	实验室主任
嵩山实验室	2021年7月17日	数据科学与智能计算等七大领域	郑州大学、中国人民解放军战略支援部队信息工程大学	中国工程院邬江兴院士
神农种业实验室	2021年9月23日	种业创新和粮食安全重大需求	河南省农业科学院、河南农业大学	中国工程院张新友院士
黄河实验室	2021年10月20日	黄河流域生态保护和高质量发展重大国家战略需求	黄河水利科学研究院、郑州大学	中国工程院王复明院士
龙门实验室	2022年3月22日	新材料与智能装备领域重大需求	河南科技大学、郑州大学	中国工程院樊会涛院士
中原关键金属实验室	2022年3月22日	关键金属与材料领域重大关键共性技术	郑州大学	中国工程院何季麟院士
龙湖现代免疫实验室	2022年3月22日	公共卫生安全和生物安全重大战略需求	河南农业大学、郑州大学	中国工程院张改平院士

续表

实验室名称	揭牌成立时间	研究方向	牵头单位	实验室主任
龙子湖新能源实验室	2022年9月22日	新能源及其智能化转型	河南大学、郑州中科新兴产业技术研究院	中国科学院张锁江院士
中原食品实验室	2022年9月22日	食品产业转型升级中的重大科技需求	河南工业大学、郑州轻工业大学、中国农业大学	中国工程院任发政院士
天健先进生物医学实验室	2022年11月获批	生物医学领域前沿问题	郑州大学	—
平原实验室	2022年11月获批	生物与新医药领域前沿科学问题	河南师范大学	—

资料来源：根据公开资料整理。

2. 省级产业研究院、产业创新中心和中试基地加快布局

河南省人民政府办公厅出台《河南省推进省产业研究院建设实施方案》《河南省产业研究院管理办法（试行）》，分两批在郑州、洛阳等13个地市揭牌成立了25家省级产业研究院，聚焦高端装备、生物医药、新材料等领域。河南省提出到2025年共组建50家产业研究院的目标。

由河南省农业科学院牵头，联合行业上下游企业、高等院校和科研院所等组建运营的国家生物育种产业创新中心，成为国家级八大产业创新中心之一，直接催生了占地5000亩的全国农业科技高地"中原农谷"。2022年9月，河南省发展改革委确定了8家首批产业创新中心，包括河南省新能源商用车产业创新中心、河南省高端轴承产业创新中心、河南省智能矿山装备产业创新中心、河南省超硬材料产业创新中心、河南省氟基材料产业创新中心、河南省生物基材料产业创新中心、河南省生物降解材料产业创新中心、河南省钛材料产业创新中心，涵盖高端装备、生物经济、新材料、新能源等多个领域。

为了形成科技创新从研到产的全链条闭环，继2021年首批8家河南省中试基地正式揭牌后，2022年3月22日第二批13家、2022年11月23日

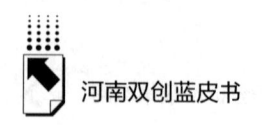

第三批15家省中试基地相继揭牌。目前，河南已挂牌36家中试基地，到2025年将打造50家中试基地，实现重点产业集群全覆盖，打通科技成果转化的堵点。

3. 河南省科学院、中原科技城、国家技术转移郑州中心加速融合

"一院一城一中心"三位一体的创新高峰基础愈发坚实，带动河南更加有力地建设国家创新高地，成为郑州乃至河南科技创新的热土和名片。其中，河南省科学院专注科技研发，中原科技城提供发展空间与优质公共服务，国家技术转移郑州中心推动科技成果转化落地。2022年，河南省委、省政府出台《关于支持重建重振河南省科学院的若干政策措施》，在省科学院编制使用、人才引聚、成果转化、经费自主使用、配套要素保障等方面提供一揽子支持政策。全国首部为一家科研单位发展立法的《河南省科学院发展促进条例》以及河南省首次为区域规划管理立法的《河南省中原科技城总体规划管理条例》在河南省人民代表大会常务委员会通过，为营造创新环境、加速融合发展提供了法律保障。河南省委、省政府出台《关于省科学院与中原科技城、国家技术转移郑州中心"三合一"融合发展的指导意见》，明确三方在空间布局、科创体系、人才机制、金融资本、产业发展、管理队伍、保障服务七大方面的融合发展方向。郑东新区与省科技厅、省科学院经过多轮谋划讨论，探索建立了"中原科技城管委会+省科学院+平台公司"的新型工作机制，助力实现"以城托院、以院拓城、院城一体"的总体构想。

根据《河南省科学院发展促进条例》《河南省科学院章程》《河南省科学院职能配置、内设机构和人员编制规定》等，河南省科学院按照"以实验室办院、以研究所办院、以产业研究院办院"并赋予独立法人资格模式，赋予首席科学家技术路线决定权，在中原科技城推进创新链系统性布局。中原科技城围绕重建重振省科学院调整总体规划，河南省科学院的数学研究所、物理研究所、医工融合研究所等拟落户中原科技城，省科学院院部入驻国家技术转移郑州中心。在赛迪研究院发布的《科技城百强榜（2022）》中，中原科技城在全国279个科技城（科学城）中位居第31，引领区域创新的品牌效应日益彰显。作为国家批复的第二个区域性技术转移中心，国家技术转移郑州中心是河南省全力打造的集科技研发、技术交易、成果转化、对外开放合作等功能于一体的综合性科技服务平台。

（四）创新创业人才引育更加高效

1. "1+20"一揽子人才引进政策加快实施

为了集聚一流创新团队，全力建设全国重要人才中心，河南省制定出台以《关于加快建设全国重要人才中心的实施方案》为引领，涵盖引才措施、推进机制、服务配套等各环节的"1+20"一揽子人才引进政策措施，积极实施人才强省"八大行动"。围绕高素质经营管理、高层次专业技术、高水平技能"三高"人才，聚焦高精尖缺人才，推动企业全面树立"人人皆可成才"的人才理念。针对顶尖人才、领军人才、青年人才、潜力人才，为人才精准"画像"，明确引才重点。[①] 通过较快的吸引人才速度、超常的礼遇人才力度，推动人才队伍规模扩大、结构优化、质量提升。

2. "人人持证、技能河南"建设深入推进

就业是最大的民生，技能是就业的关键。2022年，"技能河南"建设被列为"十个河南"建设之首、2022年重点民生实事之首。河南省人社厅积极发挥牵头职能，出台《2022年高质量推进"人人持证、技能河南"建设工作方案》，36家成员单位全部出台具体工作方案，多家单位同时出台配套政策，技能人才培养进入快车道。[②] 2022年，河南省开展职业技能培训432.33万人次，新增技能人才（取证）403.17万人、高技能人才（取证）140.8万人，分别完成年度目标任务的144%、168%、176%，超额完成年度目标任务。[③] 截至2022年底，河南省技能人才总数达到1415万人，高技能人才总数超过392万人。国家统计局河南调查总队抽样调查显示，"人人持证、

[①] 《实施"八大行动" 建设人才强省》，《河南日报》2022年6月10日。
[②] 《筑好技能人才"蓄水池"》，《河南日报》2023年2月4日。
[③] 《今年我省将打造10个人力资源品牌》，《河南商报》2023年2月17日。

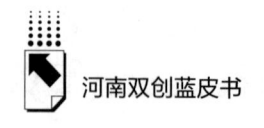

技能河南"建设群众知晓率达94.5%，培训效果满意度达96%。①

在2022年世界技能大赛特别赛上，河南省5名选手、3个项目获得"两金一铜"、全国第4名的好成绩。其中，河南选手代表国家在移动机器人项目中突出重围，充分彰显了河南制造业发展的水平和潜力；在化学实验室技术项目中实现了我国在该项目上金牌零的突破；在混凝土建筑项目中克服技术壁垒摘取铜牌。"两金一铜"，既有先进制造业、高新技术产业等方面的重大突破，也有传统行业的显著提升，标志着河南技能人才培养培训质量迈上了新台阶。

3. "中原英才计划"有序实施

"中原英才计划"是河南建设人才强省的战略部署。2022年度"中原英才计划（育才系列）"共入选253人。其中，"中原学者"8名、"中原领军人才"145名、"中原青年拔尖人才"100名。从"中原青年拔尖人才"中遴选30名"中原青年博士后创新人才"，每人在站期间获得资助50万元；从"中原领军人才"中遴选"中原科技创新领军人才"29名、"中原科技创业领军人才"30名。此外，河南新建院士工作站5个、中原学者工作站30个、杰出外籍科学家工作室20个。

4. 大力吸引豫商豫才返乡创业

2022年9月13日，河南省人民政府办公厅发布《关于推动豫商豫才返乡创业的通知》，出台大力支持农民工、科研人员、大学生、退役军人等豫商豫才返乡创业的22项举措，从政策、用地、资金、组织等方面进一步推动豫商豫才返乡创业、发展事业。尤其是周口鹿邑县从劳务输出大县变成了返乡创业大县。作为全国第二批双创示范基地，鹿邑县建成投用了创客小镇，成立了线上"鹿e家"和线下"鹿邑村"两个返乡创业平台，线上平台累计注册用户突破15万人。目前，鹿邑县返乡创业者累计达10万人，累计创办各类经济实体3.5万个，带动就业19.5万人。

---

① 《我省技能人才培养进入快车道》，《河南日报》2023年2月17日。

（五）金融支持创新创业更精准

1. 科技创新领域贷款快速增长

截至2022年末，河南省高新技术企业贷款余额、科技型中小企业贷款余额、"专精特新"企业贷款余额同比分别增长14%、16.7%、25.6%，分别高于各项贷款增速5.2个、7.9个、16.8个百分点。出台了《河南省"专精特新贷"业务实施方案》，推出了"专精特新贷"金融产品，建立了"专精特新贷"平台，根据"专精特新"中小企业发展特点、金融需求和融资症结，通过整合银行、担保、天使风投创投基金等机构力量，提供银行直贷、银担合作和投贷联动三种金融服务模式，向"专精特新"中小企业、科技型中小企业发放信用贷款。截至2022年11月10日，"专精特新贷"平台已注册认证企业1538家，累计获批授信40.23亿元，累计放款约32.26亿元。2022年，河南省新增发放创业担保贷款156.3亿元，与2021年相比增长32.14%；扶持8.51万人自主创业，带动和吸纳就业27.95万人，在筹集担保基金、扶持自主创业人数和带动就业人数等方面保持全国领先水平，形成了"贷得出、用得好、收得回、效果好"的良好局面，有效发挥创业担保贷款"四两拨千斤"的作用。①

2. 通过境内外资本市场直接融资

2022年，河南省人民政府印发《河南省推进企业上市五年倍增行动实施方案》，提出自2022年起5年内实现河南省上市公司总数突破200家的目标。2022年，河南新增境内外上市公司14家，数量创历年新高。其中，境内新增上市公司12家，境外新增上市公司2家。截至2022年底，河南省有境内上市公司107家、境外上市公司49家，在审企业、在辅导企业、过会待发企业分别有13家、46家、5家，省定重点上市后备企业达648家，呈现梯次有序发展格局。在2022年河南省新增上市公司中，有7家为专精特新"小巨人"企业。在2022年河南省境内新增上市公司中，北交所、创业板

---

① 《扶持创业带动就业　我省保持全国领先》，《郑州日报》2023年1月8日。

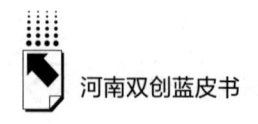

（深交所）、科创板（上交所）上市公司分别有6家、5家、1家。截至2022年底，河南省有9家制造业、信息技术、新材料、生物育种等领域企业在北交所上市，首发募集资金累计超过20亿元，企业数量居中部六省首位。

3. 形成政策性科创金融的郑银样本

郑州银行将政策性科创金融列入全行战略首位，成立科创金融事业部和金融智谷支行，将大量金融资源有效配置到创新领域，努力破解科创企业融资难题。针对政策性科创金融运营主体职能，郑州银行根据科创企业和政策性金融业务特点，设立全新的业务架构和工作机制。在政策性科创金融的工作机制上，郑州银行实行"1+9+N"模式，即由科创金融事业部主营，成立九大事业部主营团队，其他分支机构兼营，建立"三专五单独"（专营机构、专职团队、专注科创，单独建账管理、单独绩效考核、单独风险容忍、单独客户准入、单独授信审批）运营机制，围绕科创企业全生命周期打造"科技人才贷""认股权贷""科技贷""郑科贷""上市贷""高企e贷"等10余款专属产品，重点支持"专精特新""小巨人"等创新型主体。[1] 郑州银行科创金融事业部以河南省工信厅、科技厅提供的约26000家白名单企业为基础，进行初筛、预授信和贷款投放工作。截至2022年12月末，郑州银行累计送达预授信通知书3740家，预授信金额达308.5亿元，累计支持各类科技型企业1390家、预授信金额80.0亿元，支持"个转企、小升规、规改股、股上市"企业1250家、预授信金额160.6亿元，共2640家、预授信金额240.6亿元。[2] 2022年，郑州银行分别支持航空港经济综合实验区、郑洛新国家自主创新示范区、河南自贸区建设资金46.55亿元、94.36亿元、172.9亿元。

4. "信用河南"建设正在提速

河南的信用市场和信用服务行业初步形成。2022年8月30日，河南省印发《高质量推进信用河南建设促进形成新发展格局实施方案》，提出加快

---

[1] 刘玲：《凝心聚力服务实体经济 高水平助力河南高质量发展》，《人大建设》2022年第12期。
[2] 《2023年"全球银行品牌价值500强"公布 郑州银行排名再获提升》，《农村金融时报》2023年2月13日。

构建适应河南省高质量发展和现代化建设要求的社会信用体系，为"信用河南"建设提供了具体的"施工图"，通过推进信用平台系统数字化、智能化建设，为信用社会建设提供强有力的技术支撑。当前，河南省一体化信用平台体系已覆盖17个省辖市和济源示范区、73个县（市、区）及20个省直部门，归集数据累计超过135亿条，数量居全国前列，共享数据超过30亿条。搭建了中小企业融资信用服务平台，联通了全省22个金融服务平台，帮助企业实现"一站式"信用贷款服务。截至2022年11月，该平台注册企业用户超过30万家，累计发放贷款4500多亿元。[①] 截至2019年，经全国职业资格统考、鉴定，河南省已有675人获得信用管理师资格证书，其中，高级（一级）信用管理师110人、中级（二级）信用管理师481人、初级（三级）信用管理师84人。截至2022年11月，河南已有信用服务机构120余家，带动了一批大学毕业生就业。据初步统计，截至2022年9月，全省第三方信用服务机构已出具信用报告56000多份，用于市场准入、行政审批、政府采购、招标投标、公共资源交易以及银行信贷等工作管理。

（六）创新载体能级持续跃升

1. 双自区、高新区和开发区引领创新发展

经过6年发展，郑洛新国家自主创新示范区已培育、集聚了全省60%的国家级创新平台、61%的高新技术企业和80%以上的国家重点实验室。同时，郑洛新国家自主创新示范区的创新投入和产出稳步增长，研发费用、专利授权数量和有效发明专利授权数量增速均超过10%（见表4）。2017年挂牌以来，河南自贸试验区累计入驻企业超过12万家，累计形成500多项改革创新成果，其中，15项被国家层面采纳推广，99项在全省推广，在跨境电商、多式联运和政务服务等方面的改革产生了明显的溢出效应。2022年，河南自贸试验区实际使用外资7803.5万美元，同比增长33.7%；实现进出口额624.9亿元，同比增长4.7%，外向型经济发展优势提升。

---

① 《信用河南需要互联网强力支撑》，《河南日报》2022年11月25日。

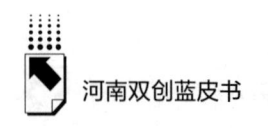

表4　截至2022年6月郑洛新国家自主创新示范区及其三大片区创新投入产出情况

单位：%

区域名称	规上工业企业研发费用增速	规上服务业企业研发费用增速	当年专利授权数量增速	当年有效发明专利授权数量增速
郑州片区核心区	9.0	7.4	9.9	30.9
洛阳片区核心区	12.8	47.6	40.7	12.9
新乡片区核心区	20.2	-22.2	-5.5	-20.0
郑洛新国家自创区核心区	11.3	21.0	14.2	26.0

资料来源：河南省统计局。

高新区加快升级扩容，成为集聚创新资源、引领高质量发展的主阵地。截至2022年底，河南省高新区总数增至39家。其中，国家高新区9家，数量居中部地区第2位、全国第5位；省级高新区30家，实现省辖市全覆盖。平顶山、安阳、焦作和南阳高新区在全国排名分别提升14位、9位、17位和11位。河南高新区GDP占全省的近12%，技术合同交易额占全省的20%，贡献了全省38%的高新技术企业、44%的新型研发机构。作为河南建设"农业强省"的重要布局，周口国家农业科技园区获批升级为周口国家农业高新技术产业示范区，成为国家第二批5个农高区之一、河南省首个国家级"农"字头高新技术示范区，承载着发展农业高新技术产业，探索传统农业提质增效和农业科研、加工与种植"三链"融合等重任。2022年底，河南省人民政府办公厅出台《关于推进河南省农业高新技术产业示范区建设发展的实施意见》，着力将农业高新技术产业示范区打造成为农业创新驱动发展先行区、农业供给侧结构性改革试验区、乡村全面振兴典范区。设立豫东南高新技术产业开发区，出台《关于支持豫东南高新技术产业开发区高质量建设发展的若干意见》《豫东南高新技术产业开发区总体发展规划（2022—2035年）》，为高起点高标准高质量建设豫东南高新技术产业开发区指明了方向。河南省信阳市与江苏省苏州市以共建豫东南高新技术产业开发区为抓手，推进革命老区重点城市对口合作落地落实。

整合优化提升各类开发区，推动开发区"二次创业"。省委办公厅、省政府办公厅联合印发《关于推进开发区"三化三制"改革的指导意见》，着重探索"管委会+公司"模式、全面推进人事薪酬制度改革、推动"五链"深度耦合等，加快开发区体制机制改革步伐。2022年以来，全省开发区由288个整合为184个，基本实现"一县一省级开发区"布局。全省开发区工业增加值、工业投资和工业利润占全省的比重均超过60%，对全省工业增长的贡献率超过90%。商务部公布的2022年国家级经济技术开发区综合发展水平考核评价结果显示，郑州经开区综合排名居全国第23位、中部地区第3位，仅次于中部的合肥经开区和芜湖经开区。

2. 智慧岛"双创"载体建设推广

作为中原科技城创新布局的"双创"中心，中原龙子湖智慧岛通过整合技术、金融和平台资源，形成"创业苗圃—孵化器—加速器"科技创业孵化链，构建环环相扣的全要素、全周期"双创"链条，打造集聚高端创新要素的"强磁场"。河南省人民政府办公厅印发《加快推进智慧岛建设实施方案》和《支持中原龙子湖智慧岛建设若干政策》，规划在全省标准化推广建设30个智慧岛"双创"载体，加快实现"智慧岛"双创载体省辖市、济源示范区全覆盖。郑州市在《郑州市支持中原龙子湖智慧岛No.1建设国家级双创示范基地若干措施》中，围绕人才发展、产业培育、大学科技园、创业孵化、创新金融、社会化服务、容错免责七个方面出台了一揽子支持政策。2022年，智慧岛注册企业新增872家，同比增长49%，其中科技型企业638家；新增私募基金类企业35家，新引进省属国资基金管理机构2家，服务落地省级产业基金12只；截至2023年3月，智慧岛集聚科研机构13家、头部企业17家、双创孵化载体32家、私募基金类企业235家；累计注册企业6800余家，进驻企业1300余家，建立了中原龙子湖"云创汇"线上双创孵化空间。①

3. "中原农谷"建设高效推进

高规格成立"中原农谷"建设领导小组，小组成员包括12名厅级干

---

① 《创新为"翼"御风行》，《郑州日报》2023年3月9日。

部。聚焦国家种业、粮食安全的重大需求和农业现代化建设的薄弱环节，河南省正式出台《"中原农谷"建设方案》《关于加快"中原农谷"建设打造国家现代农业科技创新高地的意见》《关于加快建设"中原农谷"种业基地的意见》《"中原农谷"投资基金实施方案》等一批文件，高标准编制《"中原农谷"总体规划（2022—2035）》《"中原农谷"核心区建设发展规划（2022—2035）》，加快形成涵盖产业政策、金融政策、人才政策、科技创新政策的"1+1+2+N"政策体系。按照"一年打基础、三年见成效、五年成高地、十年进入全球一流"的目标任务，突出抓好"两中心三实验室"（国家生物育种产业创新中心、中国农科院中原研究中心、神农种业实验室、黄河实验室和平原实验室）建设，成功获批创建国家农业现代化示范区。

（七）制度创新激发创新要素集聚效能

1. 营商环境改革纵深推进

"放管服效"改革和政策集成创新持续深化，更高标准、更高水平、更深层次推动全省营商环境改革，"一码集成服务"等4项创新举措被国务院办公厅在全国复制推广。为了全力推进营商环境改革，河南发布《河南省营商环境优化提升行动方案（2022版）》和《进一步优化营商环境降低市场主体制度性交易成本实施方案》，提出全省营商环境"118"（"1"个总体方案、"18"项专项政策提升方案）优化提升行动，从进一步破除隐性门槛、规范涉企收费、优化涉企服务、加强公正监管、规范行政权力五个方面出台23条具体方案。在中国发展改革报社公布的"2022年营商环境创新发展典型宣传推广案例"入选名单中，南阳社旗县报送的"一天发四证 打造更优营商环境"入选全国100个重点宣传推广案例，成为河南省唯一入选的"县区级专题案例"。站位新发展阶段，以前瞻30年的眼光、国际化的视野，加快推进郑州航空港营商环境系统化、重塑重构性改革，实施优化营商环境"1+22+2"一揽子改革集成方案，进一步"授权、赋能、松绑"，建立"省级主导、市级主责、分类管人、直通管事、聚焦主业、差异考核"

的推进机制，初步实现"清单之外无审批、大厅之外无审批、名单之外无审批"。在全国率先印发《河南省优化营商环境创新示范市（区）创建管理办法》，郑州、洛阳、鹤壁、驻马店4个地市被河南省优化营商环境工作领导小组确定为河南省优化营商环境创新示范市，其中郑州为政务环境示范市、洛阳为市场环境示范市、鹤壁为企业服务示范市、驻马店为法治环境示范市。

2. 科技体制机制改革全面深化

河南省人民政府办公厅出台《河南省支持科技创新发展若干财政政策措施》，从对接国家战略科技力量体系、打造一流人才政策体系、加快布局科技领域新基建、构建一流创新生态等十个方面提出支持政策。为了加快实现从研发管理到创新服务的转变，河南省科技厅率先在职能转变、机构设置、机制运转上进行重塑性改革。开展扩大高校和科研院所自主权试点，探索行业主管部门"一揽子授权"管理制度，充分赋予科研事业单位自主权。创新重大科技项目立项和组织管理方式，调整优化计划体系，打造创新链、产业链深度耦合的科研范式。[①] 推行"揭榜挂帅""赛马""首席专家负责"等项目组织机制，开展竞争择优、定向委托、推荐备案等多种遴选和支持方式。启动科研经费直拨改革试点，拨付周期由4个月以上缩短至21天。

3. 法律法规护航创新驱动战略实施

法治是最好的营商环境。河南省出台实施《河南省数字经济促进条例》《河南省科学院发展促进条例》《河南省创新驱动高质量发展条例》《河南省促进创业投资发展办法》《围绕"项目为王"提供优质法治保障十项措施》等，从法律的高度托举了创新的地位，全方位营造创新驱动的法治氛围，为创新驱动高质量发展提供立法保障。其中，《河南省科学院发展促进条例》是全国首部专门为一家科研单位发展出台的地方性法律法规，《河南省创新

---

① 《"河南这十年"主题系列科技创新专场新闻发布会》，河南省人民政府网站，2022年9月19日，http://www.henan.gov.cn/2022/09-19/2609233.html。

驱动高质量发展条例》是河南省首次为创新立法，《河南省数字经济促进条例》是全国第3部省级数字经济综合性法规，《河南省促进创业投资发展办法》是我国首部对促进创业投资进行专门规范、引导的省级政府规章（见表5）。

表5　2022年以来河南省通过或实施的创新领域重要法规文件

法规文件名称	发文（审议）部门	文号（公告号）	发文（审议通过）日期	实施日期
《河南省促进创业投资发展办法》	河南省人民政府	河南省人民政府令第208号	2022年1月13日	2022年3月1日
《河南省数字经济促进条例》	河南省人民代表大会常务委员会	河南省第十三届人民代表大会常务委员会公告（第78号）	2021年12月28日	2022年3月1日
《河南省科学院发展促进条例》	河南省人民代表大会常务委员会	河南省第十三届人民代表大会常务委员会公告（第87号）	2022年7月31日	2022年9月1日
《河南省创新驱动高质量发展条例》	河南省人民代表大会常务委员会	河南省第十三届人民代表大会常务委员会公告（第96号）	2022年11月26日	2023年1月1日

资料来源：根据公开资料整理。

（八）"三个一批"项目要素集聚效应明显

以"项目为王"理念为指导，河南将重大项目、重点项目建设作为锚定"两个确保"、实施"十大战略"的重要抓手，持续开展"三个一批"活动。2022年，河南省实施重点项目1794个，总投资约4.8万亿元，年度计划投资超1.3万亿元。与2021年相比，2022年项目总数增加423个，总投资增长9%，年度计划投资增长19%。其中，创新驱动能力提升项目142个（实验室体系建设项目10个、研发平台项目56个和"双创"平台项目76个），总投资1804亿元。截至2022年底，河南分6期压茬推进、

2022~2023年创新要素集聚提升与河南经济发展的形势分析及政策取向

滚动实施13110个、总投资额94139.51亿元的"三个一批"项目。其中，"签约一批"项目2823个，投资额24874.91亿元，占比26.4%；"开工一批"项目5152个，投资额38919.38亿元，占比41.3%；"投产一批"项目5135个，投资额30345.22亿元，占比32.2%（见表6）。在6期"三个一批"项目建设活动中，一汽集团、宁德时代、华为等一批头部企业进驻，许昌远东汽车传动系智能制造产业园项目、中国（原阳）预制菜创新示范产业园项目等一大批优质项目谋划落地，新基建、新技术、新材料、新装备、新产品、新业态"六新"项目数量占比和投资额占比均接近80%。

表6 河南省前六期"三个一批"项目数量及投资额

单位：个，亿元

批次	日期	签约一批 项目数量	签约一批 投资额	开工一批 项目数量	开工一批 投资额	投产一批 项目数量	投产一批 投资额	合计 项目数量	合计 总投资额
第一期	2021年7月10日	258	2958.60	555	7218.80	524	3549.46	1337	13726.86
第二期	2021年10月8日	340	2844.31	519	4669.84	524	3740.61	1383	11254.76
第三期	2022年1月4日	460	3518.83	859	5953.71	789	3637.33	2108	13109.87
第四期	2022年4月6日	560	4363.96	1008	6345.25	784	4232.29	2352	14941.50
第五期	2022年7月5日	618	5442.72	1033	6232.14	885	4095.73	2536	15770.59
第六期	2022年9月28日	587	5746.49	1178	8499.63	1629	11089.79	3394	25335.91
合计		2823	24874.91	5152	38919.38	5135	30345.22	13110	94139.51

资料来源：《中国式现代化的河南路径——河南省"三个一批"项目实施情况调研报告》，《河南日报》2023年1月28日。

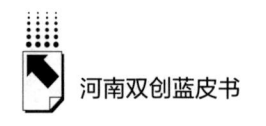

二 2023年加快创新要素集聚提升与河南经济发展的形势分析

当前，河南省经济发展面临的机遇和挑战前所未有。一方面，2023年以来，我国经济加快恢复，创新能力不断增强，科技创新全面发力，依然处于可以大有作为的重要战略机遇期，具备许多保持经济长期向好的发展优势和基础条件。另一方面，受国际环境复杂严峻、国内省内短期问题与长期结构性问题交织叠加等影响，全省经济发展面临的不确定性增加，企业生产经营面临较大困难，固定资产投资增速受多重因素制约，消费市场受冲击明显，部分结构性矛盾进一步凸显，推动高质量发展任务更加艰巨。总体来说机遇大于挑战，河南在"两个确保"和"十大战略"的引领下创新发展正全面起势。2023年，要以习近平新时代中国特色社会主义思想为指导，全面学习贯彻党的二十大精神及中央经济工作会议精神，落实好省委省政府各项工作部署，坚持稳中求进工作总基调，完整、准确、全面贯彻新发展理念，牢牢抓住加快构建新发展格局战略机遇，全面落实各项"拼经济"举措，聚焦改革创新释放政策效能，推动全省创新要素集聚提升，加快形成共促高质量发展的合力。

（一）2023年河南加快创新要素集聚提升的背景

1.国际层面

一是多国财政吃紧影响科技投入，但科技创新仍是主旋律。一方面，2022年世界主要经济体大多遭遇了历史上少有的高通胀，地缘冲突、零和博弈、能源危机、贸易制裁、金融动荡加剧等更是让世界经济雪上加霜，以美国为首的西方国家通过超常规货币政策更让全球经济前景堪忧，多国财政开始吃紧，这将会对全球创新投入产生不利影响。美国就业信息网站Layoffs.fyi的数据显示，2022年全球有1024家科技公司总裁员数达154336人，这一势头在2023年有继续扩大之势。截至2023年3月21日，全球已有505家科技公司共裁员达148180人。① 另一方面，全球科技创新的热度不减，新一代信息技术革命正在席卷全球，元宇宙、Web3.0等新型网络空间技术持续走热，Chat GPT自2022年11月30日发布后就风靡全球。2022年，《麻省理工科技评论》遴选全球50家"聪明"公司，其中超一半企业与生物科技革命带来的产业变革有关，投资基金纷纷关注前沿交叉领域长期投资。

二是区域经贸科技机制政治化倾向加速，产业链供应链屡遭破坏。当前，个别国家一再滥用国家力量，将科技和经贸问题政治化、工具化、武器化，对中国进行恶意封锁和打压，强行推动"脱钩断链"，严重破坏国际贸易规则，损害全球产业链供应链安全稳定。某些国家通过颁布出口管制新规滥施"科技霸权"，滥用出口管制措施，严重破坏国际产业链供应链稳定，最终将波及人类福祉。

三是国际秩序屡遭破坏，多边主义面临巨大挑战。多边主义是实现和平的唯一可持续道路，是现有国际秩序的基石。当下，多边合作的核心原则正面临联合国成立以来的最大压力，俄乌冲突、全球难民保护机制、大规模杀伤性武器管控、突发公共卫生事件等都表明国际秩序正面临各种严峻挑战。

四是增长乏力，世界经济仍处于下行通道。当下世界经济运行中的各种短期问题和长期矛盾交织叠加，深层次矛盾和结构性问题不断涌现。预计2023年主要发达经济体经济将面临更大的下行压力，多个国家将陷入防衰退和稳通胀的两难境地。2022年以来，美联储为抑制通胀已连续多次加息，造成美元快速回流美国，导致多国汇率市场大幅波动，对世界经济复苏造成一定程度的冲击。根据《世界经济展望》，2023年世界经济增速预计将进一步放缓至2.7%，全球1/3左右国家将发生经济萎缩。美欧实体经济与金融市场短期内仍将面临更趋严峻的政策环境，世界经济增速或将进一步降低，将面临存量矛盾并没有真正解决、增量矛盾仍不断产生的困境。

---

① 《今年以来全球科技行业裁员超14.8万人》，中国经济网，2023年3月23日，http://intl.ce.cn/sjjj/qy/202303/23/t20230323_38458052.shtml。

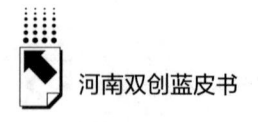

五是科技革命深入推进，技术突破推动世界多极化发展。一方面，随着新一轮科技革命深入推进，地缘科技格局将现高度复杂性和不确定性，一些率先掌握颠覆性技术的中小国家或企业同样可能获得竞争优势。随着科研范式变化使技术发展的不确定性增加，新的半导体制程技术或将对当前芯片技术生态产生影响。2022年9月，美国Zyvex Labs公司宣布研发出了新的光刻系统，该系统采取新的电子束光刻（EBL）技术，实现了0.768纳米的芯片设计，制程精度远超荷兰ASML公司的EUV光刻机。2022年11月，美国Cerebras发布了Andromeda超级计算机，专门针对深度学习应用进行了优化，算力水平是此前最强超算Frontier的1.6倍。2023年3月，硅谷AI芯片公司Cerebras Systems发布7款类似于GPT的大语言模型。另一方面，数字经济竞争已成为中美战略竞争的重要领域，围绕数据规则、通信标准、太空标准等新一代国际标准制定，中美双方正在全面展开竞争。同时，全球范围内科技人才争夺战也将更趋激烈，各国纷纷出台政策抢夺人才。美国通过《2022年美国竞争法案》，大幅降低对理工科专业人才的引进门槛，不断强化美国在科技创新领域的人才储备；英国支持"Growth Visa"增长签证政策；比利时、芬兰、希腊等许多国家放宽持学生或其他签证入境的外国人限制，增加其工作权利和机会。

2. 国内层面

2023年既是全面贯彻落实党的二十大精神的开局之年，也是实施"十四五"规划承上启下的关键之年。党的二十大报告明确指出，必须坚持科技是第一生产力、人才是第一资源、创新是第一动力，要开辟发展新领域新赛道，不断塑造发展新动能新优势，加快实现高水平科技自立自强。目前，我国科技创新能力还不强，随着国际地缘政治和地缘科技竞争日益激烈，国内正在面临越来越大的科技竞争和挑战，这是提升我国国际竞争力和长期发展所面临的关键问题。面对未来可能的"狂风暴雨、惊涛骇浪"，必须加快构建新发展格局，持续提升生存力、竞争力、发展力、持续力。

一是经济复苏好于预期，但局部风险仍然存在。2023年我国经济增长的目标是GDP增长5%左右，随着经济的全面复苏，多个机构上调了对中国的经济增速预期。国内一些专家和机构也预判经济形势好于预期。北京大学国家发展研究院名誉院长林毅夫表示：5%左右的GDP增长目标是比较保守的，中国经济很可能实现6%，甚至更高的增长。他认为，中国享有"后来者优势"，中国人力资源雄厚、国内市场庞大、产业种类齐全，如能将这些国内的经济优势发挥好，将能实现更高水平的增长。毕马威中国首席经济学家康勇表示，2023年中国经济有望实现5.7%的增速，快于上年。2023年3月25日，中央财经委员会办公室分管日常工作的副主任韩文秀在"中国发展高层论坛2023年经济峰会"上表示，从目前的发展态势来看，中国实现2023年经济增长5%左右的目标是有把握的。但经济复苏也存在着较大的不确定性，主要是长线产品、受供应链产业链影响较大的行业，以及对外部市场依赖性较强的产业，譬如工业特别是制造业、高新技术产业等。

二是创新能力不断增强，但与创新型国家差距仍很大。一方面，中国国际论文发文总量在2021年首次超过美国跃居世界第1位，总被引量和篇均被引次数均大幅度增长，国际论文篇均被引次数接近世界平均水平，在22个学科中，农业科学、材料科学、化学、计算机科学和工程技术5个学科论文的被引次数排名世界第1。2022年，中国有效发明专利数量达421.2万件，居世界第1位。中国已经形成一批优势学科和优势创新主体，是世界科技创新最活跃的国家。另一方面，中国科技产出还存在缺口和不利因素，如科研院所的科技产出不足，大部分科研院所的论文数和专利产出数不突出，特别是产业技术研究机构、新型研发机构的科技产出数较少。同时，中国科技产出的质量与主要创新型国家相比仍然有很大差距，中国专利密集型产业产值占GDP比重仅为美国的一半，也低于欧盟近5个百分点。

三是科技创新全面发力，但一些关键核心技术仍待突破。在当前新一代科技革命和产业变革突飞猛进、大国地缘科技博弈加剧的背景下，实现产业自主可控、科技自立自强的重要性再次凸显。科技自主创新能力主要是指科技创新支撑经济社会科学发展的能力，是一个国家进步和发展最重要的因素之一。从一些重要科技产出和创新实力指标看，中国已成为名副其实的全球科技大国和创新大国，但与世界领先的科技强国和全球创新中心仍有明显差距。我们要深刻认识中国的科技创新正在经历从追赶型发展模式向引领型发展模式转变，这种转变不是自然而然就能顺利实现的，它是系统性的能级跃迁，必须依靠制度创新和科技创新"双轮"驱动加速这种转型。在全球政治经济格局发生深刻调整的今天以及未来较长一段时期内，科技创新水平的高低将成为我国能否有效应对和化解重大风险挑战、维护国家战略利益的根本。基础研究是一切前沿科技突破和创新的基础，我国在芯片领域的基础研究相对薄弱。不管是面对包括人工智能在内的新兴科技领域，还是大国地缘科技博弈，我国都还未掌握根本主动权，终极原因还是基础研究相对薄弱。

四是"两个确保"与"十大战略"谋篇布局，河南创新发展全面起势。从河南省内来看，2021年9月7日召开的省委工作会议，在科学把握现代化发展规律和目标任务的基础上，提出了"两个确保"（确保高质量建设现代化河南，确保高水平实现现代化河南）的奋斗目标，以及全面实施创新驱动、科教兴省、人才强省战略，实施优势再造战略，实施数字化转型战略，实施换道领跑战略等十大战略。这是贯彻党的十九大关于第二个百年奋斗目标两个阶段战略安排的河南实践，完全切合党的二十大关于现代化建设的总体安排，为今后河南高质量发展和现代化建设指明了方向、提供了路径。科技创新将为现代化建设提供强大内生动力，河南将创新驱动、科教兴省、人才强省战略排在"十大战略"的前列，旨在推动"创新发展全面起势"。截至2022年9月，共有嵩山实验室、神农种业实验室、黄河实验室、龙门实验室、中原关键金属实验室、龙湖现代免疫实验室、龙子湖新能源实验室、中原食品实验室8家河南省实验室揭牌成立，另外，2022年11月还有两家省实验室获批，即天健先进生物医学实验室、平原实验室。2023年1月11日召开的河南省科技工作会议明确提出了2023年的各项创新目标，对争创国家区域科技创新中心、建设国家创新高地和重要人才中心进行再部署，将为河南全面推动创新要素集聚提供基础和保障。

（二）2023年河南加快创新要素集聚提升的机遇

1. 构建新发展格局的历史机遇

国家提出构建国内国际双循环新发展格局，贯通生产、分配、流通、消费各环节，推动经济循环流转和产业关联畅通，实现社会生产力大发展，这为河南实现创新要素集聚提供了难得战略机遇。构建新发展格局将有助于吸引资本、知识、技术、管理、数据等流动性强的生产要素从发达地区流入河南，有利于发挥区位交通便利和产业门类齐全的优势，从而推动河南加快构建高质量发展动力系统和现代化经济体系，促进国内创新要素在河南加速集聚。这些创新要素与河南的消费、劳动力、土地、资源等结合，将形成优势互补、高质量发展的区域经济布局，推动区域协调发展，进一步凸显河南在全国经济布局中的关键地位。打造内陆开放高地是畅通两个循环，统筹国内国际两个市场、两种资源的重大战略举措。郑州航空港经济综合实验区是河南省制度型开放的基础平台，是河南链接国内国际双循环的核心窗口，近年来取得的建设实践经验和成绩，为河南加速外循环提供了无限空间。在新发展格局下，内需潜力将成为决定区域竞争力的核心因素，产业链将会加速调整重构，新产业新动能将迎来爆发式增长，新发展格局的形成和构建为河南加快建设现代化经济体系、在新一轮区域竞争中抢占先机带来了难得的发展机遇。

2. 黄河流域生态保护和高质量发展的战略机遇

实施黄河流域生态保护和高质量发展战略，为河南实现高质量发展提供了难得的历史机遇。河南在黄河流域中居于承东启西的战略枢纽位置，可以在黄河流域生态保护和高质量发展中发挥重要作用。河南要抓住用好黄河流域生态保护和高质量发展历史机遇，牢牢把握"重在保护、要在治理"的实质和内涵，高起点谋划实施黄河流域生态保护、防洪减灾、水资源高效利用等重大工程，统筹推进山水林田湖草沙系统治理，让沿黄地区成为保护母亲河的绿廊、建设幸福河的游廊，扛稳扛牢保护黄河的重大政治责任。近年来，黄河流经的三门峡、洛阳、郑州、焦作、新乡、鹤壁、开封、濮阳8个河南省辖市和济源产城融合示范区，都在积极谋划招商引资，利用现有资源求得最快发展。作为黄河流域的经济大省、人口大省，河南主动会同流域各省区共抓生态大保护，共建流域重大基础设施，共推产业合作，共谋郑洛西高质量发展合作带、豫鲁毗邻地区黄河流域高质量发展示范区等在合作上发挥示范带动作用。今后，河南将继续在贯彻落实重大国家战略中走在全流域前列，黄河流域生态保护和高质量发展战略的深入推进和全面实施也必将为河南全面集聚创新要素、加快现代化进程带来更大发展空间。

3. 强化国家战略科技力量的带动机遇

党的十八大以来，党中央坚持把科技创新摆在国家发展全局的核心位置，强化国家战略科技力量已成为我国推动科技创新体系建设的重要部分。强化国家战略科技力量是科技领域面向"十四五"和2035年远景目标的最重要任务之一，旨在整合优化科技资源配置，培育壮大支撑国家中长期发展和参与国际竞争的重要力量。从历史经验可以看出，重大科技成果突破往往产生于前沿高技术领域。当前，我国正在充分发挥新型举国体制优势，调动科技、产业、金融各方力量，集中力量攻坚克难，这为河南推动创新要素集聚提供了重大政策机遇。河南把创新驱动、科教兴省、人才强省战略放在"十大战略"之首，把创新摆在发展的逻辑起点和现代化河南建设的核心位置。2023年我国政府工作报告明确提出，要不断完善新型举国体制，发挥好政府在关键核心技术攻关中的组织作用，这为河南建设高端创新平台、强化国家战略科技力量指明了方向。国家战略科技力量正在河南谋篇布局，一批能源、电子信息、生物医药、高端材料、先进制造等领域的国家科技领军企业正在河南落地，科技创新对河南区域经济社会发展的引领和支撑作用不断增强，强化国家战略科技力量的政策机遇不断释放。

4. 推动中部地区高质量发展的政策机遇

实施新时代推动中部地区高质量发展战略，为河南实现高质量发展提供了难得的政策机遇。《中共中央 国务院关于新时代推动中部地区高质量发展的意见》明确要求，中部六省要主动融入区域重大战略，着力推动省际协作和交界地区协同发展。国家推动中部地区高质量发展的战略谋划，不仅为增强中部六省发展协同指明了方向、提供了遵循，更为河南发展带来政策优惠和溢出效应，有利于河南加快补齐短板，提升自我发展能力。河南要抓住用好中部地区崛起政策机遇，全面贯彻落实新时代中部地区高质量发展战略导向和实施重点，充分发挥战略牵引和政策红利作用，步步紧跟国家发展大势、落实中央部署，昂起中心城市"龙头"，优化区域经济布局，打通区域合作"筋脉"，特别是聚焦制造业高质量发展、科技创新、扩大开放、绿色发展等领域，抓紧推出一批重大项目、重大改革、重大政策等，把河南建成更加重要的区域支撑、产业高地、市场枢纽，成为引领中部地区崛起的主引擎。

5. 扩大内需的市场机遇

2022年，河南社会消费品零售总额超2.4万亿元，对全省经济贡献率为40%。2023年1~2月河南省社会消费品零售总额同比增长7.4%，其中，限额以上单位消费品零售额1187.64亿元，同比增长10.5%，消费增长势头强劲，对经济增长构成有力支撑。党的十九届五中全会从形成强大国内市场、构建新发展格局的战略高度对扩大内需进行了新定位，提出了新要求，强调坚持扩大内需这个战略基点。河南的人口优势在国家扩大内需的通盘谋划下必将转化为人力资源优势与市场规模优势，四通八达的区位优势也将转化为通道优势和枢纽优势，昔日不沿边不靠海的内陆腹地将走向开放前沿，成为新一轮科技革命与产业变革的主战场，河南在国家坚持扩大内需这个战略基点之下必将爆发蓬勃发展动力。

6. 科技和产业变革的技术机遇

当今科技发展日新月异，各类新技术、新理念层出不穷，科技和产业变革正成为推动世界发展的重要力量，谁走好了科技创新这步"先手棋"，谁就能占领发展先机、赢得创新优势。一是人工智能更"人"化。今后人工智能将进一步渗透人们的各种生活场景，人机协作更为紧密，技术进步将高效缓解劳动力短缺和供应链问题。二是元宇宙发展"脱虚向实"。2023年将是元宇宙未来十年发展方向的"指路之年"，我国元宇宙发展从政策端到行业端都在积极探路，产业元宇宙推动着数字与实体经济的深度融合，驱动着

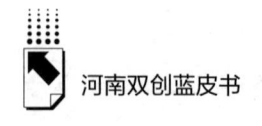

经济结构调整与产业转型升级。三是基因编辑疗法预计迎来新突破。四是量子技术"多点开花"。2023年，中国、美国、俄罗斯和英国等国都将投入大量资金发展量子计算技术。2022年12月，中国互联网络信息中心与中国电子科技集团公司电子科学研究院、量子科技长三角产业创新中心签署战略合作协议，共同推动量子网络与量子科技的技术与产业创新发展。五是清洁能源供给持续扩大。2023年，我国将继续优化发展方式，大规模开发可再生能源，推动非化石能源发展和化石能源清洁利用，持续扩大清洁能源供给。

（三）2023年河南加快创新要素集聚提升面临的挑战

1. 科技创新投入与经济大省地位不符

区域竞争正在由投资驱动向创新驱动转变，河南研发经费投入与经济大省地位不匹配，2022年，河南省GDP达61345.05亿元，居全国第5位，而研发经费投入仅千亿元，全省研发经费投入规模不及华为（1615亿元）一家企业。2021年，河南省研发经费投入1018.8亿元，居全国第10位，研发经费投入强度为1.73%，居全国第17位。2021年，全国研发经费27956.3亿元，研发经费投入强度为2.44%，河南省与全国平均水平相差甚远，研发经费投入不足难以支撑河南经济体量与实现后发赶超。

2. 高层次创新平台、重大科技基础设施较少

河南省科技创新整体实力不强、引领带动能力不足的一个重要原因是高层次创新平台、重大科技基础设施较少。一是高层次创新平台少。当前，河南省还没有实现国家实验室零的突破，16个国家重点实验室在数量上仅占全国的3%；中国科学院在全国共有114家直属机构，在河南省为零。二是创新平台与制造业规模不匹配。多年来，河南省工业规模稳居全国第5位，但是各类国家级创新平台只有172家，与先进省份存在较大差距，仅相当于安徽的81.9%。三是创新要素链接不紧。全省产业链创新链对接不紧密，高校、科研机构与企业在创新链上分工不明确，产学研合作不够。没有足够多的高能级创新平台，就难以集聚高端创新资源，也很难产出高水平的创新成果来支撑制造业的转型升级。

3. 创新主体实力不强

一是创新主体数量不足。2022年，河南省高新技术企业数量刚刚突破1万家，在全国占比不到3%，仅为湖北省的一半（2022年湖北省高新技术企业数量超过20000家，位居中部六省第1）。二是企业结构层次不高。科技创新往往更多集中在头部企业，大型企业、行业头部企业、"专精特新"企业等必须依靠科技创新才能占据行业前沿，而河南省此类创新型企业数量偏少，因为在市场中不具有主导地位，产品策略多是跟随性的，相对研发投入力度不大。据中国企业联合会、中国企业家协会发布的"2021中国战略性新兴产业领军企业100强"名单，河南省只有宇通集团一家企业上榜，且仅居第89位。三是自主创新能力弱。科技创新水平落后一直是河南工业发展最突出的短板，主要表现为科技创新与产业发展之间缺乏有效的连接机制，产业链创新链对接不紧，创新链对产业链升级支撑不足。

4. 高层次创新人才匮乏

高层次创新人才在科技创新中具有支撑和引领作用，是推动河南经济社会高质量发展的关键力量，河南省高层次创新人才仍相对匮乏。一是高层次创新人才严重不足。截至2021年河南省仅有"两院"院士24名，占全国的1%，国家杰出青年科学基金获得者数量仅占全国总数的0.3%。二是研发人员占比低。河南省每万名就业人员中研发人员29.2人，仅相当于全国平均水平的47.2%。三是高层次人才培养平台不足。河南"双一流"建设高校只有2家，具有硕士及以上研究生招生资格的院校（含研究所）仅有25家，导致硕士、博士研究生等青年高层次人才远远不能满足河南经济高质量发展的需要。

5. 科技成果转化和产业化水平不高

一是技术合同成交额低。2022年，河南省技术合同成交额达到1025亿元（其中技术交易额513亿元），首次突破1000亿元大关，但同期湖北省为3041亿元、山东省为3256亿元、陕西省为3053亿元、安徽省为2913亿元，可以看出河南省与周边省份差距之大。2022年，河南省获得的国家发明专利数量（按第一专利权人统计）为14574件，全国排名第13，同期湖北省为29217件，河南省只相当于湖北省的1/2；同期经济总量不及河南省的四川省，2022年获得的国家发明专利数量为25462件，比河南省多了1万多件。二是产业化水平不高。2020年，尽管河南省规模以上战略性新兴产业增加值占比攀升至22.4%，但仍远远低于规模以上传统产业以及高耗能行业增加值占比，不仅产业整体规模偏小，从事新兴产业的企业创新投入也不足。

三 2023年河南加快创新要素集聚提升的对策建议

当前，世界经济增长乏力、政治局势动荡不安、逆全球化单边主义盛行，我国经济发展也面临增速放缓、结构调整和动能转换的巨大挑战。面对异常严峻复杂的国内外形势，河南作为欠发达地区，经济健康持续发展面临的压力增大，基于低成本要素投入的发展模式难以为继，只有实施创新驱动发展战略才能摆脱被淘汰、被甩掉的局面，进而实现高质量发展。近年来，河南把创新摆在发展的逻辑起点、现代化河南建设的核心位置，围绕建设国家创新高地出台了一系列政策、开展了体制机制改革、加大了科研投入和人才引育力度，促进了创新要素"成高原、起高峰"。在创新资源争夺战日趋激烈的当下，河南仍需在创新生态营造、高层次人才引育、高能级创新平台构筑等方面久久为功、善作善成。

（一）着力培育一流创新生态

近年来，苏州创新生态研究院牵头发布的《"中国100城"城市创新生态指数报告》中河南入选的城市不仅数量少，排名也相对靠后，这与河南建设国家创新高地的目标差距较远，也与河南经济大省、人口大省的地位不符。一流的创新生态是实施创新驱动发展战略的根本保证，也是创新3.0时代的基本要求。只有在开放、包容、和谐、有序的创新生态系统中，创新资源才能实现高效的集聚，创新活力才能实现充分的激发，创新主体才能发挥最大的效能。因此，培育一流创新生态河南势在必行。

1. 深化"共生型"合作

当前，国家及地区之间的合作范围不断拓展，合作方式呈现开放性、多样化、柔性化及组织化的特征，合作切入点涵盖创新价值链的各个环节，只有通过深化"共生型"合作，才能打造可持续的开放创新生态系统。一是推进大中小企业协作，构建基于人才、金融、研发、营销等全方位的共生协作关系。二是建设多元化创新创业合作实体，将高校、科研院所、大企业及初创型中小企业等集聚起来，重视产业集群和规模化创新体系育成。深化高校协同创新中心建设，围绕重点高校、龙头企业建设创新生态圈，推进众多创新主体的协同合作、功能互补。三是与发达地区的企业建立人才合用机制，创新引人、用人、育人长效机制，构建以政府、高校、科研院所、高新企业为主的智库专家"四向互流"机制。

2. 完善科技服务体系

建设一流的开放创新生态，离不开市场化、专业化、先进的科技创新服务体系。一是支持科技中介服务机构发展。大力发展研究开发、技术转移、检验检测认证、知识产权、科技咨询等科技服务业，引进培育一批知名科技服务机构和骨干企业。按照市场化、专业化原则，培育新型研发组织、研发中介和研发服务外包新业态。二是重视创新创业孵化器建设。制定实施"科技孵化器计划"，加大科技企业孵化器、大学科技园、众创空间、星创天地等孵化载体建设力度，提升孵化器市场化运营能力和水平。高标准建设以中原科技城为龙头的郑开科创走廊，标准化推广智慧岛"双创"载体。三是构建适应创新创业规律的科技金融体系，构建政府及社会资本灵活配合的创新资本体系，完善风险投资体系，加大对关键核心技术攻关和重点产业的政府金融支持力度，切实保障创新创业过程中全链条资金需求。

3. 营造一流创新环境

良好的创新环境是激发创新生态系统活力的重要保障，是吸引和集聚人才、技术、资本等创新要素的关键。一是厚植创新文化。要营造崇尚自由探索的学术研究氛围，健全鼓励创新、宽容失败、合理容错机制，推崇刻苦钻研的创新精神，大力弘扬科学家、企业家、工匠精神，加大对创新企业和人才的表彰、奖励、宣传力度，在全社会营造尊重人才、尊重知识、尊重创新、尊重创造的浓厚氛围，打造与时俱进的创新文化。二是深入推进河南省优化营商环境创新示范市建设。深化"放管服效"改革，逐步消除行政壁垒，打造公平成熟的市场环境、优越的自然环境，最大限度为产业链上下游、跨地区、跨部门要素流动提供最优环境、最快通道。适时创建国家营商环境创新试点城市，持续办好中国·河南开放创新暨跨国技术转移大会、世界传感器大会、中国元宇宙产业发展论坛、院士中原科技行等高端创新活动。三是推动政策和机构调整。适时更新和修订创新相关战略规划以加强顶层设计，推动法律法规政策落实落地落细。充分发挥河南省科技创新委员会作用，建立完善推动技术合作和人才使用的专门机构，持续优化决策和工作推进机制，增强创新生态的韧性和灵活性。

（二）持续构筑高能级创新平台体系

创新平台是集聚创新资源、开展创新活动、推动技术进步、支撑产业发展的引擎载体，在资源整合、引导各方协同创新、激发创新活力、提高创新效率、降低创新风险、增强创新效果方面发挥着重要作用。在高质量建设现代化河南、高水平实现现代化河南的过程中，需通过持续构筑高能级创新平台体系加快创新要素的集聚提升。

1. 高起点建设运行实验室体系

围绕国家所需、河南所能，推进创新载体优化组合，积极培育国家战略科技力量河南方队，构建梯次接续的实验室体系。一是高标准建设河南省实验室。主动对接国家战略科技力量体系，按照"战略急需、支撑产业"的总体要求，完善河南省实验室体系顶层设计，加快推动河南省重点实验室重组优化工作，有效推进河南省实验室体系建设，积极争取神农种业、嵩山、龙子湖新能源等省实验室进入国家实验室基地或全国重点实验室行列，推进河南省科学院重建重振，打造环河南省科学院创新生态圈。二是优化提升市级实验室布局建设。围绕新一代信息技术、能源、材料、生物医药、智能制造等重点领域，加强人才、服务保障工作。推进地市级重点实验室建设，鼓励指导地方围绕重大科学问题、关键核心技术和基础研究构建实验室体系，引导奖励更多企业参与实验室建设，推动成果转移转化和人才团队培养。

2. 高水平建设科研机构

坚持"产业急需、行业前沿、交叉融合"原则，聚焦影响制约产业发展的重大问题，加快科研机构建设，完善科技供给体系，为产业发展提供强有力的技术支撑。一是做大做优做强基础研究机构。优化财政资金支持机制，完善机构运行管理，加快领军人才的引育，支持国家超级计算郑州中心、中原人工智能计算中心、国家工程研究中心、河南省工程研究中心、河南省工程技术研究中心等基础研究机构高水平发展，积极推进关键金属、隧道掘进装备、小麦等国家技术创新中心创建工作，培育壮大源头创新力量。二是推动新型研发机构健康有序发展。聚焦战略性新兴产业和未来产业，支持省内高等院校、科研院所汇聚全球高端创新资源建立新型研发机构，引导支持企业联合高校、科研院所组建机制灵活、贯通创新链、服务产业链的新型研发机构，高质量推进河南省新型研发机构运行，打造一批紧密衔接产业链、创新链、服务链的新型研发机构。三是优化提升创新基地。积极培育建设区域科技创新中心，提升郑洛新国家自主创新示范区运行效率，支持建设河南省野外科学观测研究站、河南省应用数学中心、河南省临床医学研究中心等科技基础设施。

3. 加快发展高水平研究型大学

加快高校科研模式、人才引进、职称评定、内控制度等方面的改革，鼓励高校探索"学校+大型科研院所""学校+重大科技基础设施""学校+龙头企业"等形式，强化提升基础前沿探索和关键技术突破能力，推进高水平研究型大学建设。一是持续推进一流高校、一流学科建设。支持郑州大学、河南大学"双一流"建设，高水平推进河南农业大学等7所大学11个"双一流"学科建设，加快哈尔滨工业大学、武汉大学、上海交通大学、北京理工大学等一流大学郑州研究院建设运行进度。整合高校基础研究优势特色，支持高校加强数学、物理、化学、生物等基础学科建设，布局新兴学科、交叉学科。鼓励高校主动对接国家、省市重大项目和产业发展，力争在基础前沿和关键技术领域产生原始创新、实现重大突破。二是不断夯实高校科研基础。推动河南大学、郑州大学、河南农业大学等高校优化整合国家重点实验室，加快河南科技大学等高校省重点实验室建设，鼓励高校集中优势力量牵头或参与国家重大科技基础设施、省实验室等重大创新平台建设，支持高校与企业共建实验室。推进省内高校和国内外高校开展联合研究，实现优势互补、合作创新。三是大力深化科教融合。实施"高水平创新平台建设计划"，推进高校与重大创新平台一体化建设、融合发展，推进高校科技资源向社会开放共享，搭建对接高校的企业技术需求平台，推动高校、科研机构与企业需求双向对接。探索高校和企业联合培养创新领军人才机制，构建教研相长、协同育人新模式。

（三）大力实施高素质人才引领行动

区域创新能力的提升主要依赖高素质创新型人才的推动。高素质人才的集聚不仅有利于知识溢出效应的发挥和信息共享成本的降低，还将产生合作与竞争效应，进而提升整体创新效率，增强区域创新能力。河南是人口大省，人力资源丰富，但高素质人才稀缺，无法满足创新发展的需要。

1. 引进培养高素质人才

强化人才是第一资源理念，引进更多能够把握科技发展大势、善于统筹协调的顶级科学家和领军人才，推进省市协同，加快培育青年人才。一是集聚国内外一流人才。着眼国内国际，创新人才引进制度，深入实施"中原英才计划"，发挥"数字豫才"引才融智作用，提高河南人才集团市场化水平，利用好海外引才工作站和中原国际人才交付中心，搭建最高能级的高层次人才服务平台和国际化引才通道，推动人才服务网络量质双提升。坚持"高精尖缺"定位，充分考量城市的产业特色和资源禀赋，依托重大科技项目和攻关工程发现并培养人才，聚焦产业基础和企业发展需求引进人才。二是打造具有竞争力的青年人才后备军。大力推进青年人才倍增行动、博士后招引培育"双提"行动和青年创新人才工作站建设，加强产教融合、科教融合，提升高等院校、科研院所拔尖人才培养能力，打造适合青年人才成长的平台体系，支持青年人才挑大梁、当主角。三是加强高技能人才队伍建设。面向产业需求，加强创新型、应用型、技能型人才培养，构建完善高技能人才培养培训体系。加强职业教育"双师型"教师队伍建设，破除企业入校、教师入企的体制机制障碍，实施企业知识更新工程和教师学生技能提升行动，鼓励校企联合培养高技能人才，支持企业设立高技能人才培训基地。

2. 着力激发高素质人才活力

高素质人才活力的发挥直接影响创新创业成效，只有以好的机制用才、好的环境引才才能发挥高素质人才的最大潜能，带动经济社会健康发展，实现创新驱动发展。一是创新人才发展体制机制。深化数字赋能人才体制机制改革，建立与河南创新发展相匹配的人才培养、引进、使用、评价、激励、流动机制，构建以创新能力、实效、质量为导向的人才评价机制，完善体现创新价值和贡献的收益分配机制，制定实施让科研人员把主要精力放在科研上的制度，不断完善配套的税收政策及医疗、教育等保障措施。深化科研经费管理改革，建立以信任为前提的首席专家负责制，赋予其充分的人财物自主权和技术路线决定权，发挥工资分配激励导向作用。强化创新使用人才制度，探索前沿技术、新业态、新职业职称评价体系，完善人才"谁用谁评"机制，开辟优秀人才职称评定绿色通道。二是深化人才交流合作。坚持人才"引进来""走出去"并重，构建开放式高素质人才培养交流模式，以人才价值的最大限度发挥为目标，不求所有但求所用，降低人才流动门槛。推动建设国际人才自由港，健全薪酬福利、子女教育、社会保障等制度，营造自由公平、接轨国际的人才发展环境。鼓励建设国际科技和人才交流合作基地，发挥中国·河南招才引智创新发展大会等国际化引智平台作用，推动人才在更大范围、更高层次、更广领域开展交流合作。

（四）加快构建多元化金融支持体系

资金要素集聚是创新能力提升的重要物质保障，是开展创新活动的前提和基础。创新资金集聚度较高的区域，通常创新活动的动力更强、信心更足、效率更高，创新成功的可能性更大。河南地处内陆，金融服务业发展相

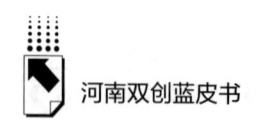

对滞后，民间创投机构数量、资金规模和发达地区相比差距较大，对创新活动的支撑作用较小，也制约了人才、技术等要素的集聚。因此，构建多元化金融支持体系是加快创新要素集聚的必要条件。

1. 发挥政府引领作用

在创新活动的初始阶段、重大技术创新关键期及创新意识薄弱时期，政府的创新资金支持发挥着重要作用。一是出台多层级创新资金支持政策。探索省、市级财政科技投入协调联动机制，构建"普惠+精准"创新资金支持"谱系"，分级分类出台支持科技型企业技术创新、支持创新载体平台建设、支持中试基地和技术转移机构建设、支持企业海外研发基地建设、支持外资研发中心建设等一系列资金支持政策，力争覆盖创新主体成长的全生命周期和全要素场景。二是提升政府投资基金运营效益。建立覆盖种子期、成长期、成熟期以及并购重组等全生命周期的风投创投基金体系，利用好科创类政府投资基金的引导作用，发挥政府投资基金对全社会创新投入的示范、放大、增效作用，引导撬动更多社会资本向创新链的各个环节集聚。借助河南省级国有资本运营公司的优势激发创投新动能，高质量运营河南创新投资集团，加强与省外相关机构的交流互动，引入国内外优质产业、资本和资源。举办河南创投峰会、河南创投周、河南科技金融服务周等活动，搭建企业与资本对接平台。

2. 构建多元化资金支持体系

一是完善股权投资基金体系。围绕中国创新创业大赛（河南赛区）企业、科技计划人才项目等，探索利用省、市级财政科技经费开展天使股权直接投资。鼓励龙头企业等社会资本围绕重点产业领域设立细分行业子基金。加快引进培育一批行业影响力大的风险投资机构和风险投资基金，鼓励在豫机构与省外资本联合成立创投基金。二是强化信贷支持。推动金融服务和产品创新，优化信贷风险补偿运作机制，引导银行等金融机构为创新企业增加信贷供给、扩大资金池覆盖面，鼓励金融机构发展知识产权质押融资、科技保险等科技金融产品，拓宽创新型中小企业融资渠道。加强政银保合作，鼓励保险公司创新保险险种，扩大保险范围，为创新型企业开展科技创新分担风险。三是推动企业上市融资。强化企业上市协作机制，推动企业对接上交所科创板、深交所创业板、新三板创新层，支持创新型企业上市融资，支持符合条件的企业在银行间市场、交易所市场等平台发行债券。引导成长期、成熟期科技型企业扩大直接融资，发挥区域性股权市场作用，支持科技型中小企业挂牌融资。

（五）强化企业创新主体地位

企业是创新要素配置的主体，是科技创新活动的主要组织者和参与者，企业具有创新主体地位，对一个国家或地区的创新能力有着决定性影响。在2022年"中国100城"城市创新生态指数年度排名中，郑州、洛阳均在"创新主体产出"这一指标排名上远远落后于创新生态指数的其他指标。可见，河南还需在创新主体培育方面花大力气、下狠功夫。

1. 完善创新主体阶梯式培育

强化企业创新主体地位，要推动创新型领军企业、隐形冠军企业、科技型中小微企业群体共生发展，各展所长。一是实施科技创新主体量质"双提升"工程。构建"科技型中小企业—高新技术后备企业—高新技术企业—瞪羚企业—上市高新技术企业—独角兽企业"的梯次培育机制，深化实施创新型企业树标引领行动。政府引导企业积极参与国家和地方的科技创新体系规划，制定更精准的财税支持政策，打造更开放的创新合作环境，促进各类创新要素向企业集聚。二是支持领军企业牵头组建创新联合体。鼓励领军企业加强应用基础研究，给予领军企业企业家更多的资源调配权、产业标准制定话语权、产业联盟建设权，推动建立领军企业牵头主导、高校和科研院所支撑、各创新主体共同参与的高能级创新体系。三是让企业家精神发挥更大作用。着力营造一流的市场化、法治化、国际化营商环境，充分发挥市场配置资源的决定性作用，实现各种市场主体依法平等使用生产要素、公平参与市场竞争、同等受到法律保护，促进各类企业成长壮大。给予战略企业家在重大科技基础设施建设、重大科技创新项目立项等决策方面更大的权力，全面提升产学研协同创新效率。赋予有企业家精神的科研人员高度自主

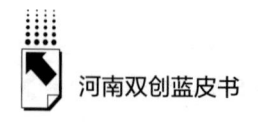

权，激发其创新活力。

2.让企业成为人才"引育用留"主体

强化企业创新主体地位，让其成为引聚、培育、使用和留住人才的主体。一是提高企业家对人才工作的重视度。政府通过完善政策、精准赋能、学习交流、人才奖励等系列举措，增强企业家引才用才意识，引导企业家树立"人才强企"理念，配强人力资源工作者，推动人才引得进、留得住、用得好。二是加大企业对重大创新平台、技术的资金投入力度。鼓励企业和政府、高校、科研院所共建共享科研平台、仪器设备，国家、省市重大科研项目课题向企业倾斜，加大对企业研发投入、核心技术产业化市场化的奖励支持力度，用好的平台引人育人。三是加快推动企业市场化改革。深入实行现代企业制度，规范企业市场行为，鼓励企业设置首席科学家等岗位，在企业中营造尊重知识、尊重人才、鼓励创新的良好氛围。深化产教融合，支持领军企业与高校联合办学、协同攻关、人才互转。加快实施企业数字化转型示范引领工程，支持企业牵头和参与数字经济重大场景建设，提高企业数字化、网络化、智能化水平，实现企业用好的平台、好的制度、好的环境、好的文化引人育人用人留人。

（六）提高科技成果转化和产业化水平

科技成果转化是创新驱动发展的重要环节，是提升创新体系效能的关键。提高科技成果转化和产业化水平能够有效集聚和培育科技创新人才，推进创新链产业链资金链人才链的深度融合。

1.健全科技成果转移转化机制

加强企业主导的产学研融合，强化以质量、绩效、贡献为核心的科技评价目标导向，进一步优化成果转化政策，出台完善支持科技成果及知识产权依法取得、自主决定转化和推广应用的相关措施。一是完善科技成果评价制度。健全科技成果分类评价体系，针对科技成果转化的不同阶段制定不同的评价标准，推进省市级、国有企业、高校、科研院所科技计划项目成果市场化评价改革，充分发挥金融投资和产业化、商品化在科技成果评价中的作用。二是探索建立赋予科研人员职务成果所有权或长期使用权的机制和模式。借鉴职务成果转化经验和做法，落实相关法律法规和政策措施，在高等院校和科研院所开展赋权改革试点，充分赋予试点单位科技成果管理的自主权，开展科技成果处置权管理改革，探索形成符合科技成果转化规律的国有资产管理模式。

2.加强科技成果转移转化服务

发挥市场化优势，提升中试熟化和产业化水平，打通科技与产业结合的通道，促进科技成果向现实生产力转化，推动科技成果转化效能和服务水平双提升。一是推动国家技术转移郑州中心高质量运行。坚持政府引导、市场化运营、专业化协作的原则，加强与国内外创新资源的交流合作，引育专业化机构平台和技术转移专业化人才，提升平台服务能力，实现国家技术转移郑州中心科技研发、技术交易、成果转化、对外开放合作等功能。二是推进中试熟化产业化发展。加大政策性资金支持力度，围绕河南重点产业和产业集群，择优新建中试基地、产业研究院，布局建设多功能专业化的开放共享中试基地。制定出台中试基地考核评价办法及激励约束机制，提高科技成果产业化成功率。三是推动技术市场繁荣发展。支持高等院校、科研院所成立技术转移中心或技术转移公司，搭建高校、科研院所和市场之间的多向畅通渠道。加快建设和引进专业化市场化技术转移示范机构，利用国家技术转移人才培养基地培育高素质、专业化技术转移专业人员，壮大技术转移服务队伍，通过专业化服务提升科技转移转化、产业化效率和水平。四是开展科技成果转移转化活动。不断丰富中国·河南开放创新暨跨国技术转移大会的形式和内容，定期筛选发布省内外技术需求和先进技术成果，打造科技成果转移转化对接活动品牌。鼓励推动地市、高校和科研院所举办重大科技成果转移转化活动，实现技术优势、人才优势与地方需求相结合。

参考文献

河南省人民政府：《关于印发河南省"十四五"深化区域合作融入对接国家重大战

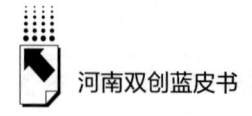

略规划的通知》，2022年2月16日。

张宇燕、徐秀军：《2022—2023年世界经济形势分析与展望》，《当代世界》2023年第1期。

广州市人民政府办公厅：《广州市人民政府办公厅关于印发广州市科技创新"十四五"规划的通知》，《广州市人民政府公报》2022年第7期。

《推进全链条现代农业科技支撑》，《河南日报》2023年3月2日。

《信心满干劲足　河南民营经济再出发》，《河南日报》2023年3月13日。

《郑州银行：创新科创金融工具　服务全省发展大局》，《河南日报》2023年4月3日。

《河南：谱写中原绚丽科技篇章》，《科技日报》2022年10月21日。

《构建新发展格局的河南实践》，《河南日报》2023年3月7日。

陈劲、尹西明：《强化企业创新主体地位　建设世界科技强国》，《经济参考报》2023年2月14日。

《中共河南省委关于制定河南省国民经济和社会发展第十四个五年规划和二〇三五年远景目标的建议》，《河南日报》2021年1月8日。

《中华人民共和国国民经济和社会发展第十四个五年规划和2035年远景目标纲要》，《人民日报》2021年3月13日。

B.2 河南省城市创新能力评价报告（2023）

河南中原创新发展研究院课题组[*]

摘　要： 党的二十大召开以来，河南省贯彻中央要求，坚持科技是第一生产力、人才是第一资源、创新是第一动力，把创新放在推进中国式现代化的核心位置。本报告构建了由 5 个一级指标 37 个二级指标组成的河南省城市创新能力评价指标体系（2023），并利用统计数据进行城市创新能力评价，郑州、洛阳和新乡保持河南省城市创新能力的前三名。结合评价结果，本报告针对城市创新能力发展，提出加大科技创新投入力度、加快创新驱动产业升级、不断优化科技创新生态、深化区域科技创新协作等对策建议。

关键词： 创新能力　科技创新　河南省

一　2022年河南省创新发展回顾

2021 年 10 月河南省召开第十一次党代会，提出锚定"两个确保"、实施"十大战略"、建设现代化河南，并将创新驱动、科教兴省、人才强省战略作为"十大战略"中的首位战略。党的二十大召开以来，河南省贯彻中央要求，在推进中国式现代化河南实践的过程中，坚持科技是第一生产力、

---

[*] 课题组组长：喻新安，博士，河南中原创新发展研究院院长、河南省高校智库联盟理事长，研究方向为区域经济、产业经济。课题组成员：武文超、于善甫、张志娟、张冰、崔明娟、郭军峰、刘晓慧、杜文娟、豆晓利、田文富、李斌、宋瑜、蒋睿、刘晓、魏征。执笔人：武文超。

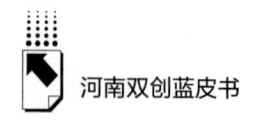

人才是第一资源、创新是第一动力，加快建设国家创新高地，河南省科技创新领域呈现前所未有的良好发展态势。

（一）创新驱动发展步伐加快

2022年，河南省委高规格召开全省教育科技创新大会，大力推进省科学院重建重振、省实验室体系重构重塑、"双一流"大学建设等重大举措，推动出台《河南省创新驱动高质量发展条例》《河南省科学院发展促进条例》等地方法规，为全省科技创新工作掌舵定向。河南省持续加大创新投入力度，2022年，全省一般公共预算支出中的科学技术支出达到411.09亿元，同比增长24.9%，比一般公共预算支出增速高16.1个百分点；工业技术改造投资同比增长34.4%，比固定资产投资增速高27.7个百分点。2022年，全省规模以上高技术制造业增加值同比增长12.3%，战略性新兴产业增加值同比增长8.0%，分别比规模以上工业增加值增速高7.2个、2.9个百分点；卫星导航定位接收机、液晶显示屏产量同比分别增长5.9倍、25.4%。2022年12月，中国科学技术发展战略研究院发布的《中国区域科技创新评价报告2022》中，河南省综合科技创新水平指数排名全国第17，较2021年上升2位、较2012年上升5位，其中，高新技术产业化水平指数排在全国第9位，比2021年提升2位。

（二）创新平台建设持续突破

河南省科学院重建重振工作高效推进，省实验室体系重构重塑成效突出，国家重点实验室增加到16家，首批推动8家国家重点实验室重组，新批复建设龙门、中原关键金属、龙湖现代免疫、龙子湖新能源、中原食品、天健先进生物医学、平原等7家省实验室，新建15家省产业研究院、28家省中试基地、12家省创新联合体、5家省野外科学观测研究站、4家省应用数学中心。洛阳普莱柯、河南农大两家P3实验室获批建设。区域创新平台方面，信阳高新区、许昌高新区获批升级为国家级高新技术产业开发区，全省国家高新区数量达到9家，河南省国家高新区数量在全国排第5位。平顶山、安阳、焦作、南阳4家国家高新区在全国国家高新区考核排名中均实现位次显著提升。周口国家农业高新技术产业示范区等"国字号"平台载体获批建设。郑洛新国家自主创新示范区（以下简称"郑洛新国家自创区"）核心区生产总值突破千亿元，郑洛新国家自创区将中原科技城、中原农谷纳入区域范围，创新资源共享、产业支撑能力提升、"一区多园"等方面的改革成效获得科技部肯定。新乡市入选科技部新一批国家创新型城市建设名单，新郑市通过首批国家创新型县（市）验收。

（三）产业转型升级成效显著

2022年，河南一批重大产业升级项目取得显著成效。超聚变服务器产值突破230亿元；宁德时代新能源电池等一批重大项目落地建设；国家生物育种产业创新中心一期建成投用；真实生物成功研制我国第一个拥有完全自主知识产权的新冠口服药阿兹夫定；比亚迪郑州基地建设顺利，于2023年4月投产并实现首辆新车下线；郑汴洛濮氢走廊建设提速。数字化转型战略加速实施，2022年，河南省5G基站数量突破15万个，新建成185个智能工厂，3.6万家企业使用云服务。郑州市获批建设国家区块链发展先导区，全省数字经济对经济增长的贡献率超过70%。企业创新能力持续提高，2022年，全省高新技术企业超过1万家、国家科技型中小企业达到2.2万家，同比分别增长29.6%、45.3%。2022年，河南省规模以上工业企业研发活动覆盖率达到52%，全省研发经费投入超过1100亿元，技术合同成交额超过1000亿元。2022年，全省新建设28家国家级孵化载体，总数达到141家，并在国家孵化器考核优秀评价率排名中居第2位。全面落实企业创新各项优惠政策，2022年全省企业享受研发费用加计扣除385.37亿元，"科技贷"业务规模达到44.49亿元，对710家（次）企业提供相关信贷服务，助力4家创新型企业在科创板、北交所挂牌上市。

（四）重大创新成果不断涌现

2022年，中铁盾构成功为川藏铁路建设研制开发出世界最大直径硬岩盾构机；宇通客车研发的12米氢燃料电池客车的低温启动性能已经达到国际先进水平；仕佳光子研发的数据中心光互连芯片、中铝洛铜研发的5G用

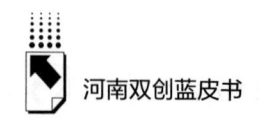

铜合金材料成功突破国外垄断；金苑种业培育的"郑原玉432"种植面积超过1300万亩，排在我国籽粒机收夏玉米推广面积第1位。河南大学王学路教授团队在大豆共生固氮领域的最新研究成果先后2次发表在国际著名期刊Science上，其中《光诱导的信号调控大豆共生结瘤机制》是由河南科研团队在该期刊上主导并发表的第1篇科研论文。2022年，河南省争取立项国家自然科学基金项目1050项，立项数连续3年超千项，经费连续两年超5亿元。全省启动实施省重大科技专项43项，支持经费达到4.43亿元，省自然科学基金年度资助经费达到7500万元，增幅达57.9%。

（五）人才机制支撑更加坚实

2022年，河南省加大人才培育引进力度，大力实施"中原英才计划"，新建院士工作站5个、中原学者工作站30个、杰出外籍科学家工作室20个，俄罗斯籍专家扎科夫·维克多获评中国政府友谊奖。加强科技领域对外交流合作，优化外国人来华工作许可流程，办理工作许可业务1884件。持续大力推行"科技特派员"制度，实现了全省县域特色产业科技特派员服务全覆盖。不断深化科技创新领域体制机制改革，开展扩大高校和科研院所自主权试点，探索行业主管部门"一揽子授权"管理制度，充分赋予科研事业单位自主权。优化重大创新项目遴选方式，启动科研经费直拨改革试点，拨付周期由4个月以上缩短至21天。持续深化职务科技成果赋权试点改革，建立健全赋权改革管理机制、转化模式及负面清单。积极推动科学普及与科技创新融合发展，成功举办科技活动周、河南省科普讲解大赛等品牌活动，启动省科普基地、现代农业科普基地、小小科学家科技创新操作室建设。

二　河南省城市创新能力评价指标体系（2023）

课题组坚持科学、全面、客观的评价导向，注重保持评价指标体系延续性，通过研究讨论，构建了包含5个一级指标、37个二级指标的河南省城市创新能力评价指标体系（2023）。

（一）评价指标体系设计

河南省第十一次党代会以来，河南省委锚定"两个确保"、实施"十大战略"，并将创新驱动、科教兴省、人才强省战略作为"十大战略"中的首位战略，将创新摆在了高质量发展的逻辑起点、现代化河南建设的核心位置。科技创新能力在高质量发展、现代化建设中的重要性进一步提高。河南省城市创新能力评价指标体系（2023）延续了以往的评价指标体系框架，总体上从创新投入、创新产出、企业创新、创新环境和创新绩效五个方面对城市创新能力进行评价，37个二级指标的具体设置见表1。

与上一年的指标体系相比，河南省城市创新能力评价指标体系（2023）在创新产出指标中重新加入了"有效发明专利数"。课题组认为，"有效发明专利数"是创新产出的"家底"，体现了一个地区在技术创新方面的积累和影响力，是创新能力的重要影响因素。

表1　河南省城市创新能力评价指标体系（2023）

一级指标	二级指标
创新投入	研发活动人员数(人)
	研发活动人员折合全时当量(人年)
	研究与试验发展单位数(个)
	一般公共预算对于科学技术的支出(亿元)
	一般公共预算支出中科学技术支出的比例(%)
	研发经费支出(亿元)
	研发经费投入强度(%)
创新产出	专利申请数(件)
	专利授权数(件)
	发明专利申请数(件)
	发明专利授权数(件)
	有效发明专利数(件)
	每万人有效发明专利数(件)
	形成国家或行业标准数(项)
	发表科技论文(篇)

续表

一级指标	二级指标
企业创新	规模以上工业企业研发人员数(人)
	规模以上工业企业研发人员折合全时当量(人年)
	规模以上工业企业研发经费支出总额(万元)
	规模以上工业企业研发经费支出与营业收入之比(%)
	规模以上工业企业新产品销售收入(万元)
	规模以上工业企业办科技机构数(个)
	规模以上工业企业专利申请数(件)
	规模以上工业企业有效发明专利数(件)
	规模以上企业中实现创新企业数(个)
创新环境	高等学校数(所)
	高等学校教职工数(人)
	规模以上信息传输、软件和信息技术服务业企业营业收入(亿元)
	规模以上科学研究和技术服务业企业营业收入(亿元)
	技术市场成交合同数(个)
	技术市场成交金额(亿元)
	国际互联网普及度(户/人)
	金融机构贷款年底余额(亿元)
创新绩效	地区生产总值(GDP)(亿元)
	人均GDP(元)
	第三产业增加值占GDP比重(%)
	居民家庭人均可支配收入(元)
	空气质量优良天数(天)

资料来源:《河南统计年鉴2022》、河南省统计局网站。

(二)计算方法和统计数据

评价过程中所采取的计算方法与往年保持一致,即通过专家打分法确定指标权重,将统计数据进行归一化处理之后,利用线性加权法进行综合打分。为了确保评价的客观性、公正性,评价数据主要来自《河南统计年鉴2022》,数据截至2021年底,研发经费支出和研发经费投入强度数据来自河南省统计局发布的《2021年河南省研究与试验发展（R&D）经费投入统计公报》。评价指标中的一些占比类、人均类指标则需要通过统计年鉴数据计算得到。

三 河南省城市创新能力评价的结果与分析

在河南省城市创新能力评价指标体系（2023）基础上，课题组经过对统计资料的收集、整理以及数据计算，得出河南省18个省辖市的创新能力评价得分和排名。

（一）总评价得分和排名情况

从总评价得分和排名情况来看，郑州市、洛阳市、新乡市分别以96.27分、50.18分和34.07分，排在前三位（见图1）。

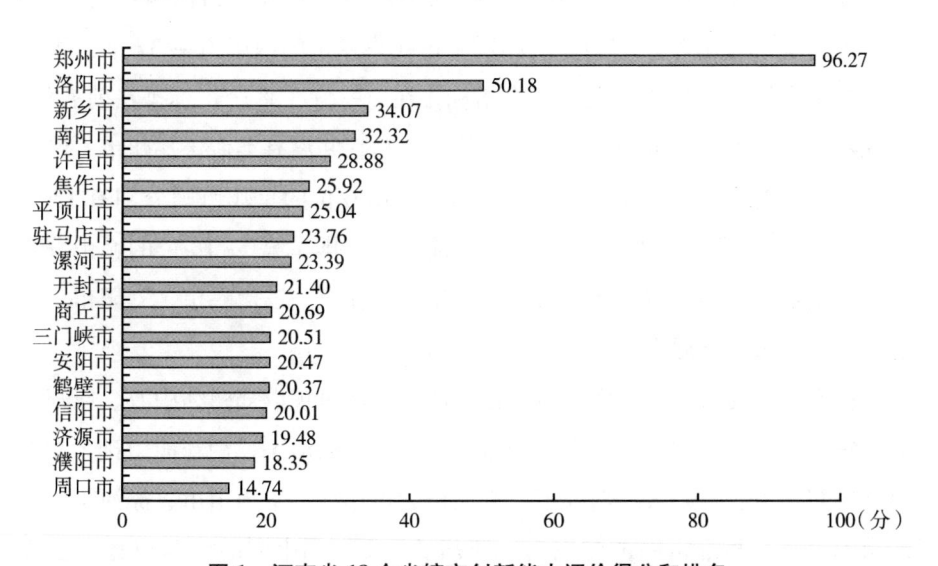

城市	得分
郑州市	96.27
洛阳市	50.18
新乡市	34.07
南阳市	32.32
许昌市	28.88
焦作市	25.92
平顶山市	25.04
驻马店市	23.76
漯河市	23.39
开封市	21.40
商丘市	20.69
三门峡市	20.51
安阳市	20.47
鹤壁市	20.37
信阳市	20.01
济源市	19.48
濮阳市	18.35
周口市	14.74

图1　河南省18个省辖市创新能力评价得分和排名

资料来源：根据《河南统计年鉴2022》数据计算整理。

从前三位城市的创新能力分项指标来看，郑州市创新投入、创新产出、企业创新、创新环境和创新绩效5个一级指标得分都排在18个城市的第1

位，创新优势依旧显著。在二级指标层面，郑州市在33个二级指标中排在第1位，其余4个指标中，研发经费投入强度、人均GDP指标得分排在第2位，规模以上工业企业研发经费支出与营业收入之比排在第10位，空气质量优良天数排在第12位。郑州市作为河南省会和国家中心城市，在创新投入、创新环境、创新产出、创新绩效方面处于全省领先地位，对于集聚创新人才、创新资源有着显著的优势。在一级指标层面，洛阳市创新投入、创新产出、企业创新、创新环境和创新绩效5个指标都排在18个城市的第2位。在二级指标层面，洛阳市有1个指标排在第1位、33个指标排在前三位、36个指标排在前五位，唯一相对落后的指标是空气质量优良天数，排在第10位。可以看出，洛阳市的创新能力相对于郑州市以外的其他16个城市处在全面领先的状态。在一级指标层面，新乡市创新投入、创新产出和创新环境均排在18个城市中的第3位，企业创新排在第4位，创新绩效排在第14位。在二级指标层面，新乡市在37个二级指标中有18个指标排在前三位，25个指标排在前五位。与新乡市相比，排在第4位的南阳市在37个二级指标中有1个指标排在第1位、10个指标排在前三位、28个指标排在前五位。可以看出，尽管新乡市能够排在第3位，但是它并没有类似于郑州市、洛阳市的绝对领先地位。排在第5位的许昌市和第6位的焦作市则分别有13个和12个二级指标能够排在18个城市的前五位。排在第7~18位的城市分别是平顶山市、驻马店市、漯河市、开封市、商丘市、三门峡市、安阳市、鹤壁市、信阳市、济源市、濮阳市和周口市。

从空间布局来看，河南省城市创新能力仍然呈现以郑州为中心、以郑洛新国家自创区为引领、郑州都市圈城市总体领先的形态，创新能力排名相对靠前的郑州市、洛阳市、新乡市、许昌市、焦作市、平顶山市、漯河市、开封市都处在郑州都市圈范围以内。郑州"1+8"都市圈的济源市作为县级市，总量类指标基本排在末位，但济源市研发经费投入强度排在第4位，每万人有效发明专利数排在第10位，创新能力和水平同样不容忽视。

2021年10月，河南省第十一次党代会提出，支持南阳市建设省域副中心城市。从创新能力层面来看，南阳市在豫南区域有比较明显的优势，在创新投入、创新产出、企业创新、创新环境等方面，南阳市在18个城市中排在比较靠前的位置。2022年11月，河南省科技厅出台支持南阳建设省域副中心城市的若干措施，从绿色生态技术创新、南阳中关村"智慧岛"建设，以及创新型企业培育、科研项目申报、科研院所建设、科技金融发展等方面给予支持，助力南阳建设省域副中心城市，带动豫南区域科技创新发展。

由于新纳入的有效发明专利数指标是总量类指标，一些规模较小的城市创新能力排名有所下降。同时，部分城市评价得分差距比较小，而且评价方法本身存在一定的局限，因此评价结果需要客观看待。

（二）分项指标评分和排名

一级指标创新投入得分排在前五位的城市是郑州市（97.16分）、洛阳市（66.24分）、新乡市（41.04分）、驻马店市（33.08分）和许昌市（32.94分）（见图2）。在创新投入的二级指标中，一般公共预算对于科学技术的支出排在前五位的是郑州市、洛阳市、驻马店市、信阳市和南阳市，其中，郑州市一般公共预算对于科学技术的支出达到84.09亿元，占18个城市总量的31.38%，洛阳市、驻马店市一般公共预算对于科学技术的支出分别为33.03亿元、19.31亿元，分别占18个城市总量的12.33%、7.21%，3个城市的一般公共预算对于科学技术的支出合计占了18个城市总量的一半以上。研发经费支出排在前五位的城市是郑州市、洛阳市、新乡市、南阳市和许昌市，其中，郑州市、洛阳市、新乡市的研发经费支出分别为310.44亿元、153.91亿元和79.17亿元，郑洛新3个城市的研发经费支出之和超过了18个城市总量的一半，体现出创新资源集聚高地的作用。研发经费投入强度是国家和河南省"十四五"规划目标中的重要指标，研发经费投入强度排在前五位的城市是洛阳市、郑州市、新乡市、南阳市和许昌市。2021年，全国研发经费投入强度为2.44%，比上年增加0.03个百分点；河南省研发经费投入强度为1.73%，比上年增加0.07个百分点。2021年，郑州市、洛阳市和新乡市的研发经费投入强度均达到了全国平均水平。

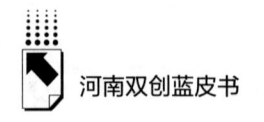

河南省在研发经费投入强度方面的提升，反映了河南省在大力实施创新驱动、科教兴省、人才强省战略过程中，科技创新投入力度明显加大。

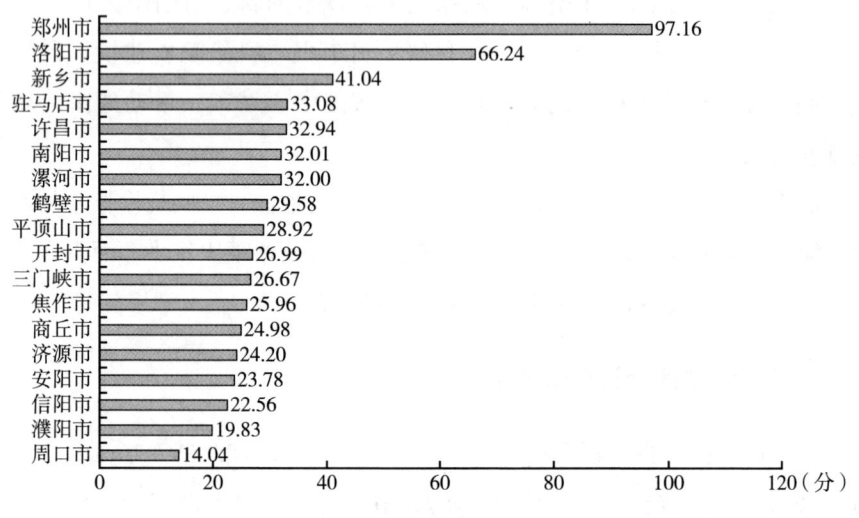

城市	得分
郑州市	97.16
洛阳市	66.24
新乡市	41.04
驻马店市	33.08
许昌市	32.94
南阳市	32.01
漯河市	32.00
鹤壁市	29.58
平顶山市	28.92
开封市	26.99
三门峡市	26.67
焦作市	25.96
商丘市	24.98
济源市	24.20
安阳市	23.78
信阳市	22.56
濮阳市	19.83
周口市	14.04

图 2 河南省 18 个省辖市创新投入指标得分和排名

资料来源：根据《河南统计年鉴 2022》数据计算整理。

一级指标创新产出得分排在前五位的城市是郑州市（100 分）、洛阳市（38.10 分）、新乡市（28.26 分）、焦作市（22.89 分）和许昌市（22.19 分）（见图 3）。创新产出方面，郑州市、洛阳市和新乡市保持着明显的领先优势，8 个二级指标中，郑州市全部排在全省第 1 位，洛阳市全部排在全省第 2 位，新乡市则有 7 个二级指标排在全省第 3 位，仅每万人有效发明专利数排在第 4 位，充分体现了创新高地的作用和重要性。二级指标层面，发明专利授权数排在全省前五位的城市是郑州市、洛阳市、新乡市、焦作市和许昌市，其中，2021 年郑州市发明专利授权数达到 3117 件，占 18 个城市总量 54.1%。有效发明专利数排在全省前五位的城市是郑州市、洛阳市、新乡市、南阳市和许昌市。2021 年，郑州市、洛阳市分别拥有有效发明专利 27320 件、10919 件，分别占 18 个城市总量的 38.8% 和 15.5%，合计超过了 18 个城市总量的半数。每万人有效发明专利数排在全省前五位的城市是郑州市、洛阳市、焦作市、新乡市和许昌市，2021年前五位城市每万人有效发明专利数分别达到21.44件、15.44件、10.07件、9.21件和8.48件。形成国家或行业标准数排在全省前五位的城市是郑州市、洛阳市、新乡市、许昌市和南阳市，2021年前五位城市分别形成704项、159项、138项、122项、91项国家或行业标准。

```
郑州市  ████████████████████████████ 100.00
洛阳市  ██████████ 38.10
新乡市  ███████ 28.26
焦作市  ██████ 22.89
许昌市  ██████ 22.19
南阳市  █████ 21.53
平顶山市 ████ 17.47
安阳市  ████ 15.31
漯河市  ███ 14.11
鹤壁市  ███ 14.02
开封市  ███ 13.64
商丘市  ███ 12.92
济源市  ███ 12.90
濮阳市  ███ 12.67
信阳市  ███ 12.34
三门峡市 ███ 12.14
驻马店市 ███ 12.07
周口市  ██ 10.64
        0    20    40    60    80    100(分)
```

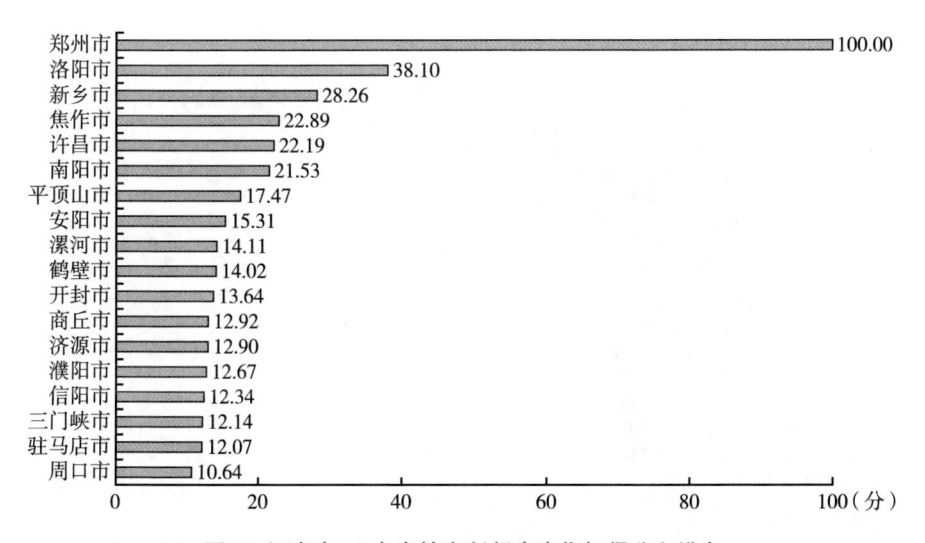

图3　河南省18个省辖市创新产出指标得分和排名

资料来源：根据《河南统计年鉴2022》数据计算整理。

一级指标企业创新得分排在前五位的城市是郑州市（94.92分）、洛阳市（55.42分）、南阳市（47.09分）、新乡市（40.15分）和许昌市（30.65分）（见图4）。企业是推动科技创新、产业升级的重要主体，在实现经济高质量发展中发挥重要作用。二级指标层面，规模以上工业企业研发经费支出总额排在前五位的城市是郑州市、洛阳市、南阳市、新乡市和许昌市，其中百亿元以上的有郑州市和洛阳市，分别达到168.92亿元和107.66亿元。规模以上工业企业研发经费支出与营业收入之比排在前五位的城市是南阳市、新乡市、洛阳市、驻马店市和鹤壁市，分别达到2.63%、2.24%、2.01%、1.67%和1.59%。规模以上工业企业办科技机构数排在前五位的城市是郑州市、南阳市、洛阳市、许昌市和驻马店市，分别达到537家、405家、358家、294家和252家。随着河南省推动规模以上工业企业研发机构全覆盖，2022年以后18个城市的规模以上工业企业办科技机构数均呈现上升趋势。规模以上工业企业有效发明专利数排在前五位的城市是郑州市、洛阳市、南阳市、新乡市和许昌市，分别达到12372件、6897件、4569件、3253件和2669件。

```
郑州市  94.92
洛阳市  55.42
南阳市  47.09
新乡市  40.15
许昌市  30.65
平顶山市 25.62
驻马店市 25.14
焦作市  24.88
开封市  22.43
商丘市  21.91
安阳市  20.08
漯河市  18.59
濮阳市  17.82
鹤壁市  16.91
信阳市  16.90
三门峡市 15.22
周口市  14.33
济源市  13.38
        0    20    40    60    80    100（分）
```

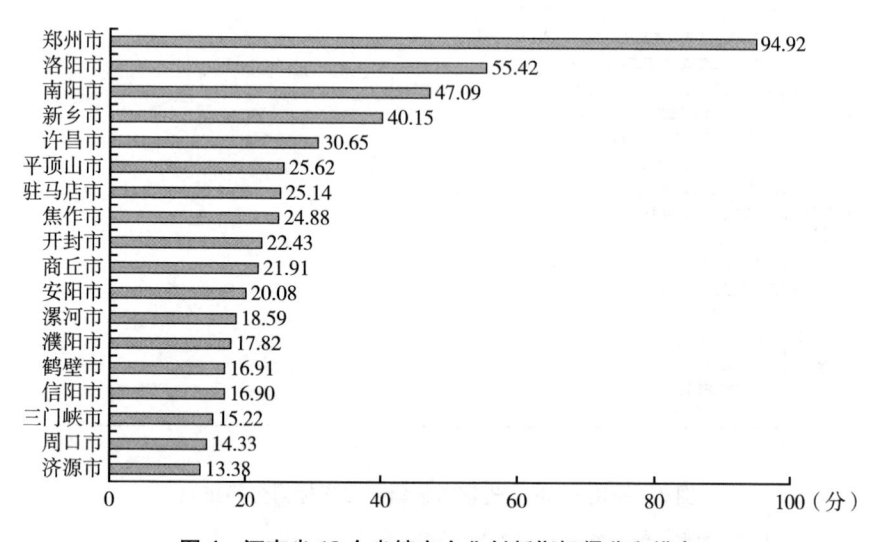

图4　河南省18个省辖市企业创新指标得分和排名

资料来源：根据《河南统计年鉴2022》数据计算整理。

一级指标创新环境得分排在前五位的城市是郑州市（100分）、洛阳市（31.62分）、新乡市（22.24分）、焦作市（20.32分）和南阳市（18.43分）（见图5）。二级指标层面，高等学校数排在前三位的城市是郑州市、新乡市、洛阳市，分别有68所、11所和8所，而平顶山市、安阳市、南阳市和信阳市均为7所，并列排在第4位。规模以上信息传输、软件和信息技术服务业企业营业收入排在前五位的城市是郑州市、洛阳市、周口市、南阳市和商丘市，分别达到618.36亿元、154.18亿元、64.29亿元、62.3亿元和59.72亿元。规模以上科学研究和技术服务业企业营业收入排在前五位的城市是郑州市、洛阳市、许昌市、南阳市和周口市，分别达到494.67亿元、179.56亿元、24.48亿元、16.73亿元和14.27亿元。技术市场成交金额排在前五位的城市是郑州市、洛阳市、南阳市、新乡市和焦作市，分别达到306.57亿元、84.51亿元、38.58亿元、36.14亿元和26.37亿元。

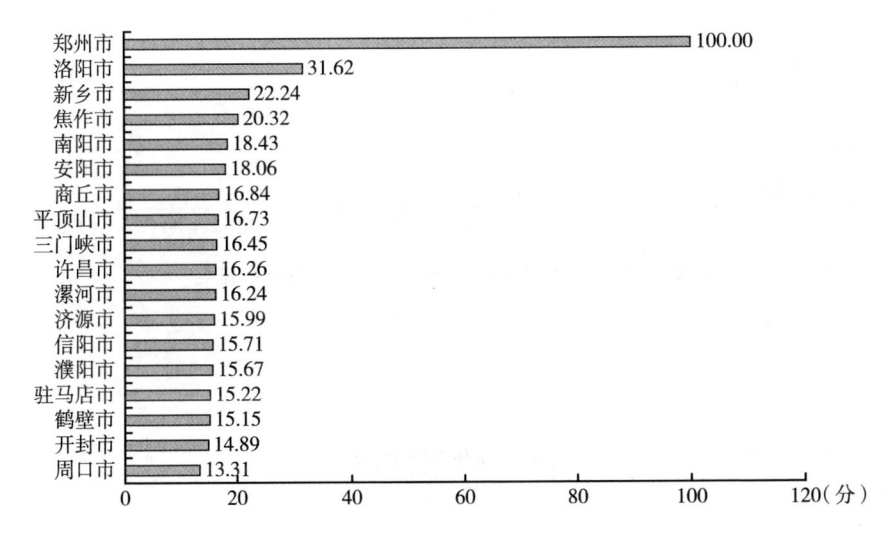

图5 河南省18个省辖市创新环境指标得分和排名

资料来源：根据《河南统计年鉴2022》数据计算整理。

一级指标创新绩效得分排在前五位的城市是郑州市（82.52分）、洛阳市（54.96分）、许昌市（49.99分）、漯河市（47.82分）和信阳市（47.01分）（见图6）。二级指标层面，人均GDP排在前五位的城市是济源市、郑州市、许昌市、三门峡市和洛阳市，其中，济源市和郑州市人均GDP均超过了10万元。居民家庭人均可支配收入排在前五位的城市是郑州市、济源市、洛阳市、焦作市和鹤壁市，分别为39551元、32271元、30219元、30076元和29362元。空气质量优良天数排在前五位的城市是信阳市、驻马店市、平顶山市、周口市和商丘市，分别达到312天、300天、279天、275天和269天。

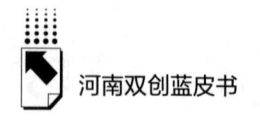

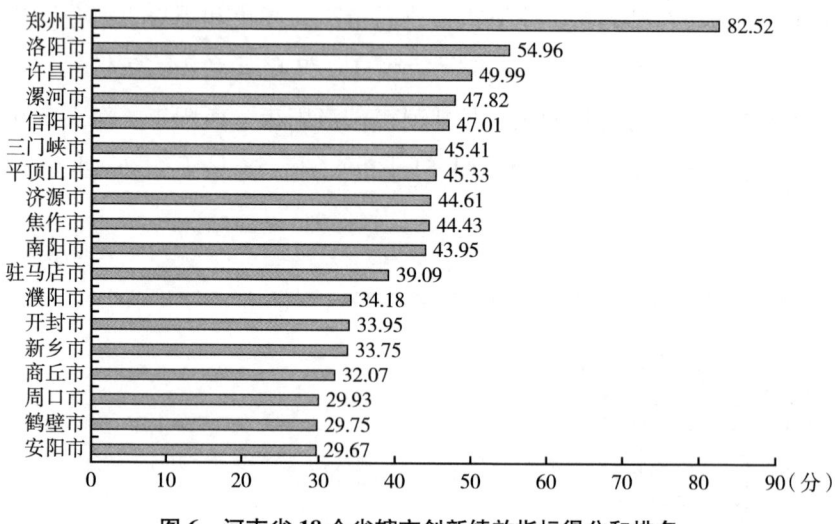

城市	得分
郑州市	82.52
洛阳市	54.96
许昌市	49.99
漯河市	47.82
信阳市	47.01
三门峡市	45.41
平顶山市	45.33
济源市	44.61
焦作市	44.43
南阳市	43.95
驻马店市	39.09
濮阳市	34.18
开封市	33.95
新乡市	33.75
商丘市	32.07
周口市	29.93
鹤壁市	29.75
安阳市	29.67

图6　河南省18个省辖市创新绩效指标得分和排名

资料来源：根据《河南统计年鉴2022》数据计算整理。

四　政策建议

2021年河南省第十一次党代会以来，河南省将创新驱动、科教兴省、人才强省战略作为建设现代化河南的首位战略，大力推进科技创新发展。党的二十大以来，河南将科技创新放在中国式现代化河南实践的基础和核心位置，科技、人才、教育的重要性进一步提升。从城市层面来讲，提升科技创新能力将是建设中国式现代化的重中之重。

第一，加大科技创新投入力度。2021年，全国研发经费投入强度为2.44%，而河南省为1.73%，与全国水平有明显差距，河南18个城市中仅郑州、洛阳、新乡达到全国水平。因此，需要持续加大科技创新领域的资金投入力度，为平台建设、人才引育、项目攻关等方面提供有力支撑。加强创新平台建设，高水平重建重振河南省科学院、做优做强河南省农科院，加快构建形成以全国重点实验室、省实验室为核心，以省重点实验室为支撑的省实验室体系。加大知名高校、科研机构的引进力度，加强与中国科学院等科研院所的科技合作，高质量推动国家超级计算郑州中心、国家技术转移郑州中心运营。提升人才引育水平，完善人才梯次培养体系。依托重大创新平台，围绕重大创新项目、产业升级需求引进培育一流的创新领军人才和团队，持续实施好"中原英才计划"，优化外国专家工作平台建设和来华工作管理服务。依托省内规模以上龙头企业，从省内高校、科研院所选派一批科技人才到企业挂职、合作。加快推进科技人才评价改革试点，构建以创新价值、能力、贡献为导向的科技人才评价体系。加强创新项目攻关，坚持"四个面向"，聚焦"卡脖子"关键技术和基础前沿领域，力争取得一批重大创新成果。围绕数字信息产业、新能源新材料、中医药、高端制造、农业科技、绿色低碳、公共安全等领域，实施战略性前瞻性的创新项目，推动形成一批支撑经济社会发展的重大创新成果。坚持自由探索和目标导向相结合，加强基础学科领域投入，培育建设省基础学科研究中心，为基础理论和前沿创新提供有力支撑。

第二，加快创新驱动产业升级。进一步强化企业的创新主体地位，加大创新型企业梯次培育力度，鼓励支持龙头企业牵头开展关键核心和共性技术攻关，着力培育一批"独角兽""瞪羚"企业，持续做大高新技术企业队伍规模，持续推动规模以上工业企业研发机构全覆盖。围绕优势产业、战略性新兴产业组建一批创新联合体，推进协同科研攻关，促进产业链上下游企业联合创新，深化先进制造业和生产性服务业融合发展。加快以创新推动制造业转型升级，围绕新能源、新材料、电子信息、智能制造、工业母机、高端仪器仪表等产业，加快形成创新中心，不断延长产业链条。提升生物医药产业竞争力，加快关键原辅料、设备配件和生产工艺等环节攻关，提升产业自主创新能力。着力提升产业基础能力，力争在基础材料、元器件、工艺、工业软件等"卡脖子"环节取得突破，健康建设质量强省、标准河南。加快实施数字化转型，支持郑州创建国家级新型互联网交换中心，推动国家超级计算郑州中心高水平运营，着力推动先进计算、网络安全、区块链、元宇宙、遥感导航等领域的技术创新及产业应用。加快推进产业绿色转型，着力发展循环经济，提升清洁能源占比，鼓励发展绿色、低碳建筑。加强农业领

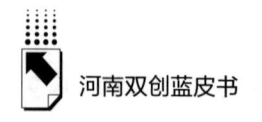

域"卡脖子"关键技术攻关，加快技术成果转化推广，着力提升种业基地、神农种业实验室、国家生物育种产业创新中心等平台建设运营水平，高质量打造"中原农谷"。选派一批"科技特派员"深入乡村振兴一线，积极开展科技计划成果"进园入县"活动，加速科技成果推广应用。

第三，不断优化科技创新生态。以服务科技创新、加快成果转化为导向，深化科技创新领域改革，着力破除制约创新发展的制度障碍，不断优化创新发展环境。全面深化科研单位放权赋能改革，持续完善科技创新的激励机制，加快形成以增加知识价值为导向的分配制度。以任务为导向构建关键核心技术攻关体系，组建跨学科、大协同的创新机构和团队，深入推行首席专家负责制，提升科研经费使用效率，切实为科研人员减压减负。以市场化、产业化为目标加快促进科技成果落地、应用，推动国家技术转移郑州中心高质量运营，大力培育和发展市场化、专业化的技术转移机构和人才队伍，探索建设集科技研发、技术转移、成果产业化于一体的创新创业综合体，争创郑洛新国家科技成果转移转化示范区。围绕优势产业、战略性新兴产业，新建一批中试基地、产业研究院，加快创新链、产业链的融合发展，构建从基础研究、应用研究到市场化、产业化的全链条创新体系，深入推进军民科技协同创新。全面贯彻落实《中华人民共和国科学技术进步法》《河南省创新驱动高质量发展条例》，强化科技创新部门协同和重大科技政策落实，加大财税、金融等方面的政策支持力度，加快构建以天使基金、创投机构、政府性科创基金和产业基金为重点的多元化科技创新投入体系，提升"科技贷"投放效率和贷款规模。构建全方位覆盖的科研诚信制度体系，大力弘扬科学家精神，提升全民科学文化素养，在全社会大力营造尊重知识、尊重人才、尊重创新、尊重创造的创新氛围。

第四，深化区域科技创新协作。发挥郑洛新国家自创区的引领作用，引导和支持郑州、洛阳、新乡国家高新区把握机遇实现扩区发展，加快推进智能传感器、智能装备、生物医药、育种等领域创新平台建设，探索通过创新券等政策加快创新资源跨区域流动和共享，引导自创区科技创新成果在全省扩散、应用和产业化，带动全省产业转型升级，推动全省高质量发展。大力提升郑州都市圈的创新能力，力争建成具有全国影响力和国际竞争力的创新枢纽，支持洛阳发挥先进制造业优势进一步提升创新发展水平，支持南阳以高效生态经济为引领提升省域副中心的辐射力、引领力。全方面提升城市间协同创新的规模、水平，高质量推动豫北跨区域协同发展示范区、豫东承接产业转移示范区、豫南高效生态经济示范区、豫西转型创新发展示范区发展。加快构建国家高新区、省级高新区、省级开发区的梯次发展布局，鼓励和支持国家高新区争先进位、省级高新区提档升级，推动省级开发区围绕优势产业加快进入产业链创新链的中高端、关键环。加强科技创新的省域协同、区域联动，积极开展与京津冀、长三角、珠三角等先进地区的合作创新，通过技术引进、双向建立研发机构、设立人才工作站等方式，探索建立常态化的创新合作机制。积极推进与中国科学院、清华大学、华为等科研院所、知名高校以及创新龙头企业的战略合作，大力引进高水平创新团队到河南创新创业。

参考文献

中国科学技术发展战略研究院：《中国区域科技创新评价报告2022》，科学技术文献出版社，2022。

河南省统计局、国家统计局河南调查总队编《河南统计年鉴2022》，中国统计出版社，2022。

河南省政府：《河南省"十四五"科技创新和一流创新生态建设规划》，2021年12月31日。

国家统计局、科学技术部、财政部：《2021年全国科技经费投入统计公报》，2022年8月31日。

河南省统计局：《2021年河南省研究与试验发展（R&D）经费投入统计公报》，2022年9月1日。

王凯：《政府工作报告——二〇二三年一月十四日在河南省第十四届人民代表大会第一次会议上》，2023年1月14日。

创新主体篇
Innovation Entities

B.3 河南高等教育支撑区域经济高质量发展路径研究[*]

高 昕[**]

摘 要： 本研究基于系统耦合关系的视角，在厘清高等教育支撑区域经济高质量发展作用机理的基础上，以河南为例，运用耦合协调模型测算 2012~2022 年河南高等教育与区域经济之间的互动关系。研究发现：河南高等教育与区域经济形成了互动与共变关系，两者正处在中度协调发展阶段，整体的耦合协调度在缓慢增进。为此，要以战略需求为导向，加强高等教育顶层设计；以立德树人为根本，加速人才培养提质创新；以学科建设为龙头，提升高校原始创新能力；以合作共享为路径，构建高等教育开放格局；以深化改革为动力，优化高等教育治理体系。

---

[*] 为了确保所用数据的权威性和一致性，本研究数据均来源于《河南统计年鉴》《河南省教育事业发展统计公报》《河南省教育经费执行情况统计公告》《中国统计年鉴》。

[**] 高昕，博士，河南中原创新发展研究院副教授，研究方向为农林经济管理。

关键词： 河南高等教育　区域经济　耦合协调度

河南作为我国的人口大省、经济大省、教育大省，高质量建设现代化、高水平实现现代化，离不开高等教育的人才保障、科技支撑和智力支持。受多重因素的影响和制约，河南高等教育支撑区域经济高质量发展的整体水平与全国平均水平相比仍有较大差距，亟须探索河南高等教育改革发展的新模式，推动形成高等教育更好地支撑区域经济高质量发展的新格局。因此，客观呈现河南高等教育支撑区域经济发展的基本状况，深入分析河南高等教育支撑区域经济高质量发展的短板约束，聚焦河南"十大战略"实施，在借鉴发达地区实践经验的基础上，坚持问题导向与目标导向相结合，探索河南高等教育支撑区域经济高质量发展的优化路径与具体对策，具有深远的现实意义和重大的理论价值。

布鲁贝克指出，高等教育存在两种基本哲学观，一种哲学观主要以认识论为基础，强调知识的保存、传播与发展，恪守大学发展高深学问和培养心智的传统；另一种哲学观则以政治论为基础，从社会需要出发，强调大学应致力于为国家和社会服务。社会服务作为高等教育的派生功能，与教学功能和科研功能有着一定的派生关系，是教学功能和科研功能的延伸。国内外已有研究表明：区域经济发展与高等教育关系密切，两者相辅相成。经济发展为高等教育提供必要的经济支持和环境保障，而高等教育则是推动区域经济增长的重要力量。高等教育通过人才培养、科学研究和服务社会功能的发挥，构成了知识方法和技术创新的重要来源以及高级人才的供给源泉，是促进区域经济增长的重要推动力。现代经济学之父亚当·斯密提出，人的知识、经验以及技能是国民财富的生产要素和主要内容。舒尔茨运用教育收益率计算方法计算出美国在1929~1957年因教育所创造的国民收入约占美国国民总收入的近一半。约书亚·德鲁克通过对美国2001~2011年高等教育活动与区域经济表现之间关系的实证研究，发现高等教育的溢出效应影响范围可达96公里。高等教育通过要素积累、效率提升和资本互补来促进区域经济增长。但高等教育区域间发展不平衡导致高等教育的人才培养、科学研究、社会服务和资源支撑对整体区域经济发展的空间作用机制各不相同，不同地区教育拉动经济增长的作用方式也存在差异。河南地处中原腹地，作为一个经济大省、教育大省、人口大省，在黄河流域生态保护和高质量发展战略、新时代推动中部地区高质量发展战略中地位重要、任务艰巨。这些国家重大区域经济发展战略为河南高等教育提供了广阔的舞台，高等教育主动在服务国家战略实施和区域经济发展中发挥战略支撑作用。但河南高等教育水平与经济综合实力不匹配，在高等教育发展方面需要进一步提升。高等教育区域分布不均衡、质量结构不均衡、资源配置不均衡，高等教育需求具有严重外溢性。构建河南高等教育与经济协调互动发展的机制，可以有效促进河南高等教育加快转型发展，也能够促进经济反哺高等教育，实现二者互动共赢。

有鉴于此，本研究以河南为例，基于高等教育与区域经济和谐共生的视角，全面阐述河南实施创新驱动发展战略与提升高等教育支撑区域经济发展能力的内在逻辑，分析当前存在的优势和问题，在借鉴发达地区经验的基础上，提出优化路径措施。

一 河南高等教育与区域经济耦合协调发展水平测度

高等教育与区域经济具有各自的动态演进性和相互的依存关联性。高等教育支撑区域经济高质量发展的实质是二者之间的耦合协调问题。为客观呈现河南高等教育支撑区域经济发展的状况，本研究在借鉴已有研究成果的基础上，运用熵值法构建河南高等教育与区域经济的耦合协调模型，实证测度河南高等教育与区域经济之间的协同状况，定量表达河南高等教育支撑区域经济高质量发展的水平。

第一，指标体系选择。结合已有研究成果和河南实际，把河南高等教育和区域经济两个子系统作为一个相互耦合的共生系统，运用典型相关法，从规模、结构、质量三个维度选择相应的评价指标，构成由两个子系统组成的评价指标体系（见表1）。

表1　河南高等教育与区域经济高质量发展综合评价指标体系

目标层次	子系统	维度指标	二级指标	指标权重
河南高等教育与区域经济高质量发展综合评价指标	高等教育系统	高等教育规模	普通高校数（所）	0.062
			普通高校在校生数（万人）	0.082
			普通高校毕业人数（万人）	0.079
			普通高校招生人数（万人）	0.087
		高等教育结构	在校研究生数（万人）	0.094
			本科院校占比（%）	0.072
			普通高校生均经费支出（元）	0.121
		高等教育质量	高等教育毛入学率（%）	0.142
			大专院校专利授权量占比（%）	0.097
			普通高校专任教师数（万人）	0.063
			博士以上学历教师占比（%）	0.101
	区域经济系统	区域经济规模	地区生产总值（GDP）（亿元）	0.110
			人均GDP（元）	0.082
			地方财政收入（亿元）	0.109
			就业人员数量（万人）	0.005
		区域经济结构	第三产业增加值占比（%）	0.042
			第三产业就业人员占比（%）	0.175
			居民人均可支配收入（元）	0.056
			城镇化率（%）	0.037
		区域经济质量	研发经费投入强度（%）	0.162
			技术市场成交额（万元）	0.118
			专利授权量（件）	0.104

资料来源：2013~2022年《河南统计年鉴》、2012~2021年《河南省教育事业发展统计公报》、2012~2021年《河南省教育经费执行情况统计公告》和2013~2022年《中国统计年鉴》。

第二，指标权重确定。为克服层次分析法、主成分分析法的主观性缺陷，本研究采用熵值法对各个指标进行赋权，由于本研究选择的评价指标均为正向指标，所以采用公式（1）对各指标数据进行标准化处理。

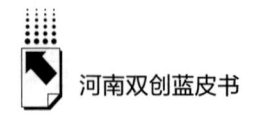

$$X_{ij} = (x_{ij} - \min\{x_j\})/(\max\{x_j\} - \min\{x_j\}) \tag{1}$$

在此基础上，依据公式（2）计算出各个指标的权重，权重越大表明该指标的作用越大。

$$w_j = \frac{g_i}{\sum_{j=1}^{n} g_i} \tag{2}$$

第三，耦合模型建构。选择河南高等教育发展水平和区域经济发展水平的序参量指标，构建反映二者耦合协调度的模型，以此定量表达河南高等教育各要素与区域经济之间的耦合协调度，其中河南高等教育综合发展水平的计算公式如下：

$$U_1 = f(x) = \sum_{j=1}^{n} x_j w_j \tag{3}$$

公式中的 $f(x)$ 表示高等教育综合发展水平；x_j 表示反映河南高等教育发展状况的各个指标。

河南区域经济发展水平的计算公式为：

$$U_2 = g(y) = \sum_{j=1}^{n} y_j w_j \tag{4}$$

公式中的 $g(y)$ 表示区域经济发展水平；y_j 表示反映河南区域经济发展状况的各个指标。

用于测度河南高等教育与区域经济两个子系统之间耦合度的公式如下：

$$C = \sqrt[2]{f(x)g(y)/(\Pi[f(x)+g(y)])} \tag{5}$$

公式中 C 代表河南高等教育与区域经济之间的耦合度，取值范围为 [0,1]。当 $C=1$ 时，说明河南高等教育与区域经济两个系统完全耦合，关联度最高，处于最佳理想化状态；当 $C=0$ 时，表明河南高等教育与区域经济之间呈现无序化状态；当 C 的取值在 0 和 1 之间时，表示两个子系统间存在耦合关联,且数值越大关联度越高。河南高等教育与区域经济之间的耦合度能够体现两个子系统的关联程度,但是无法刻画二者之间的协整效度,这就需要在利用耦合度测量出河南高等教育与区域经济之间关联程度的基础上,引入耦合协调度函数,进一步对二者之间的协调发展程度进行测量。河南高等教育与区域经济耦合协调度计算公式如下:

$$D = \sqrt{C \times T} \tag{6}$$

其中,D 代表河南高等教育与区域经济耦合协调发展水平,D 值越大,说明二者之间的耦合协调发展水平越高,进而表示河南高等教育支撑区域经济高质量发展的成效越好;T 代表河南高等教育与区域经济的综合评价指数,计算公式如下:

$$T = \alpha U_1 + \beta U_2 = \alpha f(x) + \beta g(y) \tag{7}$$

公式中的 α 和 β 为待定系数,考虑到高等教育和区域经济二者对于河南锚定"两个确保"、实施"十大战略"同等重要,因此,本研究取 $\alpha = \beta = 0.5$。

河南高等教育与区域经济之间的耦合度指数和耦合协调度指数评价虽然在一定程度上反映了二者之间的耦合协调发展水平,但不能反映两个系统之间的相对发展状况。为此,本研究引入相对发展指数 K,以进一步揭示河南高等教育与区域经济之间的动态相互关系,相对发展指数 K 的计算公式如下:

$$K = \frac{U_1}{U_2} \tag{8}$$

依据河南高等教育和区域经济耦合度、耦合协调度指数,以及二者的相对发展指数,借鉴相关研究成果,本研究将河南高等教育与区域经济之间的耦合协调状况划分为如表 2 所示的 3 种类别和 5 种亚类别。

表2 河南高等教育与区域经济耦合协调类别及相对发展类型特征

耦合协调指数	类别	亚类别	相对发展指数	类型	类型特征
0<D≤0.2	不协调	严重失衡	0<K≤0.95	Ⅰa	高等教育滞后
			0.95<K≤1.15	Ⅰb	同步发展
			1.15<K	Ⅰc	区域经济滞后
0.2<D≤0.4		相对失衡	0<K≤0.95	Ⅱa	高等教育滞后
			0.95<K≤1.15	Ⅱb	同步发展
			1.15<K	Ⅱc	区域经济滞后
0.4<D≤0.6	转型发展	基本协调	0<K≤0.95	Ⅲa	高等教育滞后
			0.95<K≤1.15	Ⅲb	同步发展
			1.15<K	Ⅲc	区域经济滞后
0.6<D≤0.9	协调发展	中度协调	0<K≤0.95	Ⅳa	高等教育滞后
			0.95<K≤1.15	Ⅳb	同步发展
			1.15<K	Ⅳc	区域经济滞后
0.9<D≤1		高度协调	0<K≤0.95	Ⅴa	高等教育滞后
			0.95<K≤1.15	Ⅴb	同步发展
			1.15<K	Ⅴc	区域经济滞后

第四,耦合结果测度。依据河南高等教育与区域经济综合发展水平计算公式、耦合协调模型等的测算,2012~2022年河南高等教育综合发展指数U_1、区域经济综合发展指数U_2、高等教育与区域经济综合评价指数T、高等教育与区域经济耦合协调度D以及二者的相对发展指数K的计算结果如表3所示。

表3 2012~2022年河南高等教育与区域经济耦合协调度测算结果

年份	U_1	U_2	T	D	K	协调类别	协调特征
2012	0.176	0.191	0.184	0.303	0.921	相对失衡	高等教育滞后
2013	0.274	0.268	0.271	0.368	1.022	相对失衡	同步发展
2014	0.356	0.306	0.331	0.406	1.163	基本协调	区域经济滞后
2015	0.447	0.381	0.414	0.454	1.173	基本协调	区域经济滞后
2016	0.542	0.456	0.499	0.499	1.189	基本协调	区域经济滞后
2017	0.631	0.531	0.581	0.538	1.188	基本协调	区域经济滞后

续表

年份	U_1	U_2	T	D	K	协调类别	协调特征
2018	0.730	0.626	0.678	0.581	1.166	基本协调	区域经济滞后
2019	0.775	0.751	0.763	0.618	1.032	中度协调	同步发展
2020	0.841	0.827	0.834	0.646	1.017	中度协调	同步发展
2021	0.966	0.913	0.940	0.685	1.058	中度协调	同步发展
2022	0.969	0.945	0.957	0.692	1.025	中度协调	同步发展

二 河南高等教育与区域经济耦合协调发展结果分析

从河南高等教育综合发展状况看，2012~2022年，河南高等教育综合发展指数呈现逐年上升的趋势，由2012年的0.176提高到2022年的0.969，其中2012~2018年发展指数从0.176提升到0.730，年均增加值为0.092。经历2019年和2020年的增幅小幅下降后，2021年河南高等教育综合发展指数从0.841大幅提高到0.966，2021年成为11年间河南高度教育综合发展指数提高幅度最大的年份。总体上看，党的十八大以来，河南高等教育事业蓬勃发展，一方面得益于国家大力实施教育强国战略的引领带动，另一方面得益于河南近年来立足发展基础，持续推动教育强省战略的努力。

从区域经济综合发展状况看，2012~2022年，区域经济综合发展指数也呈现不断提高的态势，由2012年的0.191上升到2022年的0.945，指数值年均增加0.080，其中2019年该指数由2018年的0.626上升到0.751，上升幅度为11年间最大。党的十八大以来，河南牢记习近平总书记的殷殷嘱托，聚焦产业转型升级、创新体系构建、基础能力提升、开放格局构建等，推动"四化协同""五区联动"，深入贯彻新发展理念，推动经济大省向经济强省迈进。

从河南高等教育和区域经济综合发展指数对比来看，除了2012年河南高等教育综合发展指数低于区域经济综合发展指数外，此后的每年，高等教育综合发展指数均高于区域经济综合发展指数，这反映了河南作为人口大省、生源大省，高等教育规模扩张速度大于区域经济增长速度。从整体看，河南高等教育与区域经济综合评价指数与高等教育综合发展指数呈现较强的相关性，这表明河南高等教育在支撑区域经济高质量发展中发挥着重要的作用。从高等教育与区域经济的耦合协调水平和相对发展情况看，2012~2022年，河南高等教育与区域经济耦合协调发展先后经历了三个阶段：第一阶段为2012年和2013年，耦合协调指数分别为0.303和0.368，这两年，河南高等教育与区域经济处于相对失衡状态，且在2012年河南高等教育发展相对滞后于区域经济；第二阶段为2014~2018年，河南高等教育与区域经济耦合协调度分别为0.406、0.454、0.499、0.538和0.581，表明河南高等教育与区域经济处于基本协调状态，从二者的相对发展状况看，这一时期河南区域经济发展相对滞后于高等教育；第三阶段为2019~2022年，河南高等教育与区域经济耦合协调发展迈入中度协调阶段，二者的相对发展指数分别为1.032、1.017、1.058、1.025，表明二者呈现同步发展状态。

从2012~2022年的发展趋势看，河南高等教育、区域经济以及二者耦合协调发展水平呈现逐年上升的趋势，二者的耦合协调度指数从2012年的0.303提升到2022年的0.692，呈"相对失衡—基本协调—中度协调"的演进态势。

第一，高等教育自身发展的结构性矛盾突出。受历史原因和地理区位的影响，近年来河南高等教育虽然取得了巨大成就，但横向对比，综合实力与经济大省的地位并不匹配，呈现"大而不强、多而不优、结构失衡、质量不高"的显著特征。截至2022年底，河南普通高校数量为156所，在全国排名第3，但相对于人口规模和生源数量，高等教育规模尚不能完全适应河南经济高质量发展的需要。2022年，河南高等教育的毛入学率为55.5%，较全国平均水平低4.1个百分点。在高校层级和类型结构上，河南现有的156所高校中本科高校数量仅为57所，占比36.5%，较全国平均水平（41.1%）低了4.6个百分点。教育部公布的147所第二轮"双一流"建设高校中，河南仅有郑州大学、河南大学2所高校入围，与同在中部地区的湖北、湖南和安徽相比，分别少了5所、3所和1所；从普通高校的区域分布看，河南高等院校分布极不均衡，省会郑州拥有普通高校68所，其中普通本科高校26所，分别占全省总数的43.6%和45.6%，尚有鹤壁、漯河、濮阳、三门峡、济源没有本科层次高校布局。第七次全国人口普查结果显示，郑州、济源、洛阳三地每10万人中拥有大学文化程度的人数分别为28992人、18542人和13339人，而南阳、驻马店、周口三地的这一数量则分别为7271人、6467人和6085人。

第二，高等教育与区域经济发展的供需结构失衡。高等教育作为人才培养和科技创新的高地，支撑区域经济高质量发展的重要途径是提供经济社会发展的创新人才和科技成果。目前，河南正处在产业转型升级的关键阶段，实施传统产业"六新工程"、新兴产业"六高工程"、未来产业"五项工程"，急需大量的技能型、创新型、应用型高素质人才以及前沿性、交叉性、融合性学科群和专业链。但河南目前各行各业顶尖人才、领军人才、技术人才严重短缺，"两院"院士不足30人，国家杰青、长江学者等高端人才数量也远低于中东部省份。截至2022年底，河南每万名就业人员中研发人员仅有29.2人，仅占全国平均水平的47.2%；同时，河南高素质人才流失严重，大学及以上学历人才流失率超过50%，在全国排名第6。在学科专业设置上，河南普通高等教育理工类学科专业不强，医药类学科专业不足，财经类、师范类学科专业偏多，这远远不能适应河南工业强省、农业强省、制造强省建设的人才需求和科技需求。高等教育的学科专业结构直接决定了人才供给结构和科技供给结构，河南高校管理学、经济学、法学等专业的毕业生就业率低、失业率高，但相关专业招生规模却普遍较大。截至2022年底，河南普通本科院校在校生中，理学、农学、医学学科学生数量占比分别为5.8%、2.1%、6.3%，经济学、教育学、管理学学科学生数量占比则分别为4.9%、5.7%、17.3%。能够有效支持河南先进制造业、生物医药、现代交通、人工智能、数字经济、新材料、现代服务业等的学科专业发展相对滞后。

第三，区域经济发展新旧动能转变亟待加速。当前区域竞争呈现不进则退、慢进亦退、不创新必退的紧迫态势，而高等教育服务创新驱动发展能力不足的问题日益凸显。2022年，河南省研发经费投入1018.8亿元，居全国第10位，仅为当年全国研发经费投入第1名广东省的25.5%。2021年，河

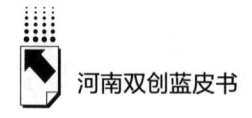

南研发经费投入强度为1.73%，居全国第17位，相当于全国平均水平的70.9%。河南创新成果市场转化率不高，关键共性技术供给不足。目前，河南在高端装备制造、智能终端及信息、食品制造与安全、新材料等领域的关键共性技术研究方面与先进省份相比、与先进制造业高质量发展的要求相比还存在不小差距，据《中国区域创新能力评价报告2021》评价结果，河南在全国31个省份中排名第14，创新综合评分仅为28.51分，仅为排名第1广东省的43.53%。

三 河南高等教育支撑区域经济高质量发展的优化路径

确保高质量建设现代化河南，高水平实现现代化河南，必须把发展科技第一生产力、培养人才第一资源、增强创新第一动力有机结合起来，充分发挥高等教育在区域经济发展中的基础性作用、战略性地位和先导性功能。

（一）以战略需求为导向，加强高等教育顶层设计

把高等教育发展、产业转型升级、空间格局优化等结合起来，通过错位竞争、换道领跑，再造传统优势，走出一条符合河南实际的特色化高等教育发展之路。一是加快优化高等教育区域布局。以河南空间总体格局为依托，统筹省内高校分布格局，形成以郑州为中心，以洛阳、南阳、新乡、商丘为节点的"一主四副"高等教育空间布局。二是持续优化高等教育层次结构。有序提高理工科高校占比，积极培育电子科技、航空航天、交通运输、人文社会等领域的本科院校。三是不断优化高校学科专业结构。自觉遵循高等教育规律和人才成长规律，紧密对接河南"456"核心产业体系，进一步优化和完善普通高校的学科专业结构，推动高校学科专业建设与河南先进制造业、现代服务业产业链、创新链紧密对接。

（二）以立德树人为根本，加速人才培养提质创新

始终坚守为党育人、为国育才的初心使命，全面提高人才培养质量，着

力造就更多创新人才,实现由人力资源大省向人才强省的转变。一是深化教育教学改革。以专业建设为基础,构建符合河南经济高质量发展的高等教育学科体系,引导不同层级、不同领域的高校立足自身办学定位,整合专业建设资源,创新专业组织结构。二是完善协同育人机制。探索建立高校与社会合作培养机制,整合高校、企业、政府等资源,搭建覆盖面广泛的实践育人平台,推动高等院校与行业部门、工商企业共建教育共同体。三是强化培养质量监控。构建多元主体共同参与的高等教育质量保障体系,健全以人才培养质量为核心的高等院校评价指标体系,引导高等院校把人才培养作为中心工作,打造质量文化。

(三)以学科建设为龙头,提升高校原始创新能力

进一步提升河南高等教育支撑区域经济创新发展能力,必须在高校学科建设上花大力气、做好文章、用足功夫。一是打造多元共治格局。不断优化政府调控方式,下放学科建设自主权到基层学术组织,充分发挥基层学术组织在学科发展建设中的自治功能。二是优化学科建设实施机制。建立"双一流"建设学科创建定期会商机制,组建由发展改革、教育、财政、科技、人社等政府部门组成的河南省"双一流"学科创建工作领导小组。三是拓展产教融合空间。发挥河南作为试点建设首批国家产教融合型城市的政策优势,依托郑洛新国家自创区、郑开科创走廊、沿黄科技创新带以及"一县一省级开发区"建设,建立一批产教融合示范基地。

(四)以合作共享为路径,构建高等教育开放格局

以区域经济合作为基础,在合作交流中培养人才、在协同攻关中创新科技、在资源共享中打造师资、在互学互鉴中提升质量。一是深化国内国际合作。借力国家"一带一路"倡议,依托"五区联动、四路协同"开放格局,吸引海内外优质教育资源,开展专业教育国际认证。发挥驻外企业的桥梁纽带作用,设立海外留学生奖励基金,吸引更多国外优质生源来豫就学就业。二是深化省内校际合作。发挥郑州大学、河南大学作为"双一流"建设高

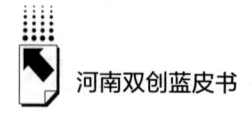

校的带动示范作用，通过干部流动、学科合建、课程互选、教师互聘、科研互助等，推动"双一流"建设高校优质教育资源在省内高校中自由流动。三是支持社会力量办学。以财政资金撬动更多社会资本投入高等教育事业发展，加快推动民办高校教师与公办高校教师待遇同等化。

（五）以深化改革为动力，优化高等教育治理体系

不断深化高等教育综合改革，着力构建现代大学治理体系，激发办学活力，实现内涵式发展。一是推进简政放权。聚焦高校专业设置、编制岗位、人才引进、职称评聘、薪酬发放、资产管理、经费使用等重点领域，进一步简化行政审核程序、提高行政审批效能，参照行政审批"一站式"服务的经验，进一步下放高校办学自主权。二是完善高校内部治理。以《大学章程》建设为基础，加强制度体系建设，完善高校内部治理体系，全面提升高校内部治理能力和治理水平。三是建立分类评价考核机制。立足河南高校层次、类型、结构、学科等特点，将河南高校划分为学术研究型、应用研究型、应用技术型和应用技能型4个类型和综合性、多科性和特色性3个类别，引导高校分类规划、错位竞争、特色发展，完善河南高等教育与区域经济耦合协调发展的格局。

参考文献

约翰·S. 布鲁贝克：《高等教育哲学》，王承绪等译，浙江教育出版社，2001。
朱国仁：《高等学校职能论》，黑龙江教育出版社，1999。
亚当·斯密：《国民财富的性质和原因的研究》，郭大力、王亚南译，商务印书馆，1974。
西奥多·W. 舒尔茨：《论人力资本投资》，吴珠华等译，北京经济学院出版社，1990。
孙俊华、魏丽：《高等教育发展能否转化为区域经济增长点？——基于2008—2018年中国30省市数据的空间计量分析》，《江苏高教》2022年第11期。
马陆亭：《教育对经济的"推动"与"拉动"》，《高等教育研究》2000年第1期。
魏自花：《河南省高等教育发展水平综合评价》，《中国冶金教育》2022年第6期。

师绘敏：《河南高等教育与经济增长互动均衡发展路径探析》，《财富时代》2021 年第 11 期。

阮彩灵：《河南深化教育供给侧结构性改革存在的问题及对策》，《商业文化》2021 年第 12 期。

杨翠霞：《河南高等教育与经济协调互动发展的思考》，《周口师范学院学报》2017 年第 1 期。

马廷奇：《高等教育如何适应新常态》，《高等教育研究》2015 年第 3 期。

李艳红、李宁：《四川省高等教育与区域经济耦合协调发展研究》，《西昌学院学报》（自然科学版）2022 年第 1 期。

姜璐、李玉清、董维春：《我国高等教育结构与产业结构的互动与共变研究——基于系统耦合关系的视角》，《教育科学》2018 年第 3 期。

Joshua Drucker, "Reconsidering the Regional Economic Development Impacts of Higher Education Institutions in the United States," *Regional Studies*, 2015 (7): 1185-1202.

Psacharopoulos, G., "The Contribution of Education to Economic Growth: International Comparisons," *Journal of the Economics of Education*, 1992.

Oturk, I., "The Role of Education in Economic Development: A Theoretical Perspective," *Journal of Rural Development and Administration*, 2001 (1): 39-47.

B.4 河南省高职院校孵化器孵化能力提升策略研究

白文静[*]

摘　要： 高职院校孵化器是在高职院校中组织创立的孵化基地，目的是培养师生的实践和创业能力，促进科研成果转化，推动初创企业的发展。目前，高职院校孵化器在孵化过程中遇到诸多问题，导致孵化能力大打折扣，如何提高高职院校孵化器的科研水平和孵化能力变得十分重要。本文以3所河南省高职院校为考察对象，从加强高职院校自身建设，加强高职院校与企业合作、校校合作方面探讨高职院校孵化器的功能，为提升高职院校孵化器孵化能力提供一些实际的建议，改善当前高职院校孵化器单一的孵化机制，具有一定的创新意义。

关键词： 高职院校孵化器　孵化能力　河南省

一　河南省高职院校孵化器概况

河南省高职院校孵化器是政府主导的孵化器，是河南省通过财政补贴提供场地、引进品牌的孵化器。2022年，河南省高职院校孵化器入驻项目或企业约300个（家），大多集中在电子信息、先进制造、节能环保、互联网发展、医疗健康、文化创意等重点领域，形成了一定规模的产业集群，提供

---

[*] 白文静，黄河水利职业技术学院讲师，研究方向为创新创业。

就业岗位达 2000 余个。

本文所选的孵化器研究对象为 3 所高职院校黄河水利职业技术学院、郑州铁路职业技术学院和河南职业技术学院的孵化器。3 所高职院校孵化器通过市级、省级评审，获得相关资质认证。

黄河水利职业技术学院孵化器成立于 2016 年，是国家第十批高职院校孵化器，面积为 1.2 万平方米，服务对象主要是大学生创业群体，服务方向主要集中在制造业、信息产业等领域。

郑州铁路职业技术学院孵化器成立于 2017 年，孵化器的场地由老厂房翻新，实际占地面积为 1 万平方米，截至 2022 年 6 月，入孵企业数量为 90 家，孵化成功的企业数量为 69 家，服务方向主要集中在物流、汽车、铁轨、零部件等领域。

河南职业技术学院孵化器成立于 2017 年，内部拥有完善的设备，并建有商务区、孵化区、生活区，占地面积约 1.5 万平方米，服务方向主要集中于电池研发、新能源等领域。

二 河南省高职院校孵化器孵化能力现状

（一）政府政策/支持能力现状

2016 年以来，河南省进入全民创业的新阶段，相继印发各种政策，包括《河南省大学科技园管理办法》《关于加快自主创新体系建设促进创新驱动发展的意见》等，省教育厅和科学技术厅制定了各类管理体系和财务制度，在孵化器内制定了《场地管理细则》《在孵企业综合考核评细则》《在孵企业日常管理考核办法》《在孵企业管理制度》等各类规章制度，积极加强生产技术、产品创新，在社会上营造良好的"双创"氛围。

（二）人才补给能力现状

目前，初创企业的高技能人才非常少，因此高职院校孵化器可以适当地

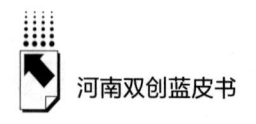

向企业提供专业能力较强的技术人员。高职院校孵化器可以提供有针对性、多元化的人才服务。根据对3所河南省高职院校孵化器的调查，被调查的运营团队中成员大专学历占比47.2%、本科学历占比42.85%、硕士及以上学历占比不到10%（主要是教师），5年以下工作年限的占比42.85%，从事孵化器行业5年以上的占比14.28%，获得孵化器从业资格证书人数占比57.13%，反映出孵化器人才补给能力欠缺。

（三）技术创新能力现状

技术创新服务内容主要包括四个方面。一是创新创业服务，主要为中小型初创企业提供行业动态咨询、技术创新服务等，并协助初创企业解决创新过程中的科技问题。二是技术培训服务，为促进孵化器发展，为在孵企业和创业人员提供高质量的创业辅导等技术培训服务。三是技术生产研发服务，高职院校孵化器有自己的实验室，从事专业的技术研发和生产，帮助初创企业控制成本、降低风险、节约研发时间。四是技术研发资金服务，资金短缺是很多高职院校发展面临的突出问题，3所高职院校孵化器围绕外部创新链布局资金链，创新金融服务模式，整合银行、基金、担保公司等社会资源，搭建了金融服务体系。

（四）公共平台/信息资源能力现状

为突出高职院校竞争优势，3所高职院校孵化器积极提供公共平台/信息资源，目前实施的战略模式为"基础服务+外取服务"，推动内部公共资源、外部公共资源及相关资源共享。

三 河南省高职院校孵化器孵化能力评析

为全面了解河南省3所高职院校孵化器孵化能力，笔者于2022年9月面向黄河水利职业技术学院、郑州铁路职业技术学院、河南职业技术学院孵化器进行问卷调查，共发放调查问卷80份，回收68份，有效问卷68份。

本次调查的 3 所高职院校孵化器运营人数分别为 28 人、19 人、21 人，其中郑州铁路职业技术学院孵化器运营人数不足 20 人，另外两所高职院校孵化器运营人数也不足 30 人。

（一）孵化器孵化人才和资金能力评析

人员规模方面，33.33%的被调查团队规模是 20 人以下，有 66.67%是 20~40 人，没有 40 人以上的团队。资金投入方面，有 66.67%的被调查团队资金投入是 20 万元以下，有 33.33%的被调查团队资金投入是 20 万~50 万元，没有 50 万元以上资金投入的团队，说明无论是人数还是资金投入都不足，发展受限（见表1）。

表1 三所高职院校孵化器基本情况

单位：%

人员规模	占比	资金投入	占比
20 人以下	33.33	20 万元以下	66.67
20~40 人	66.67	20 万~50 万元	33.33
40 人以上	0	50 万元以上	0

（二）孵化器孵化效率及能力评析

有 30 名被调查人员表示入驻审批时间需要 20 天以上，占比 44.12%，20 名被调查人员表示需要 10~20 天，占比 29.41%，表示需要 10 天以内的被调查人员有 18 名，占比 26.47%，说明高职院校孵化器的入驻审批时间普遍在 10 天以上，部分在 20 天以上，仅仅在审批环节就耗费大半个月时间，效率有待提高。

（三）孵化器孵化服务能力评析

入孵企业的需求多样，从图 1 可以看出，需要资金支持服务的占比最高，为 73.53%，其次是需要政策支持服务，占比 72.06%。高职院校及其

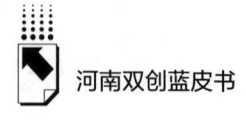

孵化器需要为入孵企业提供发展支持服务，其中需要提供办公服务的占比14.71%，说明高职院校需要提供更深层次的增值服务，现有孵化器孵化服务能力有待提高。

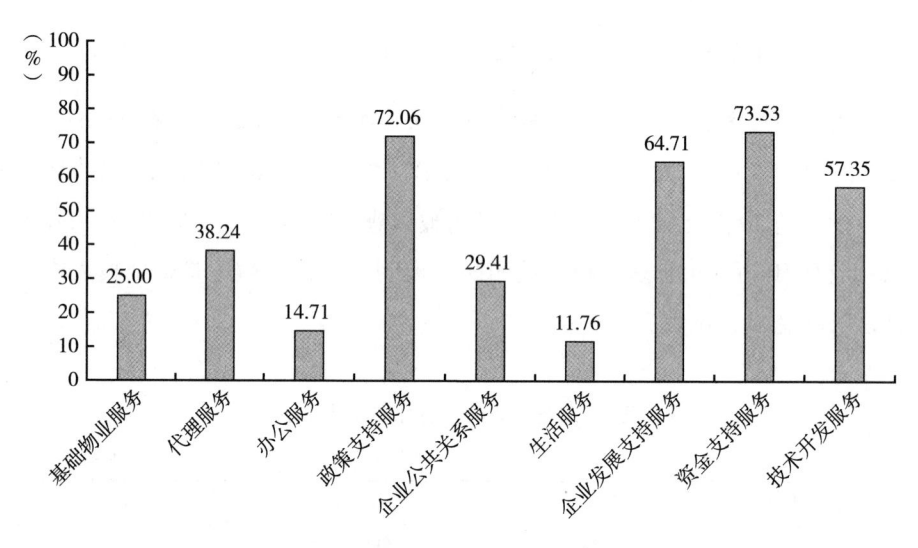

图1 入孵企业需求分布（多选）

（四）孵化器创新能力评析

被调查人员中有23名认为3所高职院校孵化器具有一定的创新能力，占比33.82%；45名被调查人员认为孵化器比较缺乏创新能力或非常缺乏创新能力，占比66.18%，说明孵化器的创新能力不足，还需要进一步提高，需要从入驻企业和项目需要的角度，提高项目创新能力，推动孵化服务的科学化发展。

四 河南省高职院校孵化器孵化能力发展面临的问题

（一）研发资金缺乏

河南省政府的精力集中在科技企业孵化器，对高职院校孵化器投入的资金有限，据了解3所高职院校孵化器每年的财政补助都不足50万元，面临资金不足的困境。高职院校孵化器自身投融资能力也不足，73.53%的被调查人员表示需要资金支持服务，其中42名表示需求额度在100万元以内，6名表示需求额度为500万元。

（二）组织管理不科学

通过调查发现，3所高职院校孵化器运营团队成员平均年龄27岁，整体比较年轻。孵化器中从业2~5年团队成员占42.85%，团队成员最短工作年限只有1年，无孵化器从业资格证的团队成员占42.85%。关于岗位管理，71.4%的团队成员认为岗位设置不合理，每人需要兼任多个岗位。此外，通过调查可知，57.14%的团队成员认为组织架构不太合理，85.71%的团队成员认为管理体制有缺陷，效率不足、决策慢，导致与相关管理部门的衔接不畅。

（三）运行机制不完善

被调查的3所高职院校虽然已经打造了孵化器业务的雏形，但并没有把重点放在机构的运作机制完善上，没有形成选育与培训相结合的机制，限制了孵化器孕育功能的发挥，制约了孵化器业务的发展。3所高职院校孵化器尚未建立完善的内部控制制度，未建立良好的控制体系。

（四）院校间协作机制不完善

2022年，3所高职院校孵化器签约导师14名，导师主要来自河南省内，有技术扶持服务记录30余次，省外导师及高层次专家为高职院校孵化器辅导次数为6次。目前，3所高职院校孵化器只是简单地初步筛选后就与第三方服务机构合作，并没有搭建包括股权投资基金、管理咨询机构、会计师事务所、律所等在内的第三方服务机构数据库，也未建立与专业机构签署战略合作协议的机制，无法拓展服务范围，帮助高职院校孵化器对接资源，协助高职院校孵化器做好发展规划。

（五）公共服务资源供给能力不足

目前，河南省高职院校孵化器没有健全完善公共服务平台，针对高新产业和产业链初创企业的服务依然不足，没有结合河南本土产业资源、创新型高职院校的技术优势，盘活区域已有生态，为产业升级赋能的能力依然不足。

五 河南省高职院校孵化器孵化能力提升策略

（一）增加研发资金投入

项目开发是一项高投入、高耗时的工作，高职院校孵化器发展需要专门发展资金。资金不足成为制约3所高职院校孵化器和入孵企业发展的首要问题，为避免资金问题影响入孵企业的发展，需要吸引外部的投资。

首先，加强与银行的联系，获得银行贷款扶助，对创业项目贷款进行差异化审核，提高优质项目贷款审批速度，探索高职院校创业无抵押贷款业务，通过小额贷款、项目跟投等方式吸收部分资金，与正规的金融机构或风投机构建立有效的合作关系。以银行为主导设立孵化器发展引导基金，根据孵化器建设需求准备适当的配备资金。

其次，与当地教育部门、科研机构合作，针对高职院校孵化器建设补贴制度给予保障，适当延长贷款还款期限。针对高职院校孵化器的发展建立专项资金，由税务部门和财政部门制定资金专项政策，推动孵化器以动态或滚动的方式发展。

最后，充分应用市场化融资，以市场为导向，进一步激发民间资本参与创新的活力。根据调查可知，3所高职院校孵化器市场融资能力明显不足，所以在投融资方面，应采取以市场为主的管理模式。针对技术孵化的新形势，发挥市场主体力量，以市场为引导，逐步激发民间资本投入技术创新的活力。面对地方财政扶持资金不足的问题，可以汇聚更多金融要素，建立融资渠道，切实发挥天使投资等投融资渠道功能，积极吸收外部投资，从而获得进一步发展所需的资金。

（二）优化孵化器组织机构设置

1. 科学构建孵化器组织机构

高职院校孵化器应该设置较为合理的组织架构，实现扁平化管理，以创新创业孵化、项目服务、金融 & 国际合作三大板块，实现河南省高职院校孵化器与高新区相关职能机构的充分联动，提高沟通效率。采取"管理团队+项目核心团队+导师团队"模式，管理团队确定项目发展方向，项目核心团队负责具体执行、运营，导师团队负责子板块的辅导。

对外合作部门：从事对外合作服务、金融服务及国际资源对接，协同其他部门进行管理。

项目管理部门：客户接洽、项目引进与入驻工作、建立与维护项目库。

创业孵化部门：提供孵化服务，主导创新网络资源对接、科研活动开展等工作。

综合管理部门：行政办公室、人力资源管理、财务审计等各部门，由校领导统筹管理。

2. 明确学校和企业的权责

高职院校主要提供人才和科技资源，进行产品项目研发。专业的运营团队对孵化器能力的提升极为重要，人才是项目研发的基础，河南省高职院校孵化器应该招聘和培养一支高素质的运营团队。第一，加强孵化培训工作，建立完善的孵化培训体系。第二，加强团队沟通与合作，充分认识团队合作的重要性，确保每个岗位都有明确的责任人，明确跨部门团队成员的岗位职责。

入孵企业主要从事产品市场开拓，注重项目的收益，实施市场化的管理模式，自负盈亏，走市场化发展道路。第一，明确孵化器项目的市场价值，详细考核项目的市场环境，明确项目或产品研发的方向。第二，设立风险投资基金，通过创业者或创业团队的成长获得投资收益，以孵化器提供的增值

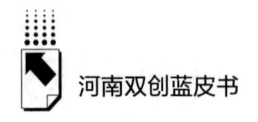

服务获得投资管理收益。第三，推动项目创收，寻找定向消费者，向市场投入项目或产品，进行产品的定价和广告宣传，推动项目、产品上市，增加收益。

（三）优化孵化器服务运作模式

1.完善入孵评审标准

目前，3所高职院校孵化器对入孵企业和项目的审核不严格，导致入孵项目收益较低。为了改变这一现状，需要完善入孵评审的标准和评审流程。在对入孵企业或项目的评审中，高职院校孵化器依据高职院校情况与行业标准研究制定了一套标准，涉及市场潜力、企业、技术、创新潜力等（见表2）。

表2　入孵评审标准

单位：%

评价指标	评分占比	因素
市场潜力	10	行业、业务规模、商业模式、营销能力、产业政策、竞争优势等
企业	20	法人资质、证明材料、项目经验、企业员工受教育程度、股比稳定性等
技术	60	知识产权、论文、项目应用、研发、进入门槛、创新能力、技术壁垒、软硬件质量、售后、维护、检验、培训等
创新潜力	10	增长优势、股权价格、风险控制等

附加得分：创始人为重点学科、实验带头人，领英人才、海聚人才或者项目获奖和投资。

注：各评分指标的占比将根据评审对象及公司发展阶段进行调整，评审对象初步分为四类：初创团队、初创公司、小微企业、具有一定规模的配套供应商（资源与订单、排他股比）。

2.建立健全项目孵化过程

为了提升孵化器孵化能力，河南省高职院校孵化器可以提供"一站式""保姆式"服务，优化流程，打造项目审批"加速度"。第一，开设优质项目审批绿色通道，建设智能登记系统，对于符合条件的优质项目一经申请，智能秒批入园，把原先的申请孵化、入孵准备、项目入驻3个环节压缩为1个环节，加快审批进度。第二，新增创意想法的入孵审批，引入创意想法服务体系，针对好的创意点进行孵化，通过孵化器对接丰厚的产业资源，将创意落地。第三，实行特殊孵化过程，孵化过程中项目或企业出现项目增项可签订新的协议进行孵化，有特殊情况的项目或企业可延期孵化。

3. 完善项目毕业流程

在孵项目或企业毕业阶段，要具体考察项目成果，并跟进具体指标制定考核准则。经营实力方面，如公司近1年的销售收入、利润分配；技术力量方面，如公司研究投入、技术人员占比、公司承接各类重大科研规划项目情况；运营与管理实力方面，如创业队伍素质、经营管理体系构建、国际市场拓展实力、工作协调程度；重点生产技术与设备产业化程度方面，如主要生产技术和重点生产技术成熟性、先进科研生产条件与技术装备；公司战略发展方面，如重大项目及重点产业市场前景、公司可持续发展能力（知识产权）、融资能力。

准予所有符合条件的项目或公司毕业，其中公司或项目主导产品必须具有相当的产能规模，连续2年达到一定规模的主营业务收入；拥有自主知识产权；孵化时限在1年以上的，在孵期内，孵化公司已被省科技厅确认为高职院校高新技术公司的；孵化项目成立公司，或将孵化项目管理权作价入股与别人联合投资成立公司的；进行技术转让的；被入孵企业合并、收购，或在境内外资本市场挂牌上市的，项目或公司符合上述要求中的至少两条，视为已满足毕业要求。

（四）提高孵化器创新和成果转化能力

1. 集聚高层次人才提高创新能力

河南省高职院校为提高自身创新能力，需集聚更多的高层次人才。第一，以"双创"精英引领"双创"，不断壮大"双创"主体，提供人才支持和智力保障，推动创新发展，以人才优势提升经济优势。第二，定期举办招聘会，制定年度培养计划，为高职院校推荐合格人才，落实人才投资优先政策。实施高层次人才绿色通道政策，解决岗位设立和职称评审问题，落实一系列优惠政策，高层次人才享受安置补助政策、生活补助政策、工作补助

政策、创业扶持政策、定居政策、配偶安置和子女教育政策、医疗保健政策、移民管理政策、生活服务政策、优先推荐政策等。第三，高职院校和科研院所、创新创业平台要进一步加强合作，为科研人员创业提供便利渠道，丰富创新来源和创业平台，提升创新创业平台质量，进一步加强产学研一体化模式建设。第四，引导毕业生返校创业。实施大学生创业计划，全面引导返乡群体，激发学生创业热情，与市人社局建立合作机制，运用多种媒体，举办创业大赛，深入社区对接、发现、扶持一批有创业热情的基层群体自主创业，逐步形成示范带动效应。第五，注重人才流动的引导。将优质创业者和创新团队合理分配到对口创新创业平台，制定相应规则，避免创新创业平台之间对人才和项目的恶性竞争，减少吸引创新人才和团队过程中的内耗。

2. 打造智能化孵化模式推动科技成果转化

河南省高职院校孵化器在创新中应加大特色产品的投入和创新力度，及时推动科技成果转化，增强核心竞争力。第一，充分利用孵化网络资源联动，提高高职院校孵化器的知名度，通过在孵企业可利用的空间资源，促进资源的交流合作，使优势产业、优质政策均可在高职院校孵化器内重点实施，抓住入孵企业的需求进行深耕。第二，通过持续不断的创新活动、导师服务、高职院校科技成果转化等，实现优质内容持续输出，建设多维度、立体式的渗透模式，让孵化产品的品牌符号与品牌特色进入市场、植入消费者心中。第三，推动产学研结合，及时推动孵化项目投产，加强与产业下游客户的对接合作，通过专业化科创服务、市场化验证机制、互联网场景驱动、消费者口碑效应，促成科技成果转化，规范技术转移管理，加速科技成果转化和技术转移，促进技术转移和科技成果转化的健康发展。

（五）加强高职院校间合作与交流

1. 集聚高职院校优势资源

目前，河南省内有90多所高职院校，高职院校数量众多且地理分布较为分散，河南省教育厅和科学技术厅要依托河南高校公共服务平台，成立行业联盟、协会、创新创业联盟等各类组织，实现服务机构资源集聚，创新打造"培训+调研诊断+专业培育+投融资"的高职院校孵化器创新成长一站式服务生态系统。同时，充分利用全省资源，利用国家信息库中的2万多家公司和400多名创新导师，精准供给政府信息咨询服务、社会信用公共服务、创新孵化公共服务、技术咨询服务、投融资管理公共服务、财政税收咨询服务、高职院校管理咨询服务、律师公共服务、社会信息咨询服务、教师培训公共服务、人才咨询服务、产业招商服务、市场推广服务、交流合作服务、高职院校俱乐部服务等。

2. 建立高职院校孵化器协会

河南省可以借鉴我国发达地区成功孵化器的经验，建立和培育高职院校孵化器协会。首先，根据高职院校孵化器协会情况并结合河南省社会经济发展现状，明确河南省高职院校孵化器产业特征和优势，制定合理的发展政策。其次，协会以走访的形式了解并解决孵化器日常的问题，并进行动态管理和监督，遵循市场规则并通过市场资源实现孵化器的顺利发展。最后，通过协会增加孵化器间的沟通和交流，扬长避短、相互扶持。通过协会合理解决孵化器人员的就业问题和各方面管理问题。

3. 完善公共服务机制

孵化器中包含众多主体，如孵化器本身、咨询管理机构、孵化器员工、孵化企业、高职院校、科研单位等，这些主体应该建立联盟关系，取长补短、资源共享。为助力高职院校化解创新难题，河南省要积极建立公共资源服务平台，利用全省创新创业资源，形成从项目萌芽阶段、初创阶段、成长期到成熟期的全链条无缝衔接、梯度上升的创新创业生态圈。

建立政务服务平台，重点为入孵公司提供各项投资扶植优惠政策的咨询、申请以及入驻公司审核、工商登记、税务登记等相关服务。建立社会资源服务平台，与第三方服务机构合作，在财务、工商、法律方面提供服务，设置社会资源服务专区，让高职院校获得专业机构的服务。建立投融资服务平台，利用高新区、河南省平台机构及种子基金，在初创期提供孵化资金、小额贷款等服务，在成长期提供风险投资、银行担保等服务。建立创业培训服务平台，不定期组织免费的创业能力培训、创业过程辅导。

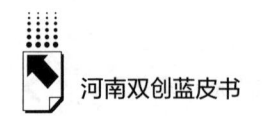

参考文献

程毓：《高职院校创业孵化器管理优化研究——基于安徽三所高职院校为例》，硕士学位论文，安徽财经大学，2018。

张建豪：《创业孵化器模式下高职学生能力培养》，《南方企业家》2018年第4期。

隆岩：《关于高职院校大学生创业孵化器建设的研究》，《济南职业学院学报》2019年第3期。

刘泳志：《科技企业孵化器孵化能力评价研究》，《投资与创业》2021年第1期。

姚晗、黄攀、许治：《孵化器类型差异对孵化绩效影响的机理探讨——基于资源视角的解释》，《科技管理研究》2021年第1期。

孙斌：《基于产教融合的高职院校孵化器建设的思考研究》，《科技创新导报》2020年第10期。

丁祖祥：《高职院校大学生创新创业孵化体系构建研究》，《就业与保障》2020年第6期。

李昱：《"双创"背景下高职院校大学生创业孵化器建设升级探讨——以安徽5所高职院校为例》，《合肥工业大学学报》（社会科学版）2019年第5期。

B.5
加快推进中原农谷建设 打造国家现代农业科技创新高地

豆晓利 赵 品*

摘 要: 中原农谷的建设意义重大,是河南保障国家粮食安全的新担当新作为,是锚定"两个确保"、实施"十大战略"的重大布局,是立足河南省情实现农业农村现代化的重大举措。中原农谷以种业发展为核心,是产业链、创新链、供应链、价值链"四链"深度融合的综合发展平台,创新是中原农谷的内核,未来要以创新为引领,从技术创新、制度创新、政策保障、项目建设等多方面加快建设,助力打造国家现代农业科技创新高地。

关键词: 中原农谷 现代农业 科技创新

随着《"中原农谷"建设方案》的出台,"中原农谷"成为河南的一个热词,引起了社会的广泛关注。中原农谷,听起来充满了科技含量,对于很多人来说,这是一个新概念,大家可能会困惑,河南为什么要建中原农谷,中原农谷究竟是什么,中原农谷真的能够助力河南打造国家现代农业科技创新高地吗?对于这些问题的解答是极为必要也是极为有意义的。

---

* 豆晓利,河南中原创新发展研究院副教授,研究方向为产业经济、区域经济、创新创业;赵品,郑州市农业技术推广中心农艺师,研究方向为农业农村发展。

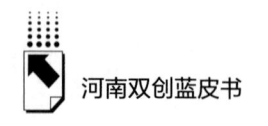

一　河南为什么要建中原农谷

作为省长直接领导的千亿级种业和粮食产业集群，建设中原农谷意义重大，主要体现在三个方面：一是建设中原农谷是河南保障国家粮食安全的新担当新作为，二是建设中原农谷是锚定"两个确保"、实施"十大战略"的重大布局，三是建设中原农谷是立足河南省情实现农业农村现代化的重大举措。

（一）建设中原农谷是河南保障国家粮食安全的新担当新作为

正所谓"手中有粮，心中不慌"，粮食安全是国家安全的基石。秉持勤恳耕耘的品格，河南一直稳稳扛住粮食安全这一重大历史责任，多年来粮食产量占国家总产量的1/10，居全国第2位，特别是小麦产量占全国总产量的28%，稳居全国首位，河南每年外调原粮及制成品约600亿斤。河南农产品加工业已经发展成为万亿级产业，生产了全国1/2的火腿肠、1/3的方便面、1/4的馒头、3/5的汤圆、7/10的水饺。[①] 这样的数据可以列举很多，这些数据的背后，是河南保障国家粮食安全的担当与作为。

进入从传统农业向现代农业过渡发展的新阶段，如何在确保粮食安全方面有新作为新担当，如何擦亮"农业产业"这张名片，如何在乡村振兴中实现从农业大省向农业强省的跨越，河南在不断探索。

以习近平总书记农业科技自立自强的重要指示批示精神为根本指引，2022年4月《"中原农谷"建设方案》正式发布，中原农谷的启动建设意味着河南不再是用产量来证明自己在保障国家粮食安全方面的重要作用，而是要用科技的力量引领河南农业率先步入现代化阶段，进而体现河南保障国家粮食安全的新担当新作为。

---

① 《河南：用新担当新作为扛稳国家粮食安全重任》，《农民日报》2022年8月29日。

（二）建设中原农谷是锚定"两个确保"、实施"十大战略"的重大布局

2021年9月7日，河南省委工作会议首次提出"两个确保"的发展目标，即确保高质量建设现代化河南，确保高水平实现现代化河南。"两个确保"发展目标的提出，是贯彻党的十九大关于第二个百年奋斗目标两个阶段战略安排的河南实践，是落实习近平总书记对河南"奋勇争先、更加出彩"殷殷嘱托的具体行动。"两个确保"谋划了现代化河南的宏伟蓝图，明确了现代化河南的奋斗目标，为河南今后30年发展和现代化建设指明了方向、规划了路径，是我们做好各项工作的基本遵循。[①] 围绕实现"两个确保"，省委工作会议提出要实施"十大战略"，即创新驱动、科教兴省、人才强省战略，优势再造战略，数字化转型战略，换道领跑战略，文旅文创融合战略，以人为核心的新型城镇化战略，乡村振兴战略，绿色低碳转型战略，制度型开放战略，全面深化改革战略。

"十大战略"从概念到落地，需要一批重大项目的支撑，中原农谷作为千亿级重大项目，作为定位打造国家现代农业创新高地的农业发展平台，作为汇聚了国内国际涉农领域最高端创新资源的农业发展平台，启动建设必将有利于"十大战略"的快速推进。长久以来，黄河北岸的新乡和黄河南岸的郑州隔河相望，一河之隔，却让郑新一体化迟迟不见效果。为了落实"两个确保""十大战略"，新乡提出了"南向发展战略"，把郑新一体化作为推动新乡高质量发展的突破口。中原农谷落户新乡平原示范区，将更有利于新乡推进"南向发展战略"，中原农谷因此成为郑新一体化的先导示范项目。

（三）建设中原农谷是立足河南省情实现农业农村现代化的重大举措

党的二十大提出中国式现代化，是在总结改革开放以来中国经济发展为

---

① 李庚香主编《中原再出发》，河南人民出版社，2022。

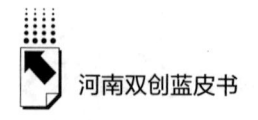

什么会成功以及未来怎么才能继续保持成功的前提下提出的。

现代化当然包括农业农村现代化。推进农业农村现代化，就是要在巩固拓展脱贫攻坚成果基础上，推进农业基础设施现代化迈上新台阶，稳固农业基础，保障粮食和重要农产品供应，优化农业生产结构和区域布局，提升农业质量效益和竞争力，持续减少化肥农药使用量，推进农村生产方式绿色化转型，促使现代乡村产业体系形成，实现农业农村现代化。①

中国式现代化是我们共同的奋斗目标，具体到各个省份，又要结合各省份实际寻求路径。具体到河南，"农业大省"是河南最大的省情之一，河南的具体奋斗目标就包括实现农业农村现代化。

河南该如何实现农业农村现代化？河南不能等工业化、城镇化、信息化到了发达阶段再想起农业农村的现代化，这是西方发达国家的现代化发展路径，中原农谷的建设，就是要打破西方发达国家那种先工业化再城市化再农业现代化的"串联式"发展过程，探索河南工业化、城镇化、农业农村现代化叠加发展的"并联式"过程如果成功了，就能真正让河南的农业农村现代化走在全国前列。

二 什么是中原农谷

武汉有"光谷"、合肥有"声谷"、贵阳有"数谷"，很多地区已经形成富有地域特色的产业集群，那么，到底什么是中原农谷，中原农谷在哪里，中原农谷想要做什么，中原农谷与一般意义上的农业发展平台又有什么不同，因此弄清楚中原农谷的概念内涵是极为必要的。

（一）中原农谷以种业发展为核心

人类进入工业时代，人均收入才发生实质性的增长。从此以后，科

---

① 《全面推进农业农村现代化是中国式现代化的必然选择》，"中国报道"百家号，2022年10月22日，https：//baijiahao. baidu. com/s？id = 1747394144787893488&wfr = spider&for = pc。

技创新应用于各个行业领域，包括农业领域。人类用技术手段突破了土地资源局限，特别是种子的培育研发发生了人类历史上绝无仅有的变革。种子在农业增产中的作用是巨大的，无论是原始农业、传统农业、现代农业还是未来农业，都离不开种子，种业已成为世界各国农业竞争的高地和战略重点。①

随着国家提出实施种业振兴行动，《"十四五"现代种业提升工程建设规划》《关于加快推进种业基地现代化建设的指导意见》《关于扶持国家种业阵型企业发展的通知》等一系列文件出台，意味着我国对种业发展的战略布局进入了一个前所未有的新阶段。

有人把种子形容为农业产业的"芯片"，种业是农业的先导产业，是农业产业链的源头，种子的质量直接影响农产品种植、加工、销售等一系列环节的发展，乃至影响国家的粮食安全。河南作为粮食生产大省，理应制造好种子这个"芯片"。以小麦为例，小麦是我国40%人口的主粮，我国常年种植小麦3.4亿亩，是世界第一大小麦生产与消费国，河南小麦产量占全国总产量的28%，即便如此，河南在小麦品种研发培育中仍然存在诸多瓶颈。因此，在国家提出实施种业振兴行动的大背景下，河南以种子为内核谋划建设中原农谷的定位是非常准确的，只有解决了种子这个源头问题，才有可能真正实现从农业大省向农业强省的转变。

（二）中原农谷是"四链"深度融合发展的综合平台

围绕种业发展，中原农谷是产业链、创新链、供应链、价值链"四链"深度融合发展的综合平台。其中，产业链包含制种育种、粮食种植、食品加工、农机装备制造、现代种养等全产业链条，包括有百余家粮油食品加工企业入驻的国家现代农业产业园、国内最大的中央厨房产业园、全国唯一的国家生物育种产业创新中心，以及正在积极申报的国家农村产业融合发展示范

---

① 郭天财：《种子是农业的"芯片"，中国饭碗里一定能装更多河南粮》，《河南农业大学报》2022年4月30日。

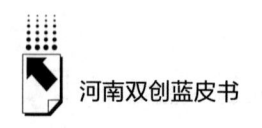

园和河南省农业高新技术产业示范区等。

建一个产业园、吸引一些企业入驻、布局一个产业链并不是最难的,河南可以布局10个乃至上百个涉农产业链,难就难在让产业链持续创造价值,这就需要创新链的助力,为产业链发展提供核心的技术支持。中原农谷以种业为起点,围绕区域内全产业链条布局创新链,把创新引领融入每一个产业链条节点,致力于建设国家农业创新高地。

有了产业链和创新链的"携手共进",供应链的竞争能力自然就会加强。中原农谷以种业发展为核心,就是要强化河南的种子产业在国内乃至国际上的竞争力。价值链指突破传统农业附加价值低的瓶颈,实现产业由低附加值向高附加值转变。《"中原农谷"建设方案》提出,要实施制度创新与技术创新"双轮驱动",打造种业发展体制机制创新的"试验田"和具备国际竞争力的种业"航母"集群。可见,中原农谷的建设思路特别明确,就是要通过技术创新、制度创新等大幅提升农业的价值链。

(三)中原农谷形成"一核三区"空间布局

中原农谷落户新乡,因为新乡的地理位置是独一无二的。新乡地处"南北分界过渡带",是我国南北物种交叉种植繁育的理想试验场所。因此,新乡的小麦、玉米、水稻育种水平均居全国前列,通过国家级、省级审定的品种数量居全省第1位,全市主要农作物耕种收综合机械化率为91.4%,比全省、全国分别高出5个、19.3个百分点。[1]

根据《"中原农谷"建设方案》,中原农谷总规划面积1476平方千米,核心区在新乡平原示范区,按照"一核三区"的设计思路布局。其中,"一核"指新乡平原示范区,东至中州大道(101省道)、原阳县县界,南起黄河北岸沿黄生态观光大道,西至获嘉县、武陟县县界,北至新乡县县界,共206平方千米。包括国家生物育种产业创新中心、神农种业实验

---

[1] 《政策资源项目齐发力 "中原农谷" 跑出加速度》,"大河网"百家号,2023年3月15日,https://baijiahao.baidu.com/s?id=1760426104845542810&wfr=spider&for=pc。

室、河南现代农业研究开发基地、国家现代种业产业园、国家小麦技术创新中心示范基地,以种子、种苗、种畜(禽)为主攻方向,打造以种业为突出特征的农业创新高地和农业科技新城。"三区"是以延津县部分区域为主体的东区,以新乡县、获嘉县部分区域为主体的西区,以原阳县部分区域为主体的南区。区域面积约1270平方千米,主要功能是立足产业基础,承接中原农谷科技创新成果转化和产业化应用,重点发展农副产品加工业、农机装备制造业、现代种养业等,建设生产加工基地和智慧农业示范基地。

三 创新是中原农谷的内核

以创新性的方法解决寒冷饥饿等困境是现代人的最大特点,回顾历史,我们从未如此强调创新的价值。为实现中国式现代化,创新将成为经济发展的第一驱动力。不难发现,《"中原农谷"建设方案》中,"创新"一词出现得极为频繁。按照人们的一般理解,农业通常代表传统产业,似乎创新的空间不大,中原农谷作为一个农业发展平台,无论是在发展定位上,还是在创新资源的集聚上,如此强调创新,都是前所未有的,这也显示了河南建设中原农谷的巨大信心。

(一)打造农业创新高地是中原农谷的明确定位

在最初谋划建设中原农谷时,河南就提出要举全省之力打造国家现代农业创新高地。《"中原农谷"建设方案》分2022~2025年和2025~2035年两个阶段提出了发展目标。其中,到2025年,建成国内一流的种业创新平台,到2035年,建成世界一流的农业科技基础设施集群、科研试验示范基地集群和全球粮食科技创新高地。可以看出,中原农谷的建设起点是非常高的,不是一般意义上的建设一个实验室、一个种业基地、一个产业园,而是要做全国最好的农业发展平台,是要以种业发展为核心让河南的农业农村现代化走在全国前列。

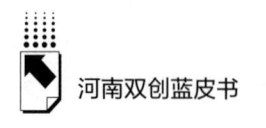

（二）集聚最高端的创新资源是中原农谷的最大亮点

从开始筹建到现在，短短不到两年的时间里，中原农谷集聚了全省最高端的创新资源，国家生物育种产业创新中心、神农种业实验室等创新平台先后在中原农谷落地。其中，国家生物育种产业创新中心于2019年4月由河南省农科院牵头成立，落户新乡平原示范区，是全国首家生物育种产业创新中心，可谓中原农谷"核心"的"核心"，经过近3年的建设，3栋实验大楼已经建成投入使用并配备4000多亩田间试验区。神农种业实验室于2021年挂牌成立，是在国家生物育种产业创新中心的基础上进一步整合全省种业科技资源成立的高端实验室，致力于建成国内最好的种业研发平台，标志着全省在打造一流创新平台上又迈出了重要的一步。另外，河南现代农业研究开发基地、国家现代种业产业园、国家小麦技术创新中心示范基地等项目均在紧张建设中。

中原农谷与中国农业科学院、河南农业大学等多个科研院和高校所展开全方位合作。其中，中国农业科学院分别在郑州、安阳、新乡设立果树研究所、棉花研究所、农田灌溉研究所，组建中国农业科学院中原研究中心，建设粮食作物高新技术试验示范区。中原农谷与河南农业大学在新乡原阳县建设了国家"2011计划"现代农业科技研究实验基地，在新乡平原示范区建设了国家小麦技术创新中心示范基地。

四 中原农谷：以创新引领打造国家现代农业科技创新高地

中原农谷打造国家现代农业科技创新高地的目标已经确立，既然是高地，就意味着要比其他地方做得好、发展得快。对于中原农谷来说，以创新为引领是唯一的出路。

（一）继续引进高层次创新资源

中原农谷已经有国家生物育种产业创新中心、神农种业实验室等高端创新平台落户,但是,其他省份也在紧锣密鼓地布局打造国家现代农业创新高地,海南有崖州湾种子实验室、湖南有岳麓山实验室、湖北有洪山实验室、四川有天府种业实验室、广东有岭南现代农业科学与技术广东省实验室,均致力于建成国内最好的种子研发平台。因此,想要在激烈的省际竞争中胜出,还需要进一步从国内国际引进创新要素。具体来说,要配套更加具有吸引力的人才、团队、平台等相关政策。国际层面,要积极从全球范围内吸引中原农谷建设所需的创新资源;国内层面,要进一步与中国农业大学、西北农林科技大学、中国农业科学院等高校和科研院所开展深度合作。同时,要充分利用省内涉农资源,与省农科院、河南大学、河南农业大学、河南科技大学、河南师范大学等省内高校和科研院所协同开展项目研究。

(二)制度创新与技术创新双轮驱动

应该说,中原农谷已经初步搭起框架,但是,有了土地,有了实验室,有了专家,有了创新发展所需的资源,仍然是不够的,更为重要的是让这些资源融合,实现从资产到资本的转化,让资源的价值真正释放,真正成为经济增长的动力。让这些资源有效融合的关键在于体制机制创新。如果受限于制度约束,科研团队没有人事自主权、经费使用权、技术路线决定权,再大的激情也会在烦琐低效的日常事务中消耗掉。因此,要在制度创新上下足功夫,克服体制机制不灵活、创新动力不足等问题。中国经济发展的实践证明,谁能在创新中取得实质性的突破,谁就能真正走在创新的前沿。

(三)构建全方位的政策支持体系

中原农谷项目启动以来,政府陆续出台了《"中原农谷"建设方案》《关于加快中原农谷建设打造国家现代农业科技创新高地的意见》《关于加快建设"中原农谷"种业基地的意见》等系列文件,中原农谷的总蓝图已经绘制出来,接下来,应该进一步在金融政策、财政支持政策、人才政策、要素保障政策等诸多层面给予中原农谷足够的支持,形成一套完善的配套政策体系。

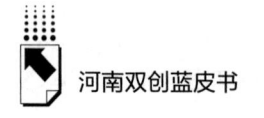

（四）抓好重大创新项目建设

根据中原农谷的建设需要，目前已经有一批项目落地。其中，国家生物育种产业创新中心（一期）全部建成，包括4150亩田间试验区和350亩科研设施区，神农种业实验室已入驻运行，黄河实验室、平原实验室也已经签约，中国农业科学院中原研究中心即将落户中原农谷。另外，先正达集团中国夏玉米研发中心、河南大学农业科技园、长沙大咖生物科技公司第三代杂交水稻科研基地、河南省科学院化学研究所菊芋产业工程技术研究中心、河南省水产种质资源库、中农发种业集团国家级小麦繁种基地、九州圣农公司生物蛋白制剂研发生产基地等项目都在紧张建设中。与此同时，中原农谷成功获批河南省唯一以种业为建设内容的国家级现代农业产业园，将进一步吸引一批涉农项目入驻。要抓好这些重大创新项目的建设，确保如期完成并投入使用。

参考文献

河南省人民政府：《关于印发"中原农谷"建设方案的通知》，2022年4月13日。

河南省人民政府：《关于加快建设"中原农谷"种业基地的意见》，2022年12月28日。

卞瑞鹤：《"中原农谷"助力河南建设农业强省》，《农业·农村·农民》（A版）2022年第4期。

《王凯主持召开省政府常务会议研究自然灾害防治能源电力保供中原农谷建设等工作》，《河南省人民政府公报》2022年第19期。

B.6 推动郑州市科技企业孵化器建设对策研究

韩雄 魏琼蕊 刘蕊娜*

摘 要： 科技企业孵化器是国家创新体系的重要组成部分，也是增强创新创业活力的重要载体。大力推进孵化器建设，有助于实现高质量创业，形成产业集聚效应，拉动区域经济发展。虽然我国孵化器数量排名全球第一，但是发展质量与一些发达国家相比仍存在差距。本文系统分析郑州市科技企业孵化器的发展现状和存在的主要问题，汲取部分优秀孵化器发展经验，从科学规划布局，加强顶层设计；加强培育辅导，争创国家级孵化器；注重孵化器质量，加强孵化器考核；实施人才战略，提升导师素质；服务模式多样化，实现可持续发展五个方面提出加快推进郑州市科技企业孵化器发展的对策建议。

关键词： 科技企业孵化器 创新创业 郑州市

近年来，郑州市紧紧围绕党中央、国务院和省委、省政府关于推进"大众创业、万众创新"的战略部署，实施创新驱动发展战略，打造一流创新生态，把孵化器建设发展作为服务科技人才创新创业、打造经济新动能的重要抓手，打造"众创空间—孵化器—科技园"全链条孵化体系，取得了

---

* 韩雄，郑州市科技局科技金融与服务业处，研究方向为创新理论；魏琼蕊，郑州财经学院创新创业学院讲师，研究方向为创新创业；刘蕊娜，郑州科技学院讲师，研究方向为中国语言文学。

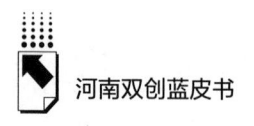

一定成绩。但是，仍存在发展规划不够明晰、国家级孵化器数量较少、孵化器管理体制落后、专业孵化人才不足等问题。因此，研究和推进孵化器建设，对于郑州市培育高新技术企业集群、推进大众创新创业具有十分重要的现实意义。

一 郑州市科技企业孵化器发展现状

（一）郑州市科技企业孵化器发展基本情况

郑州市大力建设各类科技企业孵化器，鼓励各类社会资本、企业参与建设科技企业孵化器，形成多种孵化器建设运营模式。2015年，郑州市仅有8家科技企业孵化器，发展到2022年已有各级科技企业孵化器96家，其中国家级23家、省级38家、市级35家。

从郑州市科技企业孵化器分布来看，主要集中在高新区、金水区、二七区、经开区，目前巩义市还没有科技企业孵化器（见表1）。

表1 截至2022年12月郑州市各县（市、区）科技企业孵化器数量统计

单位：家

县(市、区)	国家级孵化器	省级孵化器	市级孵化器	合计
高新区	10	9	2	21
金水区	6	3	8	17
郑东新区	0	6	3	9
二七区	2	5	5	12
管城回族区	0	0	1	1
经开区	3	4	3	10
航空港区	1	4	3	8
中原区	0	1	1	2
新郑市	0	2	2	4
上街区	1	0	1	2

续表

县(市、区)	国家级孵化器	省级孵化器	市级孵化器	合计
惠济区	0	1	2	3
荥阳市	0	1	0	1
新密市	0	2	0	2
中牟县	0	0	3	3
登封市	0	0	1	1
巩义市	0	0	0	0
合计	23	38	35	96

资料来源：根据孵化器年报数据整理。

2022年12月，在科技部火炬中心公布的2021年度国家级科技企业孵化器考核评价结果中，郑州市23家国家级科技企业孵化器中有15家被评为优秀，优秀数量居全国第7位（见图1），优秀率达65.2%，首次居全国第1位（见图2），国家级孵化器考核工作再创佳绩。

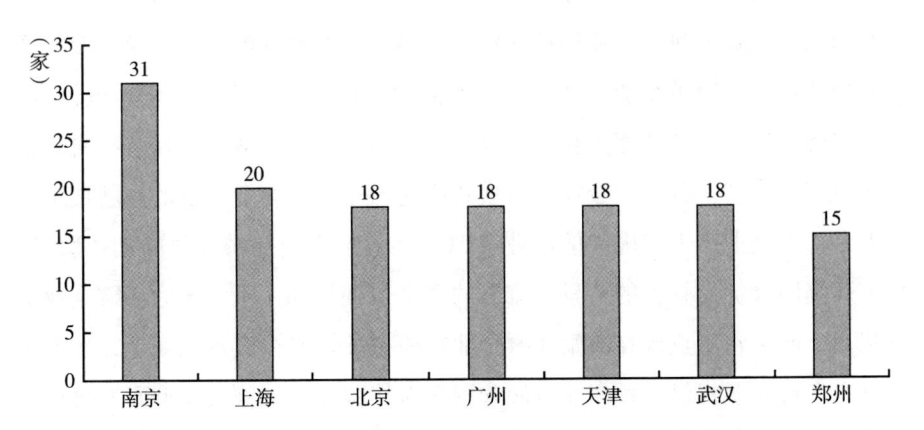

图1 2021年度国家级科技企业孵化器考核优秀数量前七

资料来源：根据科技部火炬中心2021年度国家级科技企业孵化器考核评价结果整理。

（二）郑州市科技企业孵化器主要类型

根据郑州市科技企业孵化器载体发展情况，可将郑州市科技企业孵化器

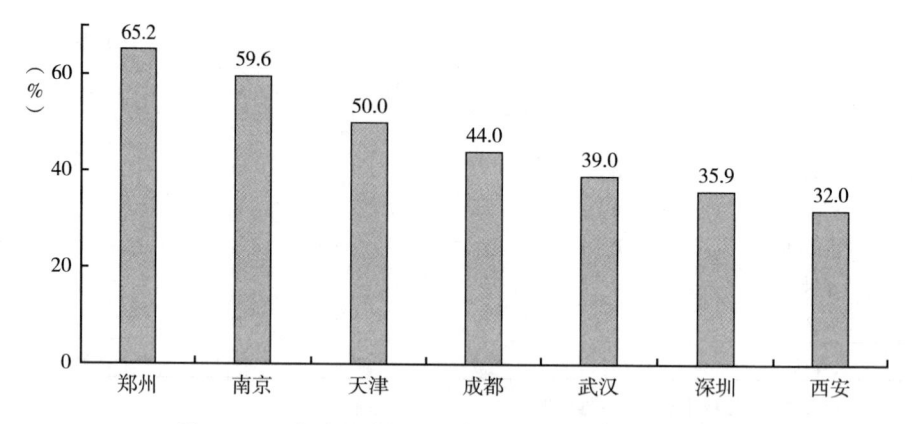

图2 2021年度国家级科技企业孵化器考核优秀率前七

郑州 65.2 南京 59.6 天津 50.0 成都 44.0 武汉 39.0 深圳 35.9 西安 32.0

资料来源：根据科技部火炬中心2021年度国家级科技企业孵化器考核评价结果整理。

分为六类。一是政府主导模式孵化器。郑州市最早创立的孵化器基本上是由政府出资建设的，如高新区创业中心和生产力促进中心，由政府事业单位人员运营，为政府招引的项目提供场地。二是地产模式孵化器。房地产公司或产业园区以工业或科研性质用地建设孵化器，并配备住宅。这种模式依托低廉的物业成本，吸纳企业入驻，具有价格竞争优势，对于被孵化企业而言，入孵门槛较低，服务费用也相对较低。三是依托龙头企业、高校、科研院所等建设的孵化器。其中，企业平台模式孵化器是基于企业研发的高新技术运营平台，以企业上下游庞大的产业资源，为入孵企业提供高效的创业服务，如宇通集团等拥有强大的背景、雄厚的资金，在初期并不急于为在孵企业带来利润，而是将重点放在激励在孵企业在原有技术平台实现创新上，平台企业可为在孵企业提供多种产业资源和资源对接服务。如信大新型研发机构孵化器，依托现有省级研发平台，集聚各类创业企业。四是创业投资模式孵化器。此模式效仿欧美国家孵化器模式，是创投机构和孵化器的结合，由孵化器引入在孵企业后，通过在孵企业的股权吸引天使投资，投资机构对看好的在孵企业进行投资，并在合适的时间退出，如启迪孵化器。五是媒体模式孵化器。孵化器依托自身媒体资源，为创业者提供全方位的宣传服务，凭借创业政策和媒体报道为创业者提供帮助，如M+孵化器等。六是服务机构模式孵化器。依托专业技术或中介服务机构创办孵化器，掌握大量的服务业企业，为企业提供中介服务。

（三）郑州市科技企业孵化器发展主要成效

1. 政策措施更加优化

近年来，郑州市制定出台了《郑州市科技企业孵化器管理办法》《关于加快发展众创空间推进大众创新创业的实施意见》等一系列支持力度大、支持范围广的政策文件，涵盖孵化器建设认定奖补、孵化器运营考核补贴、双创大赛获奖补贴、双创活动补贴等创新创业全过程的奖补政策，发挥了激发全社会创新创业热情的催化剂和助推器作用。

2. 孵化成效显著提升

2022年，郑州市科技企业孵化器总收入达4.79亿元，为在孵企业减免房租总额8534.81万元，举办创新创业活动1751次，开展创业教育培训938次，在孵企业获得投融资3.9亿元，在孵企业累计获得投融资29.9亿元，在孵企业拥有有效知识产权2.6万件，孵化出众城科技等13家上市（挂牌）企业，培育出郑州市首批独角兽企业之一致欧家居科技。

3. 创新创业生态圈初步形成

引进一批高校优势技术资源在郑州市建立孵化器平台，如浙江大学、西安交通大学等多所省外高校在郑州建设了孵化器等载体平台；郑州大学、河南财经大学等在郑高校利用校区现有存量资产资源改扩建了一批科技企业孵化器，孵化器面积达80万平方米，培育出了飞轮威尔、国研环保等一大批高成长性科技型企业。

4. 创新创业氛围更加浓厚

2014年以来，郑州市持续打造"郑创汇"国际创新创业大赛品牌，为创业者提供项目路演、资本对接的平台，"郑创汇"已成为郑州市创新创业的一张亮丽名片，至今已有10000多个项目参赛，获奖项目150个，其中118个项目落地郑州发展。大赛获奖项目（企业）UU跑腿被评为国家级高新技术企业，经过多年的发展已跻身行业第一梯队，以郑州为起

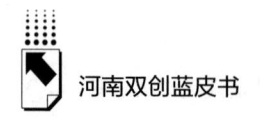

点,覆盖了北京、深圳等200座城市,为超过5500万名用户提供多样化、即时性的生活服务,为超过650万名"跑男"提供灵活就业和增加收入的机会。

二 郑州市科技企业孵化器发展存在的问题

(一)发展缺乏整体规划,地域发展不平衡

郑州市科技企业孵化器发展缺少顶层规划设计,地域间发展不均衡。目前,郑州市科技企业孵化器的发展,主要依靠对孵化器的认定和考核奖补来鼓励企业申报孵化器,但是孵化器作为地方经济发展的重要载体平台,地方的重视程度还不够。此外,各县(市、区)没有根据各自主导产业出台有针对性的发展规划,导致地域间发展不均衡。从区域数量上看,高新区、金水区、二七区等孵化器数量多,孵化器体量大,如高新区河南省国家大学科技园,拥有孵化场地60多万平方米,孵化企业达2000多家,但巩义市至今还没有孵化器,登封市、荥阳市等仅有1家孵化器;从发展质量上看,高新区、金水区孵化器培育的高新技术企业和科技型企业数量远超其他县(市、区),这些孵化器辐射效应很强,能有效带动当地产业转型升级和劳动人口就业,而登封市、中牟县等县(市、区)孵化器运营情况不好,企业流失严重,经营困难。

(二)国家级科技企业孵化器数量占比偏少,整体质量水平不高

目前,郑州市有96家科技企业孵化器,但国家级科技企业孵化器相对较少,仅有23家,在9个国家中心城市中排第8名(见图3)。郑州每年创建国家级科技企业孵化器2~4家,例如2022年,经过多方努力,成功创建4家国家级科技企业孵化器。

目前,郑州市大多数科技企业孵化器存在发展质量不高的问题,孵化能力和水平普遍不足,不具备输出孵化品牌的能力。虽然郑州市政府和相关部

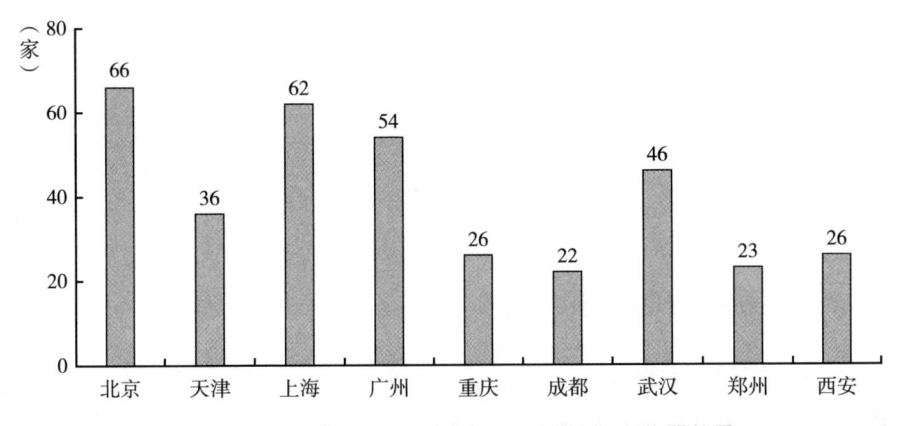

图3 2022年国家中心城市国家级科技企业孵化器数量

资料来源：根据孵化器统计年报数据整理。

门一直在加强对孵化器的引导和规划，但由于郑州市在孵化器发展方面起步较晚、规模较小，一些科技企业孵化器的建设规模和水平不够高。

（三）管理体制落后，盈利模式单一

目前，郑州市科技企业孵化器管理体制落后，一些孵化器管理体制僵化，缺少激励措施，对在孵企业的服务缺失。同时，盈利模式单一，一部分孵化器缺乏有效的盈利模式，"投资—孵化—发展—壮大"模式还未完全建立。孵化器普遍采用优惠租金模式，政府提供场地和企业自有产权的孵化器尚能正常运营，但"二房东"型孵化器经营状况相对较差，同时企业退租现象也在一定程度上造成孵化器经营困难。

（四）专业孵化人才不足

专业孵化人才不足主要体现在两方面。一是缺乏专业的孵化器运营管理和服务人才。孵化器运营管理和服务人员的服务能力和水平有待提高，郑州市科技企业孵化器发展相比北上广深而言起步较晚，专业的运营管理和服务人才匮乏。受孵化器自身盈利能力制约，相关人才特别是高端人才严重不足，管理团队大部分集中在物业、行政等部门，待遇低，

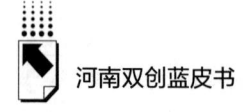

流动性大。二是缺乏优秀的创业导师。郑州市创业导师以兼职为主，很多创业导师缺乏创业经历，存在专业水平低、辅导内容错位等问题，难以进行有价值的创业辅导。还有一部分科技企业孵化器没有颁发创业导师聘书，宣传中的导师与孵化器没有任何关系，更没有组织导师开展相关活动。

（五）服务方式同质化严重

目前，郑州市大多数科技企业孵化器仅能提供空间入驻等一般性服务，投融资、技术支撑等增值服务少，对初创企业的吸引力不足。入驻企业希望得到市场推广、融资辅导、技术支撑等全方位帮扶，对孵化器服务能力提出更高要求，孵化器服务能力欠缺造成入驻企业成长性普遍不高。此外，郑州市综合类孵化器多，专业类孵化器少，同质化竞争严重。

三 郑州市优秀孵化器案例

（一）中美国际（郑州）创业港基本情况及主要做法

中美国际（郑州）创业港位于郑州市经济技术开发区核心区域，总建筑面积 40 万平方米，总投资 20 亿元，入园在孵科技型及战略性新兴中小企业达 300 多家，[①] 留学生企业共 32 家，引进来自美国、英国等国家留学生 106 人。其中，小微初创型企业占比 35%，科技型中小企业占比 65%，组织创业辅导累计培训超过 5000 人次，吸引各类人才 8000 多人。2020 年，创业港创业企业总产值约 2 亿元，完成税收约 2000 万元，直接与间接带动就业 2 万余人。未来，随着建设规模的扩大，创业港将有计划地引入发展型企业、成熟型企业乃至上市公司等，将园区打造成企业"从 0 到 1（从无到有）""从 1 到 N（从有到好）"成长、发展的全链条生态平台。

---

① 《中原智谷入围国家级科技企业孵化器》，《郑州日报》2023 年 4 月 11 日。

1. 自主发掘、吸引、孵育创业项目，形成投孵关系的项目占比高，且所投孵项目均具有自主知识产权

在创业港入孵企业中，创业港投孵企业共 23 家，均为高新技术企业，从早期天使投资到企业发展壮大，投孵项目获得了较快的发展。

2. 自主配套种子投资、基金管理、职业培训、导师咨询、技术成果转移转化等全产业链服务

创业港设立种子基金，专注初创项目种子期、天使期投资。联合专业投资机构，成立专业基金公司，负责日常创投基金的管理和项目投资孵化，解决企业资金问题。针对企业人才培养培育、创业者能力提升等问题，开展职业技能培训和创业教育，定期召开导师辅导会。针对企业技术转移、成果转化等问题，开展全流程、全产业链的生态业务配套服务，促进企业创新转型和创新引领。

3. 国际化背景、资源配置、人才引进、协同创新

依托国际化背景和资源平台体系，中美国际（郑州）创业港跨地区构建支撑体系，开展国际化人才培养、创新创业培训等，促进企业协同创新发展。如与美国南卡罗来纳州 3W center 国际商贸中心共同成立国际人才培养基地，提供中美双边预孵化服务。同时，依托 3W center 设立海外仓，建立国际品牌拓展中心和企业海外预孵化平台，促进中国商品的国际化和品牌化育成。依托该平台引入更多留学生企业和海外高层次人才来河南创业，促进高科技成果转化，提升中小企业科技水平。再如与美国硅谷 Ustart X 加速器合作，致力于科技项目开发与科技成果的转移转化，通过双边离岸预孵化，促进科技项目与成果的引进落地，同时帮助国内创业项目开拓海外市场，构建国内外创业者之间的交流平台。

4. 标准化、可复制，以培育双创服务上市品牌为目标，正在快速裂变

根据多年的创孵经验，中美国际（郑州）创业港形成一套行之有效、标准化的创业孵化体系，并在多地进行了复制和推广，以培育更多的上市公司为目标。现在中美国际创业港正在快速裂变式发展，已在北京、深圳、大连、南京等地建立了品牌分港，多港联动，协同创新发展。

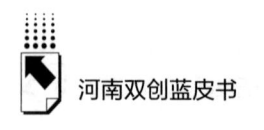

（二）荥阳市中原智谷孵化器基本情况及主要做法

中原智谷孵化器是荥阳市人民政府与浙江大学联合打造的产业生态集聚新平台，占地面积103亩，建筑面积14.5万平方米，入驻企业达145家，申请专利123件，授权专利54件，解决就业岗位836个；引进各类服务平台13个，入驻项目10个，与国内多家知名投资机构达成风险投资协议；举办各类创新创业活动65次，参加人员15000余人次。中原智谷综合体先后获得国家级众创空间等荣誉，在助力荥阳经济社会发展、引领创新创业和推动产业结构调整中发挥了重要作用。

1. 组建专业运营团队，规范运营管理

按照协议要求，浙江大学在荥阳注册成立中原智谷科技园发展有限公司，组建了一支包括2名博士、7名硕士在内的32人专业化运营团队，制定了内部管理、"一企一册"、企业考核淘汰等一系列规章制度，规范孵化器的运营管理，确保园区高质量、高效率运行。

2. 注重招才引智工作，实施借智发展

充分利用浙江大学和泛浙大资源引进了一批高水平的创新创业人才团队。通过"智汇郑州·1125聚才计划"，先后促成浙江大学陈纯院士团队、浙江大学朱宝库教授团队、东北大学何建新教授团队、上海工程技术大学茅健教授团队、教授级高级工程师史金东团队等一批高层次人才（团队）和项目落户综合体。引进中国青年博士联盟在荥阳设立华中博士研究院，利用联盟3.8万名博士资源为荥阳创新创业提供服务。

3. 服务传统产业提升，培育新兴产业

围绕荥阳传统产业特点和需求，组织专家教授深入企业调研，撰写了《荥阳市"二十高""三十强"企业调研分析》《关于借助虚拟现实和增强现实技术促进荥阳游乐设备产业升级的调查分析》等调研报告。着力培育新兴产业，打造增材快速成型技术平台、全息裸眼3D技术平台。

4. 完善双创生态链条，强化双创辅导

借助荥阳市政务服务中心进驻综合体的契机，对接设立绿色通道，为入孵企业提供一站式服务。落实入孵企业和机构3年内免租政策，引进财务、税务、法务、知识产权、管理咨询、上市物业公司等机构，为入孵企业提供全链条式服务和舒适的创新创业环境。配合荥阳市科技局组织开展创新创业系列公开课81期，举办各类大型产学研对接交流活动9次、科技成果发布会7次，对接项目23个。先后举办现代装备制造技术创新推介会、中原建筑机械行业发展高峰论坛、荥阳—浙商投资洽谈会等促进创新创业发展的活动，引导企业进一步明晰发展方向和路径。

中美国际（郑州）创业港形成了可复制推广的孵化器运营经验，通过与国内外先进地区孵化器的合作，提升孵化器国际化水平，引入各类专业人才；中原智谷孵化器引入了专业运营团队，组建了一支包括2名博士、7名硕士在内的32人专业化运营团队，规范了运营机制，同时，开展各类双创培训，完善双创生态。以上优秀孵化器案例都说明，专业的运营人才和团队对孵化器发展至关重要；建立孵化器运营机制和运营模式是孵化器成功的关键；加强双创培训，提升孵化器工作人员能力和水平是提升孵化器运营水平的重要路径。

四 加快推进郑州市科技企业孵化器发展的对策建议

（一）科学规划布局，加强顶层设计

为解决郑州市各县（市、区）孵化器在数量、质量、体量等方面发展水平不一的问题，郑州市相关部门需要加强顶层设计，并依据各县（市、区）主导产业发展情况，设置合理的发展目标，有针对性地建设培育专业类科技企业孵化器，为区域经济发展注入科技活力，实现孵化器数量和质量的双突破。

（二）加强培育辅导，争创国家级孵化器

一是加大培育辅导力度，组织创业导师到孵化器内有针对性地进行辅导

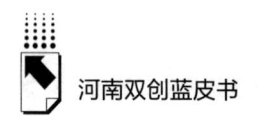

和培育。二是加强政策引导，出台支持创建国家级科技企业孵化器的政策措施，对成功申报国家级科技企业孵化器的运营单位给予奖补，激发申报热情和动力。三是将国家级科技企业孵化器数量纳入各县（市、区）考核指标，提高各县（市、区）政府对国家级科技企业孵化器申报工作的重视。

（三）注重孵化器质量，加强孵化器考核

一是更加注重提升孵化器质量。应树立孵化器品牌意识，提升孵化服务能力，推动孵化品牌"走出去"。目前，郑州市UFO联合办公、金源创业孵化器、中原智谷孵化器、中美国际（郑州）创业港等都具有很好的孵化成效和品牌效益，其中金源创业孵化器在省内部分地市已经实现品牌输出，UFO联合办公已在濮阳市、洛阳市创办了孵化器。二是制定科学考核评价办法。郑州市要及时修订完善《郑州市创新创业孵化载体运营考核评价办法》，针对孵化器发展情况，依据最新出台的国家级、省级孵化器考核指标，合理设置孵化载体考核指标和分值，激发载体的积极性、主动性、创造性，引导载体规范发展。三是加强孵化器考核。郑州市要建立考核工作长效机制，每年组织一次孵化器考核，通过考核进一步促进孵化器规范发展，针对考核优秀的孵化器给予奖励，对连续两年考核不合格的给予摘牌处理。同时，对在孵化器运营过程中表现突出的单位和个人给予通报表扬，奖优惩劣，做到物质和精神奖励并举，倒逼孵化器提升建设质量和运营服务水平。

（四）实施人才战略，加强队伍建设

一方面，孵化器需要大力引进外部优秀人才。一是要聘请优秀创新创业导师。目前，郑州市每年进行一次创新创业导师遴选，公开征集、定向邀请部分先进地区的优质创新创业导师，组织专家评分，最终确定导师名额，在"郑创汇"总决赛举办期间为聘请的创新创业导师颁发聘书。另外，将优质创新创业导师的公开遴选和主动聘请相结合，对导师予以精神和物质双重奖励，使郑州市创新创业导师征集聘用工作常态化、专业化、稳定化。二是要建立创新创业导师考核机制。定期开展创新创业导师走访企业活动，并依据

走访的次数、服务满意度、解决实际困难问题的情况等，对导师进行年度考核。三是要建立创新创业导师库。将遴选的创新创业导师录入导师库，提供给郑州市各级孵化器，孵化器可优先聘请导师库中的导师。最终目的是组建一支由企业高管、高校专家、投资人组成的导师团，围绕创业者需求，提供一对一签约辅导、集体咨询诊断、专题授课指导等服务，解决企业初创阶段遇到的问题。

另一方面，孵化器要加强内部人员培养，提升服务能力和水平。一是加强对孵化器运营人员的培训，提升孵化器日常服务水平。举办郑州市科技企业孵化器交流会，邀请各县（市、区）孵化器负责人、运营人员，针对孵化器的认定条件、日常运营过程中存在的问题和解决办法进行互动交流。二是选派人员到北上广深等先进地区的相关产业园区、孵化器进修、学习，提升自身服务能力。三是主动邀请国内外知名孵化器负责人到郑州开办讲座，召开郑州市创新创业载体人员培训会，实地走访讲学，提升运营人员的服务能力和水平。

（五）服务模式多样化，实现可持续发展

若要改变孵化器运营模式单一的情况，提高孵化器经营收入，实现孵化器的可持续发展，就要做到以下几个方面。一是改变角色定位。改变传统的"二房东"角色定位。孵化器为入孵企业提供创业空间等一般性服务的同时，必须以企业需求为导向，探索出一条孵化器依靠市场健康运营的路子，以便孵化器更好地为企业服务，提供更多的增值服务，实现盈利模式的多元化。二是探索新发展方式。形成"投资—孵化—发展—壮大"运营方式，引导孵化器形成持久盈利模式。三是探索灵活扶持模式。政府部门要将直接补助、绩效奖励、政府购买服务等多种扶持方式结合起来，引导孵化器进一步提高市场化、专业化水平，进而实现孵化器可持续发展。

五 总结与展望

科技企业孵化器是郑州市培养创新创业人才的基地，然而目前郑州市创

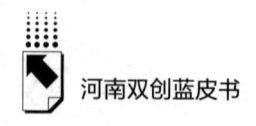

新创业机制、环境、氛围、政策等诸多方面皆存在不足之处，郑州市想在科技企业孵化器建设上实现弯道超车、可持续发展，就需要具备国际化视野。

一是鼓励现有孵化器在先进地区建设异地孵化器，积极链接北京、深圳等国内创新高地，建设一批异地孵化器，推进异地知名高校和科研院所、一线投资机构、行业专家等共享资源，实现优质项目"异地孵化、郑州落地"。强化离岸孵化器建设，依托海外联络处、中英科技创新平台、中德创新联盟等，在英国、德国等创新高地新建一批"技术、转化、产出"三位一体的离岸孵化器，加快中原科技城离岸创新中心建设，持续整合海外创新创业资源要素，促进海内外人才、技术双向流动。加强留学人员创业园建设，引入专业化运营服务机构，谋划设置留学生校友科研合作平台、国际学术研讨会议中心等，打造海内外人才集聚的高品质创新创业空间。

二是加强引入国内外知名孵化器在郑州建立分支机构。依托双湖科技城湖心岛（科创岛）、长椿路梧桐街创新街区、西流湖生态智慧科创区等板块，加快吸引国内外知名孵化器到郑州市建立分支机构，打造郑州最具活力的创新创业示范区。

三是加强与先进地区孵化器的交流互动。成立郑州市孵化器行业协会，整合郑州市孵化器资源，实现孵化器之间的资源共享和交流互动。在加强内部交流的同时，到省外进行行业交流互动，寻找合作商机。

参考文献

张寒旭、邓媚编著《科技服务业发展趋势及广东省的战略抉择》，电子工业出版社，2018。

顾乃华主编《科技服务业发展模式研究》，暨南大学出版社，2019。

科学技术部火炬高技术产业开发中心编《国家级科技企业孵化器创新能力评价报告2020》，科学技术文献出版社，2021。

李宇等：《科技企业孵化器在区域创新和经济发展中的作用》，《智库时代》2023年第1期。

梁宇、邓颖翔、马文聪：《政府补贴、税收优惠及其政策组合对科技企业孵化器绩效的影响——基于不同生命周期的实证研究》，《科技管理研究》2023年第2期。

丁淑丽：《科技企业孵化器高质量发展政策建议》，《商业2.0》2023年第9期。

《郑州市出台科技企业孵化器管理办法》，《河南科技》2019年第28期。

蒋洪杰：《河南省国家级科技企业孵化器总数达50家　居全国第一方阵》，《河南科技》2021年第5期。

《郑州市人民政府办公厅关于印发郑州市进一步加快推进创新创业载体发展的若干政策措施的通知》，《郑州市人民政府公报》2019年第4期。

《国务院办公厅关于发展众创空间推进大众创新创业的指导意见》，《辽宁省人民政府公报》2015年第9期。

朱沈琪：《众创空间发展现状及问题分析——基于江西省南昌市的调查》，《数码世界》2019年第5期。

《河南再添9家国家级科技企业孵化器》，《郑州日报》2022年5月19日。

《科技企业孵化器、众创空间再创佳绩》，《郑州晚报》2023年1月12日。

《郑州迈进国家创新型城市第一方阵》，《郑州日报》2019年5月15日。

B.7
洛阳市培育"专精特新"中小企业高质量发展研究

钱翼 刘玉来[*]

摘　要： 经过30年的发展，中小企业在创业就业、技术创新、维护国民经济稳定中扮演重要角色。"专精特新"中小企业更是中小企业群体的领头羊，是产业链、供应链的关键节点。本文通过对洛阳市不同培育梯度"专精特新"中小企业的发展体系、发展概况、发展问题进行分析，明确发展趋势，从推出培育实招、加大人才引进培育力度、进一步创新企业金融服务工作方式、完善创新创业观念体系、打造一流营商环境等方面提出洛阳市"专精特新"中小企业高质量发展的对策与建议，为区域经济和中小企业高质量发展注入创新活力。

关键词： 专精特新　中小企业　高质量发展

一　洛阳市"专精特新"中小企业培育背景与基础

我国经济的高质量发展推动洛阳市中小企业不断转型升级，亟待发展的洛阳市中小企业要乘"专精特新"政策之东风，突破自身发展瓶颈，占据有利生态地位。

---

[*] 钱翼，洛阳师范学院讲师，研究方向为工商管理、农业经济管理；刘玉来，博士，洛阳师范学院教授，研究方向为工商管理、农业经济管理。

（一）洛阳市"专精特新"中小企业培育背景

中小企业在发展过程中，普遍面临重点领域关键核心技术"卡脖子"问题，上下游产业链共生发展系统不完善，专业技术领域高端人才储备不足，区域产业链同质竞争现象突出，在新一代信息技术、机器人和高档数控机床、航空发动机、农业装备、先进轨道交通装备、生物医药及高性能医疗器械等多个领域存在产业链断点。为此，工信部出台多项政策支持"专精特新"中小企业以坚实产业基础为发展目的，以突破"四基"为发展重点，加强技术革新创新，破解"卡脖子"技术，强链补链，实现高质量发展。

（二）洛阳市"专精特新"中小企业培育基础

"专精特新"最早在《中国产业发展和产业政策报告（2011）》新闻发布会上被提出。2011年9月，工信部发布《"十二五"中小企业成长规划》，明确提出要"坚持'专精特新'"。2013年7月，工信部发布《关于促进中小企业"专精特新"发展的指导意见》，明确了"专精特新"的内涵和工作部署，在全国试点并逐步推广。2015年2月，国务院出台《关于加快培育外贸竞争新优势的若干意见》，支持中小企业走"专精特新"发展道路。2017年，工信部牵头制定"专精特新"企业培育认定体系，2018年提出专精特新"小巨人"企业培育目标和申报标准，并在年末开展了首批专精特新"小巨人"企业培育工作，带动"专精特新"企业发展。2021年，中央政治局会议将发展"专精特新"中小企业上升至国家层面，同年9月，北京证券交易所成立，其成立核心是为"专精特新"中小企业服务。

2022年，"专精特新"顶层设计持续深入，6月，工信部印发《优质中小企业梯度培育管理暂行办法》，提出优质中小企业培育的三个层次，包括创新型中小企业、"专精特新"中小企业、专精特新"小巨人"企业。党的二十大报告提出支持"专精特新"企业发展，推动制造业高端化、智能化、绿色化发展。

2022年3月，洛阳市出台文件，将实施六大领域19项措施，加大财税

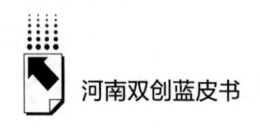

支持力度，开展"专精特新"中小企业税收服务"春雨润苗"专项行动，强化金融服务，提升企业创新能力，推动转型升级发展，加强人才培育支持，提供精准对接服务，全力支持"专精特新"中小企业高质量发展。2022年4月，洛阳市启动"专精特新"中小企业专项服务工作，将通过对应公共服务示范平台为重点"小巨人"企业、省级以上（含省级）"专精特新"中小企业提供技术创新等服务，洛阳宏盛科技中小企业公共服务平台成功入选公共服务示范平台。

二 洛阳市"专精特新"中小企业群体生态概况

2019~2022年，我国累计培育四批专精特新"小巨人"企业，共计公示9119家，已接近完成工信部提出的"十四五"时期培育10000家目标。第一批国家级专精特新"小巨人"企业有248家，第二批1584家，第三批2930家，第四批4357家，增速较快。其中，小微型企业数量超过一半，占比56%；民营企业表现突出，占比达到84%，呈现专业化、年轻化的特点，是名副其实的生力军。此类企业普遍重视科研投入，知识产权成果丰硕，专业化程度高，成长潜力大。数据分析显示，专精特新"小巨人"企业平均研发经费占营业收入比重达10.4%，平均拥有I类知识产权16件、发明专利14件，户均年平均营业收入增速超过20%，增长势头强劲。

（一）洛阳市培育国家级专精特新"小巨人"企业概况

洛阳市企业未获评第一批国家级专精特新"小巨人"企业。洛阳市共有8家企业入选第二批国家级专精特新"小巨人"企业，涵盖新材料、耐火材料、石化、起重装备、特种装备等领域，其中洛阳建龙微纳新材料股份有限公司为上海证券交易所科创板上市公司。入选第二批国家级专精特新"小巨人"企业的洛阳市企业是有一定历史积淀的中小企业，平均成立年限为22.3年。第三批国家级专精特新"小巨人"企业中，洛阳市有6家企业入选，平均成立年限为15.3年，涵盖产业技术基础、高端装备、生物医药等多个重点领域。

其中，有A股上市公司1家，为河南通达电缆股份有限公司。截至2022年第一季度，洛阳市第二批、第三批共14家国家级专精特新"小巨人"企业共实现营业收入14.6亿元，平均同比增长18.7%。

2022年，第四批国家级专精特新"小巨人"企业共计4357家，其中河南省167家。从区域分布上看，郑州市、洛阳市、新乡市分别有49家、30家、19家，占比分别达29.3%、18%、11.4%，在河南排名前三（见图1）。在行业分布方面，非金属矿物制品业企业数量最多，共有20家，占比达12%（见图2）。

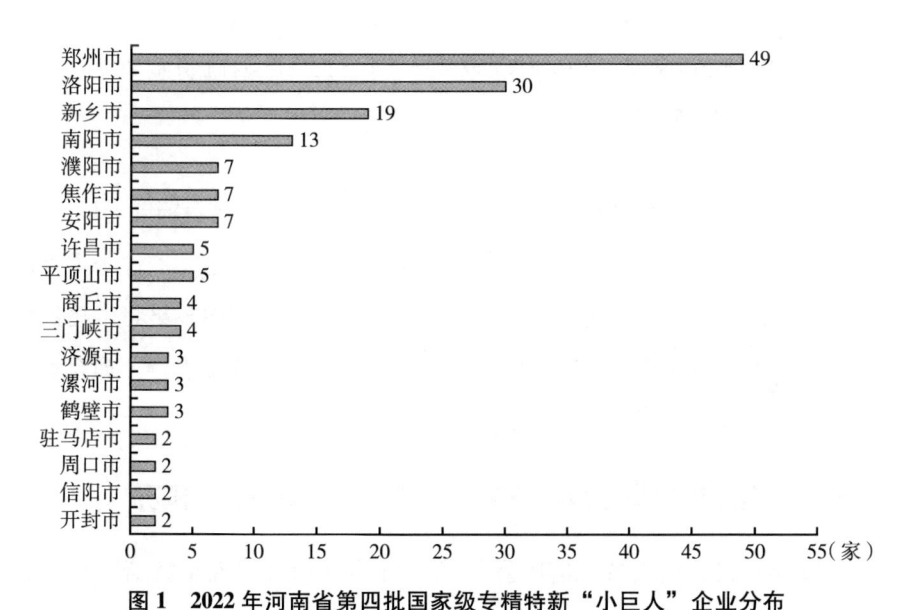

图1 2022年河南省第四批国家级专精特新"小巨人"企业分布

资料来源：河南省工业和信息化厅，由作者统计整理。

结合战略性新兴产业来看，在167家企业中，洛阳市新材料企业数量最多，共17家；郑州市新材料企业和高端装备制造企业数量紧随其后，分别有16家和12家。从企业的平均专利申请量看，洛阳市排名第1，其次为郑州市、新乡市和南阳市，分别有125件、124件、70件和60件。

洛阳市第四批国家级专精特新"小巨人"企业员工规模更小，成立时间更短，平均成立年限为13年，比洛阳市第二批国家级专精特新"小巨

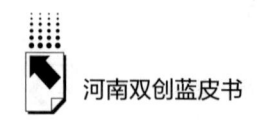

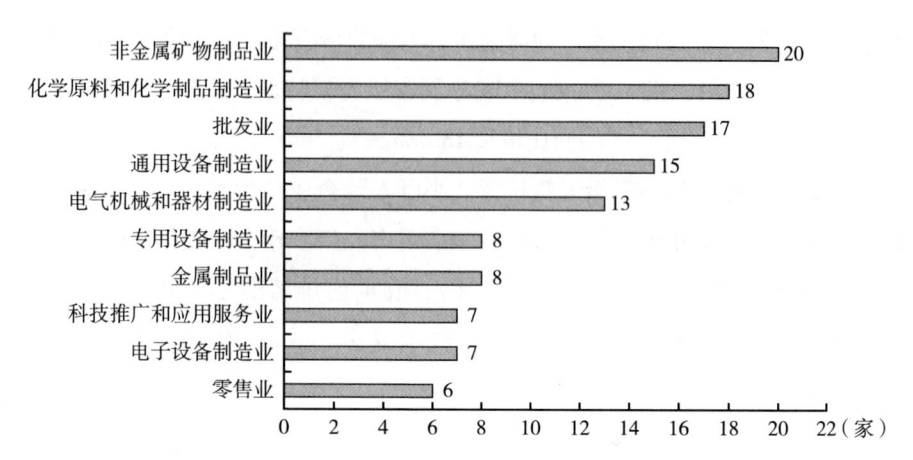

图2 2022年河南省第四批国家级专精特新"小巨人"企业行业分布TOP 10

资料来源：河南省工业和信息化厅，由作者统计整理。

人"企业平均成立年限"年轻"9.3年。第四批国家级专精特新"小巨人"企业涵盖了洛阳确定发展的生物疫苗、电子显示材料、光电元器件等重点产业集群，是各个细分行业的佼佼者。其中，华荣生物在国内较早将生物催化技术应用于医药中间体及原料、营养补充剂等化合物规模化生产，拥有省企业技术中心、省工程技术研究中心，累计研发项目200余个。

（二）洛阳市培育省级、市级"专精特新"中小企业概况

2022年6月，河南省工信厅公布2022年度河南省"专精特新"中小企业名单，洛阳市有141家企业入选，加上之前入选的71家，截至2022年底，洛阳市共有212家省级"专精特新"中小企业。2021年，这212家企业实现营业收入447.65亿元，同比增长30.46%。

2021年，洛阳市出台《中小企业"六化"建设全面提升工作方案》，通过升级产业基础，提高产业链现代化程度，优化"专精特新"中小企业梯度培育体系，对中小企业"六化"水平进行全面提升，精准助推中小企业高质量发展。古城机械作为新入选的省级"专精特新"中小企业，锚定新能源汽车风口，与比亚迪、理想、领克等知名新能源汽车厂商实

现产业联动，达成配套合作。"专精特新"中小企业深耕细分领域，户均布局时间超过3年，能快速且长期占领细分市场，创新理念先进，能力突出，在产业链、供应链中居于关键环节，是解决产业链痛点、焊接产业链断点的重要力量。洛阳市将集聚技术、资金、人才等核心要素向"专精特新"中小企业倾斜，通过建立创新型中小企业培育库，系统化、个性化研究企业培育方案，优化梯度培育体系，持续为全市中小企业高质量发展贡献力量。

2022年4月，洛阳市第一批"专精特新"中小企业名单出炉，中铝河南洛阳铝加工有限公司等226家企业入选。从入选的226家企业来看，企业主导产品包括镜面铝、海绵钛、特种锂电池、工业机器人等，与洛阳市以风口产业发展为主线、立足六大产业领域基础优势发力推进的13个风口细分领域高度相关，与洛阳市产业集群特色关联度较高。洛阳市第一批"专精特新"中小企业评选工作的完成，标志着洛阳市正式构建三级完备的"专精特新"中小企业梯度培育体系，为锚定风口、推动洛阳产业高质量发展提供更加强有力的支撑。市级"专精特新"中小企业有效期自2022年起，为期3年。截至2022年底，洛阳市国家级专精特新"小巨人"企业、省级"专精特新"中小企业累计达到256家，市级"专精特新"中小企业达到226家。

三 洛阳市"专精特新"中小企业高质量发展的机遇

（一）创新驱动，以数字经济带动高质量发展

2022年12月，习近平总书记在中央经济工作会议上提到，要大力发展数字经济。"专精特新"中小企业专注于细分市场，其中具有较强创新能力的中小企业转变经营模式，实现生产经营全环节数字化，运用数字化工具将传统业务迁移至线上，实现产品和服务的差异化。同时，依托数字化高能级创新平台，加速科技成果向实际生产力的转化。2022年，洛阳市新增企业

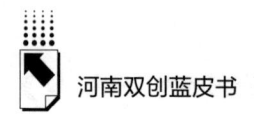

研发中心353家，截至2022年底，洛阳市创新平台（载体）达到2583家。2022年3月，洛阳市首家省实验室龙门实验室揭牌，同时谋划建设市实验室、中试基地、产业研究院等。周山智慧岛、伊滨智慧岛的建设运营，"先进海工与高技术船舶材料"生产应用示范平台的授牌等，展示了洛阳着力打造数字创新发展新优势，推动高质量发展的生动实践，为"专精特新"中小企业高质量发展提供了强有力的依托平台和技术支撑。

（二）扩大内需，以消费驱动实现经济内涵型增长

在以国内大循环为主体、国内国际双循环相互促进的发展格局下，扩大内需、调整供需矛盾迫在眉睫。一方面，"专精特新"中小企业作为消费链的一线端口，通过专业化、精细化、特色化的方式积极向新型消费领域转型，"细致入微"地满足消费群体的个性化需求，以差异化的产品和服务填补细分市场空白，积极赋能乡村振兴。2022年，洛阳市常住人口达707.9万人，疫情之后，人们的消费需求和消费方式发生了重大变化，洛阳正处于扩大内需和消费升级的历史机遇期，巨大的消费市场给洛阳市"专精特新"中小企业带来新的增长空间。另一方面，"专精特新"中小企业作为技术创新的中坚力量，必须掌握技术和发展的主动权。要想解决"卡脖子"问题，必须坚定不移地走自主创新道路，避免核心技术、产业链"命门"握在别人手中。面对当前的国际形势，国产化替代是未来科技进步和工业发展的主要途径，而"专精特新"中小企业是实现国产化替代的新生力量。依靠创新驱动，实现经济的内涵型增长，提高自主创新能力，在关键技术领域实现突破性进展，是形成国内国际双循环、实现国产化替代的关键，也是"专精特新"中小企业发展的新机遇。

四 "专精特新"中小企业高质量发展面临的瓶颈

目前，我国中小企业培育成长存在一定的问题，并对培育"专精特新"中小企业形成一定的限制。

（一）"专精特新"中小企业缺乏创新动力，转型动力和能力有待提升

2022年，洛阳市加大了对"专精特新"中小企业的扶持力度，尤其是在财税政策方面给予倾斜。如落实减税降费政策，开展"专精特新"中小企业税收服务"春雨润苗"专项行动。但是科技创新需要大量资金，而"专精特新"中小企业研发投入不足，影响技术在实际业务中的应用范围和应用效率，不断增加技术创新的试错成本，导致企业持续创新动力不足、能力不强。同时，企业普遍存在技术转型困难、不知如何实现成果转化的问题。

（二）同行业竞争激烈，恶性竞争较为突出

"专精特新"中小企业深耕领域仍偏向传统产业，高能耗、低附加值、管理模式单一、管理和技术抗风险能力不高等问题仍屡见不鲜，产品和服务差异化程度有待提高，内部创新机制不够完善。虽然"专精特新"中小企业在某领域处于领先地位，但是目前一些"专精特新"中小企业还缺乏全球化战略意识。这样容易导致为了争夺市场份额而低效、恶性竞争，影响企业高质量发展。例如，随着高新技术的发展，越来越多的"专精特新"中小企业朝着高新技术产业方向转型发展，但是它们在转型发展中并未聚焦专业优势，而是采取同质化的产业经营模式，导致难以在现有市场利益格局中获取更多市场份额。同时，由于对数字营销能力的培养重视不足，"专精特新"中小企业数字化经营模式转型也收效甚微。

（三）人才资源匮乏，员工工作积极性不高

人才短缺，尤其是缺乏具有工匠精神的高技术人才，是制约"专精特新"中小企业发展的重要瓶颈。工匠型人才的短缺制约"专精特新"中小企业的创新能力发展，难以支撑生产高质量产品的要求。另外，"专精特新"中小企业仍然是中小企业，有的仍采用家族式管理模式，人员关系复

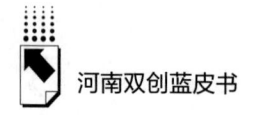

杂，管理理念陈旧，缺乏内部控制机制和完善的员工激励机制，缺乏产业领域人才，员工差异化发展需求被忽视，导致员工工作积极性不高。

（四）专精特新"小巨人"企业资金短缺

目前，专精特新"小巨人"企业的资金主要来自自身资本积累，企业普遍反映贷款门槛高、贷款难。同时，由于专精特新"小巨人"企业的市场宣传不够，无法吸引资本市场的关注，资金融通不畅势必会影响企业的生存和进一步发展。

五 培育"专精特新"中小企业高质量发展的对策建议

洛阳市中小企业众多，应做好引导，加强政策宣传，激发"专精特新"中小企业转型动力，推动广大中小企业加快向"专精特新"转型升级，鼓励其他类型企业以"专精特新"中小企业为标杆促进发展。

（一）管理部门推出培育实招

第一，结合洛阳形势，对易形成"专精特新"中小企业的领域做出预判，精准培育。组织由行业专家、企业管理人员组成的研究团队，系统研究在哪些新兴产业类别、哪些区域有高成长企业的苗子，见苗浇水，精准施策。第二，组织对接活动。为快速成长企业发展创造条件。第三，建立培育机制，邀请全国知名企业家对接培育。第四，加强企业家培训，增强针对性；加强校政行企合作，加强对相关领域的研究。第五，组建打造"专精特新"中小企业专班，提供组织保障。做好"专精特新"中小企业集聚区规划，加强与郑州、西安的产业协同。

（二）各级政府需要加大人才引进培育力度

"专精特新"中小企业的发展受区域发展影响较大。企业自身和所在城市对高水平人才的吸引力不够，基层人才流动频繁，管理者和员工学习能力较弱等因素，不利于企业可持续发展和管理。因此，政府要为"专精特新"中小企业人才落户、居住环境、子女教育等开辟绿色通道，完善配套设施；建立高层次人才与企业对接的桥梁，鼓励企业通过人力资源平台引进国内外优质高精尖人才，推动企业与外部专家人才对接合作。同时，积极从企业内部入手，推动"专精特新"中小企业管理者、专业技术人员知识更新，参与前沿对口技术培训，从内部培养一批既了解企业情况又懂技术的专业化、特色化人才，并通过股权激励等方式减少人才流动，实现人才赋能。

（三）各级政府要进一步创新企业金融服务工作方式

自主创新支出对于"专精特新"中小企业而言是一笔不小的费用，加之创新行为具有诸多的不确定因素，需要持续投入，极易导致企业内部资金短缺。而外部融资渠道不够通畅，资本赋能力度不够，政府缺乏对社会资本的动员和筹措，银行对于"专精特新"中小企业的态度往往是"慎贷惜贷"。内部和外部均无法提供可持续的资金支持，直接影响"专精特新"中小企业的发展。因此，政府应通过网络调查、走访调研、建立信息登记平台等方式，长期跟踪"专精特新"中小企业的基本情况、外部环境、发展需求等，制定相应的发展政策，解决企业关注的问题，做到时时更新、时时反馈、时时落实，提供具有针对性和长效性的靶向服务。同时，政府要为"专精特新"中小企业在贷款、融资、发债、上市等方面提供支持，引导风险投资机构关注"专精特新"中小企业，健全 IPO、并购市场，进一步推动社会资本赋能"专精特新"中小企业高质量发展。

（四）完善创新创业观念体系

"专精特新"中小企业的涌现和成长需要精神支撑。目前，洛阳市还没有形成全市上下一致的创新创业观念，尽管市委、市政府出台了很多推进措施，大力倡导创新创业，但还有一部分人的观念跟不上。创新创业观念体系的形成，需要建立体制机制，设计主导主体和推动机制；需要整合资源，提

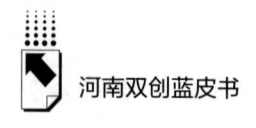

供措施保障；需要宣传部门、媒体、企业多方发力，对标对表采取措施；需要寻找标杆对接，进行标杆管理。

（五）打造一流营商环境

在河南省营商环境评价中，洛阳连续4年排名全省第2，这得益于洛阳在商事登记制度、行政审批制度等领域进行了一系列改革创新，但有些方面的指标还比较靠后。一是要打造一流政务环境。强化问题导向，精准抓住市场主体的堵点痛点难点，深化"放管服"改革，大力推行"一网通办"等，不断提高政务效率。二是要打造一流市场环境。以创建国家社会信用体系建设示范城市为导向，构建新型监管体制机制，建设诚信洛阳。同时，要着力构建亲清新型政商关系，保障政企多方沟通渠道畅通无阻。

洛阳要迎风而起、乘势而上，建设全国重要的先进制造业基地，培育壮大市场主体。抓住"专精特新"战略的发展机遇，发挥专长，精益求精，打造特色优势，持续开拓创新，为洛阳市"专精特新"中小企业创造良好的发展环境。

参考文献

河南省人民政府办公厅：《关于开展企业技术改造提升行动促进制造业高质量发展的实施意见》，2022年1月12日。

王凯：《政府工作报告——二〇二三年一月十四日在河南省第十四届人民代表大会第一次会议上》，2023年1月14日。

洛阳市人民政府：《洛阳市"十四五"制造业高质量发展规划》，2022年4月26日。

徐衣显：《政府工作报告——2023年1月4日在洛阳市第十六届人民代表大会第一次会议上》，2023年1月4日。

智慧芽：《2022专精特新"小巨人"企业科创能力报告》，2022年10月24日。

B.8 河南科技大学实施教育科技创新和创建"双一流"建设高校的探索

王洪彬*

摘　要： 党的二十大报告提出"教育、科技、人才是全面建设社会主义现代化国家的基础性、战略性支撑"。在党和国家深入推进"双一流"建设高校和学科创建背景下,地方高校需要在服务国家战略和地方经济社会高质量发展的大局中,努力实现高质量、内涵式发展。本文结合河南科技大学的探索创新,探讨了符合中国实际、满足中国式高等教育现代化要求、具有"科大范式"的教育科技创新与"双一流"建设高校创建和学科之路。

关键词： 地方综合性大学　教育科技创新　"双一流"建设高校

2021年,河南省从全省范围内遴选7所高校的11个学科,重点创建"双一流"建设学科第二梯队,河南科技大学材料科学与工程、机械工程两个学科顺利入选,开启了"双一流"建设高校和学科创建新征程。学校面临前所未有的发展机遇,面临能否把握机遇,如何推动两个学科高质量发展,使其能够接近和达到"世界一流"水平,如何有效提升科技创新能力,为学校"双一流"建设提供科技支撑,如何以"双一流"建设引领学校高质量发展等问题。学校上下在学习中实践,在实践

---

* 王洪彬,博士,河南科技大学党委书记、教授、硕士生导师,研究方向为马克思主义理论、党的建设。

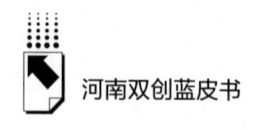

中思考，在思考中提升，科学研判形势，主动谋变谋新，凝心聚力推动"双一流"建设高校和学科创建。

一 科学认识现状

（一）省委、省政府对高等教育发展的高度重视

2017年，郑州大学、河南大学跻身国家"双一流"建设高校行列，开启河南高等教育发展新篇章。进入新时代新征程，河南作为经济大省、教育大省，无论是着力加强国家创新高地建设、推动经济社会高质量发展，还是不断提高优质高等教育资源供给能力，都比以往任何时候更加迫切需要"双一流"建设高校和学科增量扩容、提质增效。

2021年，河南省第十一次党代会把"创新驱动、科教兴省、人才强省战略"摆在"十大战略"之首，明确提出"推进教育现代化、建设教育强省"的要求，做出"优化调整高校布局、学科学院、专业设置"的重大决策，推动郑州大学、河南大学在"双一流"建设中晋位升级，加强"双一流"建设高校第二梯队创建，力争新增1~2所高校进入国家"双一流"建设高校行列，充分体现了省委、省政府以前瞻30年的战略眼光把"双一流"建设高校创建摆在河南发展全局前列，作为高水平建设现代化河南、高质量实现河南现代化建设重大战略决策的坚定信心和决心，为高校高质量发展提供了重要机遇。

（二）"双一流"建设学科与地方产业的高度契合

创建世界一流大学，实现迈向高等教育强国的奋斗目标，是大学的责任，也是使命。河南科技大学作为河南高校"第一方阵"、洛阳高校"领头羊"，要乘势而上、顺势而为，更要有所作为。省委、省政府《关于支持洛阳以开放为引领加快建设中原城市群副中心城市的若干意见》指出，支持洛阳制造业高质量发展，建设全国先进制造业基地。2023年河南省政府工

河南科技大学实施教育科技创新和创建"双一流"建设高校的探索

作报告指出，将深入推进郑州大学、河南大学"双一流"建设，支持第二梯队7所高校11个学科的"双一流"建设工作。

河南科技大学坚持以服务国家战略和地方经济社会发展为己任，充分利用洛阳先进制造业蓬勃发展这一得天独厚的地域优势，发挥以工立校的办学优势，聚焦学科特色，加强学科融合，充分发挥材料科学与工程、机械工程两个学科的科技和人才优势，深化产学研用融合，强化校企协同创新，开辟创新发展新领域，在科技创新和服务产业发展中抢占先机、赢得主动。

二 积极探索与实践

（一）党建引领

学校党委深入学习贯彻党的二十大精神，深刻把握教育、科技、人才"三位一体"的丰富内涵，紧扣省委"两个确保""十大战略"对高等教育高质量发展的要求，以高质量党建引领和保障"双一流"建设高校创建。2021年9月河南科技大学成为河南"双一流"建设高校第二梯队以来，校党委着眼顶层设计，成立"双一流"创建工作领导小组和"一流学科"建设指挥部，由校党委书记和校长担任组长。锚定"双一流"建设高校创建目标，谋划"双一流"建设高校创建方案、"一流学科"建设方案，优化学科定位，凝练学科特色，突出内涵式发展，集中力量支持材料科学与工程、机械工程两个学科冲刺"一流学科"，以"一流学科"的突破带动整体学科水平的提升，促进学校高质量发展。始终牢记"国之大者""省之要者"，充分发挥学校工科优势突出、产学研融合办学特色鲜明的独特优势，积极对接国家战略科技力量，有效融入省科学院重建重振，牵头或参与国家实验室重组，聚焦服务地方产业、行业发展需求，打造大平台、组建大团队、承接大项目、产出大成果、支撑大产业，以"双一流"建设高校创建的实际成效提升服务现代化河南建设的支撑力和贡献度，为推进中国式现代化贡献智慧和力量。

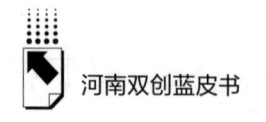

（二）全力推进"双一流"创建

按照省委、省政府的统一部署，学校严格对照发展目标和方向，通过落实创建政策、制定实施方案、引育一流人才、构筑一流平台等举措，有效整合学科资源，促进学科交叉融合，积极构筑材料科学与工程、机械工程两大学科高峰，强力推进"双一流"建设高校创建工作。

1. 加强组织领导，强化创建顶层设计

学校把科学做好"一流学科"创建的顶层设计摆在创建工作的首位，注重发挥"双一流"创建工作领导小组和"一流学科"建设指挥部的作用，加强对"双一流"创建工作的领导和组织协调，研究出台《"双一流"大学建设方案》《关于设立"一流学科"建设特区的若干意见》，提出"一流学科""一流大学"两步走战略，推动"双一流"建设高校创建驶入"快车道"。聚焦"双一流"建设高校创建，实施"大部制"改革、"学部制"改革、"院办校"改革等重点改革事项，对学科、学院以及职能部门进行精简整合，进一步优化机关职能、重构流程、提高管理效能，赋予学部学院更多办学自主权，激发办学活力，为"双一流"建设高校创建营造良好创新生态。

2. 编制创建规划，明晰"一流学科"创建路径

强化"一流学科"创建规划的指引和导向，学校两个创建学科分别对标华中科技大学材料科学与工程学科和上海大学机械工程学科，高标准编制创建规划，召开20余次专题会议和推进会议，研究"一流学科"创建规划编制工作。邀请李培根院士、张清杰院士、李贺军院士等专家学者和学科领军人才到校指导，深入分析、寻找差距、规划路径，做到创建"双一流"建设学科有体系、河南省特色骨干学科有目标、博士点授权学科有成效、博士点培育学科有突破，顺利通过了省教育厅组织的创建规划论证，编制出台了《材料科学与工程"一流学科"建设规划》和《机械工程"一流学科"建设规划》，明确了创建工作的任务书、时间表和路线图，不断推进"一流学科"创建。

3. 发挥学科优势，布局"一流学科"特区

立足现有学科特色，挖掘学科潜力，做优做强优势学科、特色学科，超

前谋划建设急需学科、新兴交叉学科，在促进学科交叉、融合、集聚、发展上下功夫，着力打造以材料科学与工程、机械工程两个学科为核心的"先进制造学科群"，积极构建与河南经济社会发展和洛阳先进制造业发展相适应的学科体系。设立"一流学科"特区，建立创建学科在人才引育、科学研究、研究生培养和资源配置等方面的专项制度，完善协同高效的管理运行机制，优化调整人、财、物等资源配置方式，系统整合平台、项目、人才等学科发展要素，组建高水平学科创新团队，加快国家级学科平台建设，瞄准行业产业的"卡脖子"关键核心技术开展科技攻关，有力促进学科建设水平不断提升。

4. 注重人才引育，建设一流人才队伍

树牢"人才是第一资源"的理念，坚持引育并重、以用为主，大力实施"龙门人才引育工程"，引进和培育以院士或院士候选人为主体的"战略科学家"、特聘教授等具有国际影响力的学科带头人，"一人一策"进行岗位安排和科研支持，加快高层次领军人才的集聚。加强学科人才生态建设，组建以院士、国家杰青等国家级领军人才为核心的一流学科团队，实施"揭榜挂帅"制度，以大平台、大成果、大项目为抓手，开展"一流学科"创建。

5. 加强资源整合，汇聚一流创建合力

坚持以国家需求、战略导向和产业发展汇聚产学研融合力量，主动对接行业、企业的优质创新资源，积极构建产学研用一体化融合创新体系，促进融合发展。学校充分发挥产学研融合办学特色，依托洛阳作为国家重要工业基地的地域优势和科研院所富集的资源优势，加快完善与行业企业密切合作的模式，不断深化融合发展。整合和调动各方创新要素，联合中钢洛耐、中航光电、中船重工七二五所，创建材料科学与工程"一流学科"；联合中信重工、洛阳LYC、洛阳轴研所等，创建机械工程"一流学科"，促进学科资源汇聚。

（三）全面提升科技创新能力

1. 完善体制机制，增强创新内生动力

学校建立健全以质量、贡献、绩效为导向的科技创新分类评价体系及考核办法，完善科技成果转化收益分配机制，强化科研人员在科技成果转化中的作

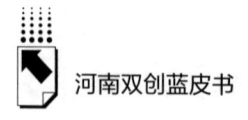

用，充分发挥科研人员的积极性、主动性，增强创新创造活力。推进科研"放管服"改革，制定修订学校《科技成果转化管理办法》《横向科研项目管理办法》《纵向科研项目管理办法》《"包干制"纵向科研项目经费管理办法（试行）》等文件，扩大科研人员经费使用自主权，建立以项目负责人负责制为核心、权责利相匹配的科研经费组织管理模式，取消横向经费预算，降低横向项目管理费，设置管理费上限，鼓励开展产学研合作，不断增强科技创新内生动力。

2. 落实赋权改革，激发成果转化活力

实践证明，通过赋予成果完成人职务科技成果的所有权或长期使用权，可以畅通科技成果转化通道，更好地发挥其在科技成果转化中的作用，提高科技成果转化效率。2020年，科技部等9部门印发《赋予科研人员职务科技成果所有权或长期使用权试点实施方案》，河南于2021年出台《河南省赋予科研人员职务科技成果所有权或长期使用权改革试点实施方案》，表明以专利为代表的职务科技成果权属改革成为促进科技成果转化的突破口。河南科技大学作为第一批试点单位，积极行动，提早谋划，成立了改革领导小组，制定实施《赋予科研人员职务科技成果所有权或长期使用权改革实施方案》《赋予科研人员职务科技成果所有权或长期使用权改革管理办法（试行）》，对推进职务科技成果赋权改革、促进科技成果转化做出制度性安排，奠定了持续提升科技创新能力的坚实基础。

三 取得的阶段性成效

（一）学科建设迈上新台阶

"十四五"以来，特别是开展"双一流"建设学科创建工作以来，河南科技大学学科建设成效显著，有6个学科进入ESI全球前1%（居省内高校第3位），4个学科入选省特色骨干学科建设学科（群），有8个博士学位授权点、65个硕士学位授权点，实现了工、农、医、管等学科博士学位授权点全覆盖。

1. 体制更加健全，学科体系不断优化

不断完善"双一流"创建工作推进机制，建立工作例会制度，研究

"双一流"创建过程中的重要事项,及时解决"双一流"创建中的具体问题。建立学校主要领导与"一流学科"创建学院定期联系机制,校党委书记、校长分别联系对接两个创建学科,适时召开工作协调会、现场办公会,加强对"一流学科"创建的指导督导,积极引导创建学科与支撑学科聚力发展、融合发展,形成两个创建学科率先发展的思想共识和行动自觉。"大部制"改革将原有37个部门整合为21个大部门,实现了以"管理为主"到"服务为主"的转变,破除了创建学科在体制机制、人事、资源配置等方面的障碍,形成适合"一流学科"发展的政策环境和运行体系。"学部制"改革按照学科门类或学科群整合学科资源,将原有30个学院整合形成"6+10+2"(6个学部、10个学院和2个书院)的学科学院布局,释放了学科学院发展活力,为构建一流创新生态、建设一流创新平台、培养一流创新人才提供了重要支撑。

2. 路径清晰明确,学科建设提质增效

开展"一流学科"创建以来,河南科技大学分解细化学术团队、学科平台、重点人才等目标任务,"一流学科"创建取得显著成效。在全省9所特色骨干大学、41个特色骨干学科建设成效评价中,河南科技大学获得总体排名第1,机械工程学科排名全省第1、材料科学与工程学科排名全省第2的优异成绩。

材料科学与工程学科获批教育部重点实验室,主持的国家地方联合工程研究中心和参与重组的全国重点实验室通过验收,共建河南省高温新材料产业研究院和先进有色金属材料产业研究院;创新创业学院入选首批国家级创新创业学院;主持国家重点研发计划、国家自然科学基金重点项目、河南省重大科技专项等,获得省部级一等奖6项、河南省教学成果特等奖2项;新增国家级人才2人、国家级团队2支、"中原英才"等省级人才12人。

机械工程学科获批高端轴承人才特殊需求全国唯一依托培养院校,获批智能装备制造首批国家级现代产业学院,参与重组的2家实验室获批全国重点实验室,获批河南省高端轴承协同创新中心,共建河南省高端轴承产业研究院和农机装备产业研究院;主持国家自然科学基金重点项目、省重大科技专项3项,获得省部级一等奖6项、河南省教学成果特等奖2项;新增国家

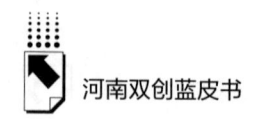

级人才2人、"中原英才"等省级人才12人。全省首个硕士研究生层次中外合作办学机构——河南科技大学莫动理工学院顺利招生。

3. 营造良好生态，激发创建学科动能

实施"一流学科"特区政策，在资金、项目、人才、体制方面强力支持两个创建学科。设置人才特区，量身定做、邀约引进，汇聚形成创建学科所需的高层次人才和创新团队；设置重大科学研究特区，构建新型科技创新体系，加强有组织的科研，产出高水平科技成果，为"一流学科"创建提供有力支撑；设置研究生培养特区，扩大两个创建学科的研究生培养规模，实现新材料和智能装备领域高端人才培养的重大突破；设置资源配置特区，优先解决两个创建学科的发展难题，率先保障两个创建学科的资源需求。对"一流学科"创建给予重点支持，合理规划学科特区内人才、基地、平台和实验室等发展要素，促进校内外资源的协作开发、共建共享，为两个创建学科营造良好发展生态，激发创新动能。

（二）科技创新实现新提升

1. 加强队伍建设，激发科技创新动力

人才资源是重要的创新资源，也是构成学校科技创新能力的核心要素。学校通过实施高端人才特别支持计划、青年学术技术带头人培养工程、"柔性"引进国内外高端人才、大力推进教师队伍国际化工程等，集聚一支以高端领军人才、领军后备人才、青年创新拔尖人才为核心的高层次人才梯队。学校现有双聘院士、"百千万人才工程"国家级人选、全国青年拔尖人才、全国文化名家暨"四个一批"人才、中原学者、中原名师、省特聘教授、省学术技术带头人等100余人。"十三五"以来，学校获批中原学者、中原领军人才等数量均居省内前列。

2. 推动平台建设，提升资源汇聚能力

学校充分发挥学科、人才和科技优势，打造多学科相互渗透、相互支撑的高水平科技创新平台。近年来，学校连续获批"高端轴承摩擦学技术与应用"国家地方联合工程实验室、"金属材料磨损控制与成型技术"国家地方联合工程研究中心,"有色金属新材料与先进加工技术"省部共建协同创新中心、教育部首批高等学校科技成果转化和技术转移基地、国家知识产权试点高校。学校积极融入国家战略科技力量体系,联合共建的两家实验室重组进入全国重点实验室行列。目前,学校有国家级平台8个、省部级平台97个,覆盖机械装备制造、金属材料、信息技术、轴承、农业工程、生物医学等优势特色领域,自主创新资源汇聚能力得到显著提升。

3. 整合优势资源,引导高水平成果产出

学校创新科技成果管理模式,注重科技成果培育,提前策划、超前谋划。项目成果瞄准科技发展前沿、国家重大战略需求和行业产业发展,结合学校"一流学科"创建目标,培育高水平研究团队,打造一流创新平台,产出重大基础研究和应用研究成果,持续提升学校科技创新能力和水平。"十三五"以来,河南科技大学承担多项国家重点研发计划、国家自然科学基金等国家级、省部级项目(见表1),获得国家科技进步二等奖4项、何梁何利基金"科学与技术创新奖"1项、全国农牧渔业丰收奖一等奖1项、"全国创新争先奖"1项、省部级成果一等奖50项,彰显了学校的创新能力和核心竞争力。

表1 "十三五"以来河南科技大学承担省部级以上项目情况

单位:项

序号	类别	项目数
1	国家重点研发计划项目	2
2	国家重点研发计划课题	27
3	国家重点研发计划子课题	62
4	国家自然科学基金项目	345
5	国家自然科学基金重点项目	5
6	国家社会科学基金重点项目	4
7	国家社会科学基金项目	40
8	省部级项目	1394

资料来源:根据河南科技大学内部资料整理。

4. 推动深度融合,促进科技成果转化

以科技创新为源头,以促进科技成果产业化为目标,依托学校学科、平

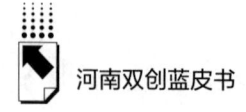

台、人才等优势，一体化推进产学研用深度融合，不断提升科技成果转移转化水平。"十三五"以来，学校与中信重工、中国一拖、中船重工七二五所等上市公司、行业龙头企业和高新技术企业签订成果转化和横向技术合同860个，合同经费近3亿元。

四 问题与反思

在学校学科建设、科技创新取得明显成效的同时，应清醒地认识到，与创建"双一流"、建成具有自身特色的高水平综合性大学的要求相比，与国家战略需求和社会期待相比，学校高质量、内涵式发展水平还需要进一步提升，"双一流"建设高校创建工作还有很长的路要走。

（一）高端人才引育还需加强

高端人才引育工作机制还不完善，以用为本的意识不强，组织化程度不高，人才分类评价机制不健全，引导鼓励科技人才潜心研究和创新的评价体系尚未建立，尊重知识、尊重人才、有利于优秀人才脱颖而出的良好氛围还没有完全形成。针对院士、"长江学者"等高端人才主动邀约不够，"量身定做"式引进少，薪酬、住房、安家费以及科研启动费等方面与"双一流"建设高校和发达地区相比差距较大，吸引力不足，引进的成功率还不高。

（二）高端平台及高层次创新成果仍显不足

以"一流学科"创建为契机，学校加快推进高质量、内涵式发展，材料科学与工程和机械工程两个学科的建设水平有了较大的提升。尽管如此，学校与"世界一流"标准仍有很大的差距，在探索实践的过程中也遇到了一系列新问题和新挑战。学校的"一流学科"创建工作还存在一些不足，突出表现在国家重点实验室及国家科技进步一等奖等高水平代表性成果数量不足，质量还需要进一步提高。

（三）高水平成果转化有待提升

科技成果转化是一项系统工程，专业化人才队伍是促进科技成果高水平转化的重要力量，跨部门、跨领域、跨专业的协同合作也需要专业人员完成和实施。目前，学校尚未建立技术经纪人职称评审、评价制度，专业的技术转移人员不足，大部分成果转化还依赖科研人员一边做技术研发、一边下沉到市场发掘需求，不利于推进科技成果转化。现有科技成果仍以实验室阶段为主，缺乏至关重要的中试环节，导致科技成果转化面临成熟度不够、企业需求把握不精准、转化过程不可持续等问题，制约科技成果的转化。

五　总结与展望

习近平总书记强调，"必须坚持科技是第一生产力、人才是第一资源、创新是第一动力，深入实施科教兴国战略、人才强国战略、创新驱动发展战略"[①]。一体化推进教育、科技、人才战略重大决策部署，为学校科技创新开辟发展新领域、塑造发展新优势指明了前进方向，也为以高水平科技自立自强支撑"双一流"建设高校创建提供了重要遵循。下一步，学校将坚持面向服务国家重大战略需求，面向河南省经济社会发展主战场，坚持创新驱动，锚定"双一流"建设高校创建目标，着力实施创新平台建设、创新主体培育、创新能力提升、创新成果转化和创新体制改革五大科技创新工程，着力构建"大学科、大平台、大项目、大团队、大成果"五位一体科技创新组织新模式，努力形成支撑行业、产业迭代升级和引领区域经济社会高质量发展的科技创新体系，为落实新发展理念、构建新发展格局、服务高质量发展提供科技和人才支撑。

对于河南科技大学来说，创建"双一流"建设高校既不能模仿或者抄

[①] 《高举中国特色社会主义伟大旗帜　为全面建设社会主义现代化国家而团结奋斗》，《人民日报》2022年10月26日，第1版。

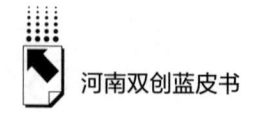

袭其他大学的建设方案，也不能延续自己旧有的经验做法，唯有勤于学习、善于思考、勇于实践，努力探索符合教育规律、适合自身特点的发展模式，寻求"河科大方案"，找到未来发展方向。学校将以党的二十大精神为指引，深刻领悟中国式现代化和中国式高等教育现代化的丰富内涵，深入思考如何将"双一流"建设高校创建工作融入中国式现代化的伟大征程，融入中国式高等教育现代化的伟大事业，持续探索实践高等教育高质量、内涵式发展的新路径新方法，奋力谱写"双一流"建设高校创建新篇章，为以中国式现代化推进中华民族伟大复兴贡献河南科技大学的智慧和力量。

参考文献

熊建蓉：《贵州特色"双一流"：背景、挑战与建设路径探索》，《遵义师范学院学报》2021年第2期。

宿晓慧等：《国家科技计划专利成果归属分析与成果转化研究》，《全球科技经济瞭望》2022年第10期。

李清泉：《地方高校加快创建"双一流"大学的实践与探索》，《中国高等教育》2020年第Z3期。

黄桂田：《紧抓部省合建与对口合作战略机遇，开启山西大学"双一流"建设新征程》，《山西教育》（管理）2019年第1期。

梁北汉：《探索建设高水平大学的新路径——关于深圳筹建南方科技大学的若干思考》，《深圳大学学报》（人文社会科学版）2009年第1期。

王立、万士林：《完善科技创新体系，营造良好创新生态》，《机械科学与技术》2022年第12期。

刘素君：《政策工具视角下"双一流"建设高校科技创新政策体系优化路径研究》，《北京教育》（高教）2023年第1期。

徐吉洪：《"双一流"建设背景下地方高校内涵式发展的动力机制》，《评价与管理》2020年第4期。

张丁、张静园：《高校职务科技成果权属改革难点与对策研究》，《科技管理研究》2023年第1期。

吴寿仁：《赋权与否对职务科技成果转化的影响研究》，《创新科技》2022年第7期。

创新环境篇

Innovation Environment

B.9
河南省科技成果转移转化体系建设的思路与对策研究

李 斌[*]

摘 要： 本文围绕河南省科技成果转移转化体系建设问题，从科技成果转移转化政策体系、平台载体、技术交易规模、带动经济发展等层面，分析了河南省科技成果转移转化体系建设的进展成效，并从体制机制、政策体系、投入机制、成果供给等层面，对新形势下河南省科技成果转移转化体系存在的问题短板进行了分析。在此基础上，对标河南建设国家创新高地的总体目标，从体制机制创新、源头供给提升、要素市场建设、平台载体支撑等角度，提出了河南健全科技成果转移转化体系的总体思路，并从完善顶层设计、健全投入机制、营造良好氛围等角度，提出了加快构建河南省科技成果转移转化体系的对策建议。

---

[*] 李斌，博士，河南省社会科学院副研究员，研究方向为区域经济。

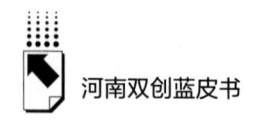

关键词： 科技成果转化　技术要素市场　技术合同交易

畅通科技成果转移转化链条，完善科技成果转移转化体系，是加速科技与经济融合推动高质量发展的必由之路。党的二十大报告明确指出，要加强企业主导的产学研深度融合，强化目标导向，提高科技成果转化和产业化水平。当前，由于河南创新发展中"不平衡、不充分"的问题长期存在，科技成果转移转化面临着体制机制不完善、转化链条不畅通等突出短板，制约着科技创新在现代化河南建设中支撑引领作用的进一步发挥。鉴于此，进一步完善科技成果转移转化体系，推进科技成果从平台到中试到产业化、工程化，形成完整创新链条，加快科技成果从"1"到"N"的应用转化，对支撑河南省建设国家创新高地、全面引领现代化河南建设具有重大意义。

一　河南省科技成果转移转化体系建设的进展成效

（一）科技成果转移转化政策体系逐步完善

近年来，河南省围绕科技成果转移转化体系建设，强化顶层设计和政策支撑，先后出台《河南省技术转移体系建设实施方案》《河南省促进科技成果转化条例》《关于扩大高校和科研院所科研相关自主权的实施意见》《河南省赋予科研人员职务科技成果所有权或长期使用权改革试点实施方案》《河南省支持科技创新发展若干财政政策措施》等系列法规、政策和措施，初步形成了持续有力的科技成果转移转化政策支撑体系。

（二）科技成果转移转化数量质量显著提升

近年来，河南加快推动科技成果转移转化政策落地，多措并举充分激发各类科技成果转化主体的积极性，完善成果转移转化链条，推动全省科技成果转移转化数量和质量实现有效提升。2021年，河南省技术合同共成交1.7

万项，较上年增长50.2%；成交额达到608.89亿元，较上年增长58.4%；平均每项技术合同成交额344.98万元，较上年提高5.43%；技术合同成交额占全省GDP的比重达到1.03%，较上年提高了0.33个百分点，首次超过1%，技术交易在全省经济社会发展中的作用显著增强。① 2022年，河南省技术合同成交额达到1025.3亿元，同比增长68.4%，首次突破1000亿元大关。② 总体来看，科技成果转移转化实现"量质齐升"，为河南完善科技成果转移转化体系探索了经验、奠定了基础。

（三）科技成果转移转化强力支撑经济发展

科技成果转移转化在提升河南省创新驱动能力、优化区域产业结构、增强区域竞争力等方面发挥着愈发重要的支撑作用，随着科技成果转化量质齐升，越来越多的高质量、高水平科技成果在河南落地转化。2021年河南吸纳省外技术合同数8376项、成交额493.17亿元，同比分别增长29.28%、28.60%。在吸纳各类科技成果落地转化的基础上，河南依托各类创新平台加大对科技成果后续试验、开发、转化的支持力度，带动一大批创新创业人才在河南领办企业、直接创业，一批重大科技成果在豫转化落地为河南相关产业实现行业性关键技术突破做出了重大贡献。此外，一大批高水平科技成果为各类企业特别是中小企业的产品研发、质量提升和转型升级提供了强有力的支撑，为河南产业创新发展、经济转型升级提供了强劲的动力。

（四）科技成果转移转化载体平台逐步完善

科技成果转化中试基地和技术转移示范机构是科技成果转移转化的重要平台载体。近年来，河南省高度重视科技成果转移转化载体平台建设。一方面，大力培育技术转移示范机构。截至2021年底，河南省已培育6批省级

---

① 《2021年河南省国民经济和社会发展统计公报》，2022年3月12日。
② 《2022年河南省国民经济和社会发展统计公报》，2023年3月23日。

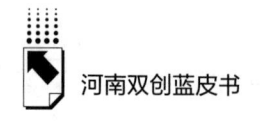

技术转移示范机构共135家，覆盖全省18个省辖市（示范区）。2022年河南省新增省级技术转移示范机构29家，总数达到164家。2021年，共促成技术转移项目2830项，成交额为60.26亿元。另一方面，加快建设科技成果转化中试基地。2021年，首批8家河南省中试基地挂牌，2022年总数达到36家，填补了"从0到1"的断档，助推应用研究"从1到100"的跨越，初步形成了科技创新从研到产的全链条闭环。此外，河南省加快推进新型研发机构建设，2021年，新备案省级新型研发机构26家，总数达到128家。同时，河南省依托科技成果转移转化公共服务平台，构建了高水平技术成果数据库与重大技术需求数据库，搭建科技成果转化供需双方的沟通桥梁，为推动成果转化发挥了积极作用。

二 河南省科技成果转移转化体系建设的突出问题

（一）科技成果转移转化体制机制有待完善

当前，河南省科技成果转移转化体制机制障碍依然较多，例如，在评价导向机制上，国有性质的高校、科研院所过于追求以论文发表作为职称晋升、成果评价、业绩评价的主要条件，这极大弱化或忽视了科技成果的转化应用。在产学研用机制上，产学研用一体化公共服务平台建设滞后，从基础研究到产业化之间存在巨大"中试死亡谷"。在科研管理体制上，科研成果的验收、登记仍更多注重成果的"先进性"，而忽视成果的"成熟度"、"经济性"和"市场性"，导致所供非所需。科技管理方式长期"重物轻人"，科技人员难从成果转化中获益。除这些直接体制机制问题外，技术转移成果有效供给不足、成果信息不对称、成果与市场需求脱节等供需两端失衡现象依然存在；"有形的手"和"无形的手"不协同等问题也同样存在。这些问题的存在，归根结底还是由于科技成果转移转化体制机制障碍未能得到有效清除，因此，深化改革创新，不断完善科技成果转移转化体制机制势在必行。

（二）科技成果转移转化政策体系提升空间巨大

近年来，虽然河南相继出台实施了系列鼓励支持技术转移、科技成果转移转化的法规、政策和措施，但与当前及今后一个时期技术转移的巨大需求相比，还存在显著不足；政策红利未能有效释放，有利于技术转移、科技成果转化的政策体系支撑能力整体尚弱。究其原因，首先，一些政策过于原则化和偏宏观，缺少具体的实施细则和落实单位，造成可操作性较差，存在"梗阻"现象，影响了政策的落地实施。其次，一些政策出台和落实的部门间沟通协调不够，个别部门执行政策时甚至存在一定的随意性，未能有效形成合力，影响了政策执行的效果。再次，一些政策存在"碎片化""交叉重叠"等现象，造成政策落地时存在不同的责任单位和实施主体，使得政策落地实施困难、政策红利无法释放。最后，受现有若干体制机制的制约影响，容错纠错性政策不足，造成责任单位和实施主体畏首畏尾，不敢、不愿尝试"先行先试"政策，进而导致好的政策不能有效落地和更好发挥作用。

（三）支撑科技成果转移转化的多元化投入机制有待健全

当前，河南尚未形成多元化的科技成果转移转化投入机制，究其原因，涵盖诸多方面。譬如，财政资金支持强度不够，财政引导资金力度偏弱。虽然河南自2017年起对技术转移示范机构实施了奖补政策，但相对于北京、上海等发达省市设立的专项用于技术转移示范机构、技术合同登记点、技术职业经理人、吸纳方及输出方的全方位奖补，河南无论是范围还是力度都还相差甚远，这造成科技成果转移转化主体和从业人员积极性不高。财政资金引导社会资金的作用未得到充分发挥，导致不少重点技术转移、成果转化项目中断、停滞，高校、科研机构科技研发与成果转移转化的动力不足，企业主体购买科技成果的积极性未得到有效提升。再如，科技成果转移转化投入具有较高风险，有针对性的投融资环境不完善，金融工具形式比较单一，补偿和激励机制不健全，吸引天使投资的力度不大等因素，都显著导致资金短缺，长期成为技术转移、科技成果转化的"拦路虎"。

（四）科技成果供给量不足，转化总量相对较小

当前，河南科技成果供给量整体相对较少、转化总量偏小。一方面，河南的教育、科技等创新资源不足，知名高校和国家高水平科研院所相对缺乏，组织开展高水平科研的能力有限，造成可供转化的科技成果总量不足、实施转化的总量偏小。同时，技术交易登记额偏小，近年来河南省技术合同认定登记额虽然实现同比大幅增长，但与国内先进省份差距仍然较大。另一方面，现有高校、科研机构成果转化率依然偏低。受科技成果转化相关政策落实不到位，自身促进科技成果转移转化政策不健全，技术转移、成果转化复合型人才缺乏、科技成果与市场需求脱节等诸多因素综合影响，河南高校、科研院所技术转移、成果转化率整体偏低。另外，区域技术转移、成果转化仍不平衡，河南技术交易的成交项数、技术合同成交额还更多集中在郑州、洛阳两市。

三 河南省科技成果转移转化体系建设的总体思路

以加速科技与经济深度融合发展为导向，以深化科技成果转移转化体制机制改革为动力，以优化科技成果转移转化平台载体为抓手，以拓展科技成果转移转化应用场景为重点，以提升科技成果转移转化要素承载能力为保障，深入实施"体制机制创新、源头供给提升、要素市场建设、重大项目示范、平台载体支撑"五大工程，着力强化科技创新"最前一公里"应用价值导向，精准突破科技成果转移转化"最后一公里"的制约，探索具有河南特色的科技成果转移转化新机制、新模式、新路径，形成一批可复制推广的示范经验和改革成果，为服务国家重大战略、全面建设现代化河南提供高质量高水平科技支撑。

（一）实施科技成果转移转化体制机制创新工程

围绕科技成果转移转化体制机制堵点，聚焦科技成果评价、科技成果赋权改革等重点领域，实施科技成果转移转化体制机制创新工程，以体制机制创新为引领，充分释放各类成果转移转化主体活力，激发科技成果转移转化动力。一方面，加速推进科技成果评价改革，完善科技成果评价激励机制，结合河南科技成果转移转化过程中面临的突出问题，在体制机制设计上，探索将科技成果转移转化绩效作为核心指标之一纳入高校、科研院所绩效评价指标体系，同时选择在郑州大学、河南省科学院等单位开展改革试点，总结相关经验，适时在全省推广，激发科研人员科技成果转移转化活力。另一方面，深化职务科技成果赋权改革，持续推进赋予科研人员职务科技成果所有权或长期使用权改革试点工作，在总结现有试点单位相关经验的基础上，逐步扩大试点范围；建立健全职务科技成果赋权管理及服务体系，完善赋权改革决策机制和配套管理办法，优化赋权转化工作流程，健全收益分配机制，建立风险防范监督制度和赋权成果负面清单制度，将嵩山实验室、神农种业实验室、黄河实验室及省科学院等单位纳入赋权改革试点。此外，加快建立健全宽容免责机制，鼓励高校、科研院所、国有企业建立成果评价与转化行为负面清单，制定勤勉尽责的规范和细则，激发各类创新主体开展科技成果转移转化的活力动力。

（二）实施科技成果源头供给能力提升工程

针对科技成果供给不足、转化总量相对较小的突出问题，聚焦基础原创性成果突破和关键核心技术攻关，实施科技成果源头供给能力提升工程，夯实科技成果转移转化体系的成果供给基础。一方面，着力推进基础研究重大原创性成果突破，发挥省实验室等高能级创新平台作用，瞄准关键科学问题和前沿技术问题，支持开展长周期、高风险的原创性研究，鼓励跨领域、跨学科交叉研究，力争取得一批从"0到1"的重大科技成果突破。建立基础研究长期稳定支持和竞争性支持相协调的投入机制，强化区域创新发展联合基金和省自然科学基金对基础研究、应用基础研究的支持。实行基础研究长周期评价，建立与基础研究相适应的评审资助和激励机制。另一方面，着力加强产业关键核心技术攻关，在优势产业重点领域，针对应用型关键共性技

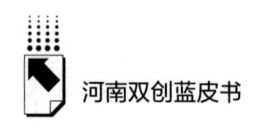

术、"卡脖子"技术、世界前沿技术需求进行清单式排查梳理，凝练一批重大课题，实施一批重大创新项目，攻克一批关键核心技术，精准推动重点产业补链延链强链。推行"揭榜挂帅""赛马"等制度，由企业出题、政府立题、高校和科研院所解题，加快构建龙头企业牵头、高校和科研院所支撑、各创新主体相互协同的创新联合体，推进重大项目协同和研发活动一体化，发展高效强大的共性技术供给体系。

（三）实施技术要素市场建设工程

加快建设河南省技术交易市场，坚持政府主导、市场化运营，采取稳定支持和竞争性支持相结合的方式，以国家技术转移郑州中心为龙头，依托现有权益类交易场所，通过市场化专业化运作模式，建立健全全省统一的技术交易市场，逐步发展成为特色鲜明、影响力大、辐射面广的枢纽型技术交易市场，建成全国技术交易网络重要节点。支持郑州、洛阳、新乡等地科技大市场发展，形成以河南技术交易市场为核心，打造省、市、重点机构三级技术交易市场体系，形成各技术交易市场互联互通、线上线下相融合的全省技术交易服务网络，为供需双方提供多渠道、全要素对接服务。发挥国家知识产权交易运营（郑州）试点平台作用，为知识产权和科技成果产权交易提供全流程服务。鼓励高校、科研院所、企业通过平台开展挂牌交易，推动科技成果入场交易。优化专利奖励政策，激发各类主体知识产权创造的积极性和主动性，鼓励企事业单位培育发明专利、PCT专利等高价值知识产权，培育一批知识产权优势企业。强化重点产业专利导航与知识产权质押融资服务。研究制定专利转化扶持政策，加快高价值专利转化步伐。

（四）实施科技成果转移转化平台载体支撑工程

以激发各类创新平台活力动力、强化企业创新主体地位为导向，着力强化各类平台载体对科技成果转移转化的支撑作用，释放科技成果转移转化体系整体效能。一方面，着力推动重大创新平台建设，加快建设国家重点实验室以及嵩山、神农种业、黄河等省实验室，力争在种业、信息技术等领域创建国家实验室或分支（基地），培育建设一批符合产业创新重大需求、具有国内国际影响力和竞争力的省技术创新中心和新型研发机构，构建产业技术创新战略联盟，打造全省科技创新策源地。同时，聚焦重点产业，高质量建设示范作用大、辐射带动强的中试基地，加快推动创新成果中试熟化与产业化，实现重点产业集群全覆盖。另一方面，加强科创载体体系建设，统筹科技资源开展科技成果转移转化示范县（市、区）建设；提质发展郑洛新国家自创区，争创郑洛新国家科技成果转移转化示范区；研究制定国家技术转移郑州中心入驻机构标准条件及支持政策，推进国家技术转移郑州中心高效运营；持续建设专业化技术转移示范机构，新建省级技术转移示范机构，遴选培育高质量、业务强、规范化的典型技术转移机构，发挥引领带动作用；探索备案一批专业化科技成果评价机构，推动河南科技成果评价行业规范发展。

（五）实施重大科技成果转移转化示范工程

聚焦装备制造、新材料、电子信息等产业链关键节点重大科技成果转移转化以及农业绿色发展技术、黄河安澜生态安全技术的落地应用。一方面，按照"概念催化—培育孵化—中试熟化—产业转化"科技成果产业化规律，开展"科技创新+场景应用"示范，加快建设一批概念验证中心、推广中心，常态化开展场景挖掘、策划、发布、对接等工作，支持龙头企业为关键核心技术提供早期应用场景和适用环境。另一方面，发挥神农种业实验室、龙门实验室、嵩山实验室、中原关键金属实验室、黄河实验室等载体平台带动作用，采用政府引导、多方参与、滚动支持的方式，推动重大科技成果转移转化示范项目落地，催生一批附加值高、产业带动性强、经济社会效益显著的战略新产品，着力打造世界领先的绿色农业科技成果转移转化科创高地、全国重要的装备制造科技成果转移转化基地、全国重要的新材料科技成果转移转化高地、有鲜明特色的电子信息科技成果转移转化高地、黄河安澜与绿色发展科技成果转移转化示范高地。

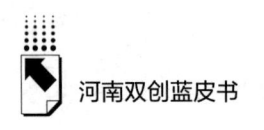

四 加快构建河南省科技成果转移转化体系的对策建议

（一）着力完善成果转移转化顶层设计

加强顶层设计和整体部署，明确科技成果转移转化体系建设重点任务时间表、路线图，分阶段、有计划、有步骤推进科技成果转移转化体系建设。建立科技成果转移转化体系建设评价指标体系，将技术合同成交额、成果转移转化平台载体、重大成果落地转化等重点指标纳入区域高质量发展综合绩效考核指标体系，充分激发科技成果转移转化原动力。认真贯彻落实现有成果转移转化系列法规政策，完善创业投资监管体制和发展政策，全面落实高新技术企业税收优惠、研发费用加计扣除、技术转移奖补等政策。建立监测、督办和评估机制，完善科技成果转移转化统计报告制度和考核评价制度，对已出台的科技成果转移转化重大改革和政策措施进行及时跟踪、检查及评估，对科技成果转移转化主要指标开展动态监测和考核评价，掌握目标任务完成情况，及时发现和解决问题。

（二）着力完善多元化成果转移转化投入机制

进一步完善财政税收支持政策，发挥政府资金引导作用，加大对科技成果转移转化和创新创业人才的支持力度；支持金融机构设立专业化科技金融分支机构，对在豫落地的科技成果转移转化项目和创新创业人才给予贷款或投资支持；鼓励金融机构开发与中小微企业需求相匹配的信用产品；完善知识产权融资机制，扩大知识产权质押融资规模；进一步发挥河南省科技创新风险投资基金、郑洛新国家自创区科技成果转化引导基金、郑洛新国家自创区创新创业发展基金和河南省重点产业知识产权运营基金对科技成果转移转化的金融支撑作用。发挥财政资金撬动作用，引导社会加大对科技成果转移转化的投入力度。健全科技创业投资机制，鼓励县（市、区）设立科技成果转移转化基金。支持商业银行等金融机构在豫设立专业化科技金融分支机构，为科技型企业开发"科技研发贷""科技成果转化贷""人才贷""信用贷""专利质押贷"等信贷产品。建立科技贷款、知识产权质押融资风险补偿资金池，对合作银行、合作担保机构按规定给予不良贷款风险补偿。

（三）着力加快科技成果转移转化人才队伍建设

制定技术转移专业人才队伍建设规范，发挥国家技术转移人才培养基地作用，培育技术经纪人、技术经理人以及技术合同登记人员等专兼职成果转化、技术转移人才队伍，通过政府引导，实现高校、科研机构成果转化专兼职人员培训全覆盖；坚持市场主导，着重培养技术转移示范机构及科技型企业专兼职成果转化、技术转移人才队伍；通过柔性用才、项目引才，整合省级重大人才项目，加大对高层次技术转移转化人才的引进和培育力度，探索将技术转移专业人才纳入省高层次人才建设体系。遴选若干高校设置科技成果转移转化相关专业，开展学历教育试点。鼓励高校开设相关选修课程和举行中短期培训，加快科技成果转移转化高素质复合型人才培养。支持高校、科研院所设立成果转化岗位，主持完成科技成果转化、直接转化收益达到相应规定要求的，可以不受学历、专业技术职务任职年限等限制，直接申报评审高级职称。

（四）着力发挥技术转移示范机构效能

着力提升技术转移示范机构专业化功能，支持高校、科研院所和科技型企业设立集技术转移、知识产权管理、种子资金等于一体的专门化内部技术转移机构，培育融合技术交易、科创基金、科技资源的市场主体，跟进、承接、推动科技成果产业化。遴选一批高校、科研院所作为试点单位，组建市场化成果转移转化公司，探索"高校院所+转化公司+科创基金+创业辅导"科技成果转移转化新模式，可在转化净收入单位留成部分中提取一定比例的经费，用于机构能力建设和对在科技成果转移转化中做出突出贡献人员的奖励，按规定纳入本单位绩效工资总量管理。推动专业化技术转移示范机构向

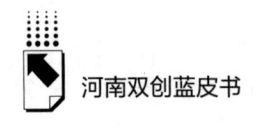

科技成果评估、科技金融投资、知识产权保护、科技成果宣传等一体化综合性科技服务机构发展。

（五）着力营造科技成果转移转化良好氛围

加强科技成果转移转化社会氛围营造，及时总结科技成果转移转化成效及典型案例，大力宣传推广典型经验，通过各级各类新闻媒体，加大对科技成果转移转化创新模式、先行先试政策实效等的宣传力度，及时示范推广可复制、可推广的经验模式，充分发挥典型案例的辐射带动效应。优化有利于科技成果转移转化的营商环境，引导全社会关心和支持科技成果转移转化，对在科技成果转移转化方面做出突出贡献的单位和个人进行表彰，增强对技术转移人才的价值认同感，营造有利于科技成果转移转化的浓厚氛围，促进全省科技成果转移转化体系更好更快发展。

参考文献

李斌：《河南省开放式创新体系效率评价与路径优化研究》，《中共郑州市委党校学报》2022年第4期。

苏玉峰：《河南省金融支持科技成果转化问题研究》，《河南教育学院学报》（哲学社会科学版）2022年第1期。

张浩等：《河南省科技成果转化效益评价问题及对策研究》，《河南科技》2022年第13期。

马军国等：《河南省技术转移专业人才队伍建设研究》，《河南科技》2021年第30期。

B.10 河南建设农业强省的创新支撑体系研究

陈明星*

摘　要： 农业强省建设是确保高质量建设现代化河南、确保高水平实现现代化河南的必然选择，作为农业大省、农村人口大省，要在加快建设农业强国中干在实处、走在前列，必须强化农业强省建设的创新支撑，突出问题导向、需求导向、绿色发展导向、高质量发展导向，固根本、补短板、强弱项、扬优势、挖潜力，全链条提升乡村特色产业发展能级，全要素提升宜居宜业和美乡村建设水平，全主体提升现代科技素质和能力。

关键词： 农业强省　创新支撑　成果转化

一　河南强化农业农村发展创新支撑的做法与成效

近年来，河南大力实施创新驱动、科教兴省、人才强省战略和乡村振兴战略，不断强化农业农村发展创新支撑，农业农村科技整体水平大幅提高，为扎实推进农业强省建设奠定了坚实基础。

（一）强化科技创新，多个领域实现"领跑"

经过持续积累和努力，近年来，全省农业科技整体水平大幅提高，粮食安全科技创新能力明显增强，农业核心技术取得新突破，农业农村科技创新

---

* 陈明星，河南省社会科学院农村发展研究所所长、研究员，研究方向为农业经济与农村发展。

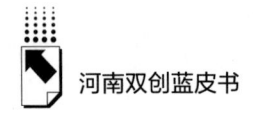

能力显著增强，并在多个领域实现"领跑"。主要科技创新指标跻身全国前列，农业科技进步贡献率持续高于全国平均水平，稳居第一方阵。2021年全省农业科技进步贡献率达64.1%，比全国平均水平高2.6个百分点，预计2022年达到64.9%。全省主要农作物良种覆盖率超过97%，耕种收综合机械化率达86.3%，秸秆综合利用率达90%以上，畜禽粪污综合利用率达到82%，均高于全国平均水平。小麦、玉米、花生、芝麻、棉花、水果等主要农作物遗传育种一直保持全国领先地位，夏南牛、黄淮肉羊、豫粉1号家禽等畜禽育种成效显著，鲤鱼等渔业育种也实现了新突破。"郑麦9023""矮抗58""郑麦366"先后成为全国种植面积最大的小麦品种，"郑单958"连续10多年成为推广面积全国第1的玉米品种，"豫花""远杂"系列花生品种覆盖全国12%、河南55%的种植面积。据统计，2000年以来，河南农业领域主持完成项目获得国家三大科技奖励的有51项，其中获得国家科技进步一等奖4项，占全省一等奖总数的80%。在省级层面，农业领域的科学技术奖、杰出贡献奖数量分别占同期总数的20%、50%，全省农业科技创新能力持续提升。

（二）强化创新应用，农机装备产业发展迅速

作为全国粮食生产大省、畜牧业大省，河南也是农机生产和使用大省。根据农业农村部数据，2021年，河南农机总动力达到1.065亿千瓦，农作物耕种收综合机械化率达到86.3%，全省经农业农村部认定率先基本实现主要农作物生产全程机械化示范县（市、区）80个。截至2021年，河南有规模以上农机装备企业200余家，产业规模近600亿元，仅次于山东，位居全国第2。其中，大中型拖拉机产量居全国第2位，收获机械产量居全国第3位。同时，全省已形成大中型拖拉机及零部件、配套机具、联合收获机等具有特色的农机产业集群，洛阳成为我国拖拉机和收获机械两大重点产品及农机零部件的研发、制造基地，郑州、许昌、开封、新乡、南阳、驻马店也已初步形成各具特色的农机装备产业集群。此外，全省农机产品出口量也不断增长，主要出口产品包括成套的农业装备解决方

案，产品包含大中马力拖拉机、农机具、拖车、发电机组等，销往亚洲、欧洲、美洲和大洋洲等的主要国家和地区。

（三）强化平台建设，推动科技型产业集聚发展

河南重视农业科技平台建设，不断夯实农业科技创新平台基础，全省现有河南农业大学省部共建小麦玉米作物学、河南大学作物逆境适应与改良、中棉所棉花生物学、洛阳一拖拖拉机动力系统4个国家重点实验室，河南农业大学小麦、洛阳普莱柯兽用药品、开封茂盛粮食加工装备3个国家工程技术研究中心。作为国家制造业创新中心的国家农机装备创新中心，洛阳普莱柯、河南农业大学2家P3实验室获批建设，农业农村部在河南布局61家重点实验室、农业综合试验基地、科学观测实验站，打造漯河市食品研究院食品加工、中大恒源生物发酵与植物提取等中试基地和速冻调理食品创新联合体等平台。2021年以来，高水平建设了神农种业、龙湖现代免疫、中原食品3个省实验室，国家生物育种中心加快建设；2022年9月，周口国家农业高新技术产业示范区（以下简称"周口农高区"）揭牌；规划占地1476平方公里的"中原农谷"，聚力打造"四大中心、两个示范区"，定位建成全省农业科技创新的"航母"集群。

（四）强化人才支撑，农业科技服务体系不断完善

全省农业科技创新人才力量日趋雄厚，据不完全统计，截至2022年，全省中央驻豫、省级、市级农业科研院所24个、科研人员5600多人，省属高校农业教育科研人员2200多人，拥有3位中国工程院院士、3位国家杰出青年、2位长江学者、25位中原学者、93位省科技创新杰出青年、6位中原创新领军人才、148个省科技创新团队，涌现一批国内外农业科技知名领军人才，培育出一批优秀的农民科学家，引进一批高端人才，科技创新骨干力量不断壮大。同时，农业科技服务支撑力日益增强，全省建设"16+1"现代农业产业技术体系，围绕粮、油、菜、果、药、畜牧优势和主导产业，协同开展全产业链共性、关键技术的研究、集成、试验和示范，建立了"体

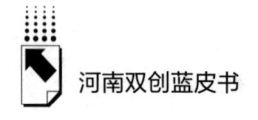

系+基地+企业+农民"的研发和示范推广机制，取得了一大批既"顶天"又"立地"的技术创新和转化应用成果。大力实施农技推广效能提升行动，2012年以来轮训基层农技人员10万余人次，推动全省农业县普遍建立了"专家+技术指导员+示范基地+科技示范主体+辐射带动户"的技术推广服务机制，农业主推技术到位率保持在95%以上，全省农业科技服务效能持续提升。

（五）强化技能培训，积极培育涉农人力资源品牌

河南是农村劳动力资源大省，强化技能培训、提高农村劳动力素质，是强化农业农村创新支撑的重要途径。2022年，河南围绕"人人持证、技能河南"建设，着力打造"河南码农""河南护工""豫农技工""河南建工""河南织女""物流豫工""河南跑男""豫菜师傅""豫匠工坊""河南电商"10个省级人力资源品牌。2022年，整合资源统筹开展种养大户、农副产品加工、农村电商、乡村工匠、转移就业劳动力等各类涉农技能培训，共培训122.4万人次，新增技能人才52.1万人；大力培育高素质农民，强化农业农村、人社、乡村振兴、教育四部门协同，依托高素质农民培育计划、农村劳动力技能就业计划、雨露计划、农民学历教育培养试点等项目，合力培育高素质农民24.3万人，培训、培养种养加销能手、新型农业经营服务主体带头人、农业经理人、农村创新创业者、乡村治理及社会事业发展带头人等9.95万人，持续打造推动产业发展、带动增收致富的"头雁"队伍，不断壮大乡村振兴的"雁阵"；完善农业技能评价体系，制定全省第一批农业生产技能评价规范，包含农艺工、园艺工等8个大类，涵盖了小麦、苹果、生猪等21个优势产业。

（六）强化数字赋能，新业态新模式风起云涌

一是深入推进信息基础设施建设，落实县域城乡信息通信网络建设一体化行动方案，2021~2022年，河南累计完成农村地区网络投入143亿元，实现乡镇以上和农村热点区域5G网络和千兆光网全覆盖，行政村5G通达率

达到83%，基本满足农业农村数字化应用场景需求，农村5G用户达到1808.2万户；持续开展宽带网络提速提质，推动城市农村"同网同速"，农村移动电话用户达到4706万户、固定宽带用户达到1620万户，100M以上固定宽带用户占比达到99%，占比居全国第1位。二是深入推进"5G+智慧农业"推广工程，加快推进151个农业农村数字化应用项目实施，主要涉及智慧农业、农村教育、农村医疗、乡村治理和应急管理等应用领域。2022年，洛宁县马店镇关庙村"5G+智慧果园"建设项目获得全国5G应用大赛一等奖；聚焦高标准农田建设，积极打造5G+智慧农业标杆项目，促进农业增效农民增收，如尉氏县5G+智慧农业高标准农田项目，覆盖耕地面积1万亩，信息化投入535万元，年节水50万立方米，小麦亩均产量增加180斤，玉米亩均产量增加220斤，亩均粮食产量增加约400斤，1万亩高标准农田每年可持续新增直接经济效益约800万元。三是深入实施农村网络信息惠民工程，扎实推进网络精准降费，面向农村脱贫户、残疾人、老年人等特殊群体，持续开展通信服务资费优惠，截至2022年底，累计惠及用户176.5万人，让利金额6.27亿元；全省累计创建省级数字乡村示范县40个，积极推动数字乡村"一村九园"（数字村庄、数字田园、数字果园、数字菜园、数字茶园、数字菌园、数字药园、数字花园、数字牧场、数字渔场）项目实施，大力发展农村电商，让更多农副产品多维触网，跃上云端；推进"互联网+智慧党建"、智慧大喇叭、数字乡村网格化管理平台、平安乡村等项目建设，打造"数字乡村一张网"，以数字化赋能乡村治理。四是深入开展数字场景应用和业态创新。全省开展连锁经营的177家县域商贸流通企业中，已有61家完成了数字化改造，兼具线上线下经营能力，全省县、乡、村三级商贸物流基础设施网络基本形成；持续发展农村电商和电商直播带货，打造了188个淘宝村和121个淘宝镇，持续开展农村电商人才培训，共培训农村电商人才9.4万余人次，并将直播电商、网红带货等新业态新模式与区域特色产业、精准帮扶、县域经济等进一步创新融合，培育一批农村本土电商主播，利用抖音、快手等平台，促进市民"下乡"、农民消费和产销对接。

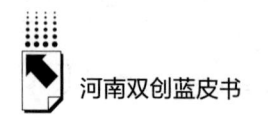

二 农业强省建设对创新支撑的形势分析

（一）农业强省建设对创新支撑的新要求

目前，浙江、山东等省明确提出建设"农业科技强省"的目标，结合农业强国的内涵和相关地方的实践探索，农业强省建设对创新支撑的要求重点体现在以下四个方面。一是要素保障能力强，主要是为粮食和重要农产品有效供给、宜居宜业和美乡村建设等方面提供科技支撑，如种业、农机装备、农作物灾害防控、畜禽疫病防控、绿色建筑、数字乡村等；二是资源集约节约能力强，如健康养殖、投入品减量、面源污染控制、农业废弃物资源化利用等；三是粮食和食品安全保障能力强，如农业信息化、农产品质量安全；四是产业转型能力强，如农产品加工、智能加工装备、产业融合、数字乡村建设等。

为此，结合河南农业强省建设实际，强化农业强省建设的创新支撑要突出四个导向。一是突出问题导向，强化农业科技创新、成果转化和推广服务三大核心能力建设，强化对宜居宜业和美乡村和数字乡村建设的创新支撑；二是突出需求导向，特别是聚焦产业发展需求，大力调整科研方向和任务，进一步优化学科布局、补齐学科短板，加强生物育种、健康养殖、农产品精深加工、农产品质量安全、农业智能装备和智慧农业等领域创新；三是突出绿色发展导向，聚焦"双碳"目标，推广绿色生产方式，在面源污染控制、农业废弃物资源化利用等领域突破一批关键共性技术，助推农业农村绿色发展；四是突出高质量发展导向，围绕农业产业转型升级和提质增效的目标，遴选和组装集成高效生产技术，带动先进适用科技成果的推广应用，促进高效种养业和绿色食品业发展。

（二）农业强省建设创新支撑的主要短板

尽管经过多年努力，河南农业农村创新支撑不断强化，但较之农业强省建设的需求，当前还面临一些亟待补齐的突出短板。一是创新主体作用亟待提升。创新型企业数量较少，研发能力不强，大部分农业企业还没有成为技术创新主体，大中型农业企业研发经费投入强度普遍不高，仅有少数农业高新技术企业研发投入强度超过3%；广大中小农业企业技术获取方式为技术购买，而非自主开发或与高校、科研院所合作开发；除了极少数产业化龙头企业或高新技术企业设有研发机构，大部分农业企业没有设立研发机构或工程技术中心等。二是创新与产业融合亟待深化。农业科技创新资源分布还不够平衡，集中在种植业的多，畜牧、渔业等研究领域则相对偏少；种业在核心技术原创性方面还有较多不足，生物育种技术应用还处于起步阶段，分子标记辅助育种、基因编辑等应用不够，小麦、玉米、大豆等作物特殊抗性品种选育还有一些关键性难题待突破，工厂化栽培的双孢蘑菇菌种、白羽肉鸡等品种技术"卡脖子"问题突出；农机装备方面，园艺生产机械、养殖业机械、粮食烘干机械、丘陵山区机械等研发生产能力相对较弱。三是创新平台亟待壮大。全省涉农类重点实验室、实验基地等高层次人才创新创业平台少，国家级科研平台数量仅为先进省份的两三成，且隶属于不同行业主管部门，存在协同不足、共享不够的问题，低成本、便利化、全要素、开放式众创空间等大众创新创业平台少，对创新创业型人才承载、吸纳能力弱。四是创新应用亟待拓展。促进农业科技成果转移转化的机制尚不完善，农业技术推广应用的"最后一公里"还没有打通，现有农业科技推广服务体系发展滞后，乡村原有的农资农技农机服务行政色彩浓厚，缺乏科学合理的考核评价制度，且活动经费不足、人员队伍素质参差不齐，市场化的农业科技推广机构自身服务缺乏特色，利润率不高，不能满足农户科技服务需求。五是数字乡村建设亟待提速。受制于经费投入、人才、技术等瓶颈，数字乡村建设总体相对滞后，特别是与乡村产业发展、乡村治理等有机融合的应用场景开发还不够。

（三）农业强省建设创新支撑的主要潜力

一是农业基础坚实，需求广阔。一方面，作为农业大省，河南大宗作物

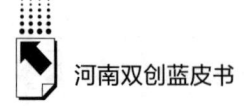

生产和优势特色农业生产规模大、在全国占比高,稳产增产、提质增效任务繁重,延伸产业链、提升价值链、打造供应链的空间巨大,为农业科技创新提供了无限的需求空间。另一方面,重要种源、智能农机装备等关键技术领域,以及科技成果转化应用等方面存在的短板和不足,既是差距之所在,也是潜力之所在。二是创新主体活力迸发。在举国上下高度重视创新驱动的背景下,培育创新型企业、强化企业创新主体地位,提升高校科研水平,增强科研院所创新能力,将极大激发各类创新主体活力,形成强大的农业农村创新发展推动力量。同时,农民是农业科技应用的主体,培育高素质农民、提高农民组织化程度,推动小农户与现代农业有机衔接,是发展现代农业的重要支撑和保障。高素质农民培育计划、农村实用人才培养计划等实施成效显著,农民合作社等农业社会化服务组织不断发展壮大,土地托管等适度规模经营面积不断扩大,将有力促进农业从业者整体科技应用水平的不断提升。三是政策推动持续强劲。河南将实施创新驱动、科教兴省、人才强省战略作为锚定"两个确保"的"十大战略"之首,在农业农村优先发展的总方针下,将农业科技创新作为重点部署、支持的领域之一,举全省之力打造"中原农谷",密集建设一批高能级创新平台,加大种业振兴等的投入力度,打出系列"组合拳",必将为强化农业强省建设的创新支撑提供不竭动力。

（四）强化农业强省建设创新支撑的主要趋势

一是全链条提升乡村特色产业发展能级。创新与产业耦合度不断提高,围绕产业链部署创新链,围绕创新链布局产业链。一方面,在基础理论、底层技术研究上取得更多新突破,支撑更多领域实现"从0到1"的原创性突破创新;在前沿新兴交叉融合技术领域取得一批重大成果,形成核心种源、疫病防控、农机装备、农产品加工等领域一批具有自主知识产权的核心技术产品。另一方面,符合科技创新规律和市场经济规律的科技成果转移转化机制不断健全完善,产学研深度融合,围绕粮食、优势特色农业、食品产业、绿色发展、数字乡村等,推动科技成果加速、有效转化为现实生产力。现代农业产业技术体系、公益性农技推广体系、农业社会化服务体系作用充分发挥，为农业生产经营主体提供更为精准、便捷、高效的科技服务。二是全要素提升宜居宜业和美乡村建设水平。立足农业大省地位和承担保障国家粮食安全的重任，以及在种业领域的科研基础条件和学科优势，主动对接、深度嵌入国家战略农业科技力量体系，"中原农谷"、国家生物育种中心、周口国家农高区等农业科技创新平台和载体作用充分发挥。立足乡村建设需要，数字乡村建设提速，并在乡村特色产业发展度、基础设施完备度、公共服务便利度、人居环境舒适度上不断赋能增效。三是全主体提升现代科技素质和能力。企业创新主体地位不断强化，以种业企业为重点，支持企业加大科研投入力度，提高创新能力，提升核心竞争力。涉农高校、科研院所科技创新主力军作用充分彰显，承担关键核心技术攻关任务，加强基础性、原创性研究。科技管理改革的深化，推动科技资源统筹、创新力量整合，更加有效开展协同科研攻关。农民由身份向职业加快转变，越来越多的青年人、高层次人才投身乡村，农业从业者特别是新型经营主体呈现年轻化、知识化趋势，在经营理念、科技含量、管理水平、效益规模上不断提升。随着土地流转、托管等适度规模经营的发展，小农户组织化程度进一步提升，有效对接大市场，融入现代农业发展。

三 完善农业强省建设创新支撑体系的对策建议

（一）完善全链条创新支撑体系

着力打造现代种业强省，深入推进种质资源保护利用、种业创新平台建设、种业创新攻关、种业企业扶优、良种繁育能力提升和种业市场净化六大行动。加强农业关键核心技术和共性技术需求攻关，围绕重点领域关键核心技术开展联合攻关，努力实现基础理论、原始创新的新突破，取得一批重大科技成果，形成一批核心技术和产品。加强省级现代农业产业技术体系建设，实现对大宗、优势、特色产业的全覆盖，围绕关键、共性、"卡脖子"技术开展协同攻关和推广应用，加快科技成果转化，精准有效服务产业发展

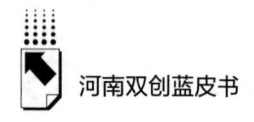

需求。提升智能农机装备整机水平，开展大型智能农业机械的攻关研制和工程化应用，提升关键零部件国产化水平，突破核心零部件关键技术，解决"卡脖子"难题，实现产业链自主可控。持续实施农村网络信息惠民工程，围绕新技术推广、电商销售、新媒体应用等方面，加强农民数字素养与技能培训，进一步提高民生服务保障水平。构建线上线下相结合的乡村数字惠民便民服务体系，推进"互联网+"政务服务向农村基层延伸。持续推进"互联网+智慧党建"、数字乡村网格化管理平台、平安乡村、雪亮工程、乡村大喇叭等项目建设，打造"数字乡村一张网"，以数字化赋能乡村治理，进一步提升社会管理和应急处置水平。

（二）完善创新平台支持体系

持续优化农业科技创新平台体系，积极争取国家级和省部级重点实验室、工程技术研究中心、产业创新中心、中试基地、产业研究院、企业技术中心等落地建设。加强农业农村领域国家和部委重点实验室、国家工程技术研究中心、现代农业产业园、科技园、创业园等创新平台项目争取和建设，尤其是充分利用中原农谷、国家智能农机装备创新中心、周口国家农高区等平台，加大整合力度，融入全产业链和互联网思维，构建产业互联网平台，推动基础研究、品种培育、农机装备、推广种植、产品加工、物流配送、产品研发与销售、金融保险等全产业链资源要素由协同、合作走向融合，支撑引领农业产业发展。建设一批高质量的农机装备试验检测平台，建立大型农机装备共性检测、作业质量监测、在线故障预警系统，推动智能电液控制系统试验研究及检测平台、关键零部件试验检测平台建设。完善现有现代农业技术体系，打造围绕产业全链条的技术创新与服务团队。

（三）完善创新主体支持体系

培育壮大农业科技创新主体，提升涉农院校科研水平，鼓励涉农院校优化学科布局、学院布局和专业设置，开展农业领域基础研究和前沿技术、"卡脖子"技术研究。增强涉农科研院所创新能力，支持涉农科研院所围绕乡村振兴战略和粮食生产核心区建设，选育更多农作物优良品种，破解农产品精深加工技术制约，提高农业附加值，充分发挥农业科技创新策源地作用。强化企业创新主体作用，支持有条件的创新型、引领型农业企业加大基础研究和应用基础研究投入力度，探索设立企业联合研发基金，组建创新联合体，开展关键核心技术研发和产业化应用，提升产业创新能力和核心竞争力。集聚一流农业科技创新团队，加强对高层次创新人才和高水平创新团队的长期稳定支持，积极引进领军人才和创新团队，大力培养科技创新人才。

（四）完善创新转化及服务体系

加快农业科技成果转移转化，进一步完善农业科技成果评价制度，健全科技成果分类评价体系，推进省级农业科技计划项目成果评价改革。探索建立赋予科研人员职务科技成果所有权或长期使用权的机制和模式，落实相关法律法规和政策措施，完善相关制度，进一步激发科研人员创新积极性，促进科技成果转移转化。增强农业科技服务支撑能力，完善农业科技推广体系，健全省、市、县、乡公益性农技推广服务网络，打造县域农技推广服务团队，培育农业科技示范主体，塑造现代农业科技展示基地，分级轮训基层农技人员，提升农技推广服务效能，加强现代农业科技推广应用和技术培训，推动科技成果转化落地。加强农民技能培训，持续开展高素质农民和农村实用人才培养，突出抓好家庭农场经营者、农民合作社带头人培育，大规模开展面向新生代农民工等人员的持证培训，提高农业转移人口劳动技能素质。发挥新型农业经营主体对小农户的带动作用，健全农业专业化社会化服务体系，构建支持和服务小农户发展的政策体系，实现小农户和现代农业发展有机衔接。强化农村创新创业能力建设，继续完善科技成果转化政策，引导科技人员下乡创新创业，加速农业科技创新和成果转化，引导科技投入向生产一线倾斜，鼓励支持在乡、回乡农民开展"双创"活动，激发农民创新创业热情和活力，掀起农村创新创业热潮。

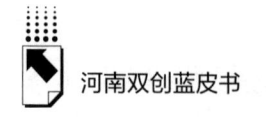

（五）完善创新政策支持体系

加大财政投入力度，充分发挥财政资金的引导作用，撬动金融和社会资本更多投向乡村振兴，探索建立多元化、多渠道、多层次的科技投入体系，形成社会各界积极参与创新支撑农业强省建设的多元投入格局。建立农业科技创新引导基金，支持乡村振兴科技示范乡镇建设，引导民间资本投向乡村科技创新，建立金融支持农村科技研发与科技孵化激励政策。健全种业等领域科研人员以知识产权明晰为基础、以知识价值为导向的分配政策，进一步释放科技人员创新创业活力；完善农机化支持政策，对新型农机产品在政策范围内给予产品鉴定、机具补贴等方面的支持。完善科技人才下乡服务与成果孵化转化的激励政策，培养造就一批爱农村、爱农民的科技人才。完善农民创新创业激励政策，激发农村大众创业、万众创新新动能。

（六）完善体制机制协同体系

完善体制机制，建立以科技管理部门为主要协调机构的省市县乡联动的创新支撑农业强省建设组织领导体制和协同管理机制，不断提升管理能力；完善产学研用科技协同创新机制，组织协调多种科技力量与资源面向农业强省建设需求开展技术创新与管理模式创新；加快科技体制改革，打破体制机制障碍，建立城乡科技资源有序流动与高效利用的新机制。强化协同并进，统筹科研、教学、农技推广、涉农企业等各类创新主体，建立健全协同工作机制和有效激励机制，形成多元主体力量协同推进的工作格局；联合全省农业科研系统、涉农高校、中央驻豫农业科研单位、农业龙头企业以及新型农业经营主体等创新力量，进一步统筹和优化全省农业科研学科布局，强化合作攻关，促进资源共享，推动全省农科教企各创新主体的高效协同和紧密协作；通过重大科技任务牵引、优势科研资源集聚、科学运行机制保障等手段，凝聚全省农业科研体系资源和力量，构建统一高效的农业科研系统协同创新和成果转化运行机制；加强涉农科研院所、高校与农技推广体系衔接协同，推进科技成果的快速转化应用。

参考文献

丁波：《数字治理：数字乡村下村庄治理新模式》，《西北农林科技大学学报》（社会科学版）2022年第2期。

高鸣、种聪：《依靠科技和改革双轮驱动加快建设农业强国：现实基础与战略构想》，《改革》2023年第1期。

柯炳生：《创新科技服务模式，助力建设农业强国》，《智慧中国》2022年第12期。

顾益康、苏玉婷：《建设农业强国的创新思路》，《农村工作通讯》2022年第22期。

宋虎振：《用新担当新作为 守护"大国粮仓"》，《农村工作通讯》2022年第20期。

《非凡十年 农业发展实现新跨越——党的十八大以来河南农业发展成就》，河南省人民政府网站，2022年10月11日，https：//www.henan.gov.cn/2022/10-11/2620574.html。

B.11
河南数字营商环境对创新能力的影响及对策研究

张 冰*

摘 要： 数字营商环境是数字政府与营商环境的融合，为市场主体提供无缝隙、便利化、高效化的服务。良好的数字营商环境能够改善创新生态系统，激励创新。本文在分析数字营商环境与创新能力的关系基础上，从数字基础设施建设、数字化人才供给、数字化市场环境、数字化政务环境和数字化金融环境五个维度构建了数字营商环境指标，以河南省2021年统计数据为样本，实证分析了河南数字营商环境对创新能力的影响。研究发现，良好的数字营商环境能够提升河南创新能力。建议河南加快建设智慧政府、加强数字基础设施建设、推进公共数据开放共享和加大数字化人才供给力度，以提升河南数字营商环境和创新能力。

关键词： 数字营商环境 专利授权 企业创新

创新推动技术进步，促进企业资源最优配置，驱动河南经济高质量发展。数字经济时代，数字政府的建设推动营造良好的政务环境、科创环境和融资环境，良好的数字营商环境促进创新主体提升区域的创新能力，同时激励企业从事创新活动。近年来，国家及各省陆续出台多项政策文件。2018

---

* 张冰，博士，黄河科技学院中国（河南）创新发展研究院研究员，研究方向为金融学、数字经济。

年，国务院成立了推进政府职能转变和"放管服"改革协调小组，并下设优化营商环境专题组。2022年发布的《"十四五"数字经济发展规划》提出，到2025年数字营商环境更加优化，电子政务服务水平进一步提升，网络化、数字化、智慧化的利企便民服务体系不断完善，数字鸿沟加速弥合。

河南省高度重视优化营商环境。2022年3月，河南省优化营商环境工作领导小组发布《河南省营商环境优化提升行动方案（2022版）》，全力推进营商环境改革，加快政策集成创新，从提升政务服务效能、市场服务便利化水平、法治服务保障水平等几个方面推动全省营商环境建设工作。2023年，郑州发布《优化营商环境创新示范市建设实施方案》，将优化营商环境工作作为"一把手"工程，支持市场主体创新发展，持续提升要素保障能力，全面提升营商环境水平。河南各地市均将优化营商环境作为首要任务，持续优化完善营商环境。中国（河南）自由贸易试验区开封片区着力打造营商环境国际化中部引领区，以系统化营商环境建设集成了161项改革创新经验。河南鹤壁大力优化数字营商环境，建成投用了中国（鹤壁）农业硅谷，这是全国第一个地市级网络安全大脑，也是全国最大的农业行业云和大数据中心。

一　理论分析与研究设计

（一）数字营商环境与地区创新能力

数字营商环境建设借助现代信息技术力量，有效连接政府、市场主体及社会公众，为市场主体和社会公众提供无缝隙、便利化、高效化的整体性政务服务。良好的数字营商环境改变了创新生态系统，大数据、云计算、人工智能技术的应用可以促进企业、大学、科研院所、政府等多元创新主体进行跨区域、跨领域的协同创新。此外，新型信息基础设施的广泛应用和政府主导的数据中心，为政府、大学、科研院所等主体提供了可以直接进行开发的数据，创新创业主体利用对可开发数据的机器学习等对多种应用场景进行开

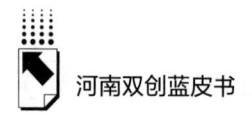

发，推动整个创新生态系统的协同创新。

基于以上分析，本文提出研究假设1：数字营商环境促进地区创新能力提升。

（二）数字营商环境与企业创新数量

良好的营商环境能够激励企业从事创新活动。营商环境的优化、行政体系的简化，可以减少企业财务成本，提升效率，进而缩减创新中的制度性交易成本。良好的营商环境不但能使企业内部资源得到充分有效的利用，实现资源最优配置，还能促进企业争取外部资源，提高企业创新水平。数字营商环境良好的地区，人工智能、云计算、物联网等数字科技的应用更加深入，拓展了企业主体获取信息的能力。企业创新过程不但涉及新技术产业化应用，还涉及与新技术范式相适应的资源配置方式、生产组织方式和制度安排变革。新技术的推广应用扩大了企业创新资源配置的空间范围，不仅有物理空间创新资源的对接和信息的获取，还有信息化手段促进创新要素的融合，为企业创新提供了物质条件。

基于以上分析，本文提出研究假设2：数字营商环境促进企业创新能力提升。

（三）研究设计

1. 数字营商环境评价指标体系构建

关于数字营商环境的评价，本文在借鉴已有文献的基础上考虑数据的可得性，整理出关于河南各地市数字营商环境的评价指标体系，包括5个一级指标和11个二级指标。一级指标有数字基础设施建设、数字化人才供给、数字化市场环境、数字化政务环境和数字化金融环境。数字基础设施建设包括每百人使用计算机数、互联网宽带接入端口和国际互联网用户数3个二级指标。数字化人才供给包括信息传输、软件和信息技术服务业人数，科学研究和信息技术服务业人数2个二级指标。数字化市场环境包括每百家企业拥有网站个数、企业拥有网站的个数、电子商务销售额的自然对数和电子商务采购额的自然对数4个二级指标。数字化政务环境用各地市一般公共预算支出来衡量，数字化金融环境用金融机构贷款年底余额来衡量（见表1）。

2. 数据来源

本文选取河南省18个地市为研究样本，采用2021年的相关统计数据。数据主要来源于2023年1月河南省统计局发行的《河南统计年鉴2022》。

表1　河南各地市数字营商环境评价指标体系

一级指标	二级指标	符号
数字基础设施建设(DI)	每百人使用计算机数(台)	CPP
	互联网宽带接入端口数(万个)	IBT
	国际互联网用户数(万户)	IIS
数字化人才供给(DT)	信息传输、软件和信息技术服务业从业人数(万人)	SRT
	科学研究和信息技术服务业从业人数(万人)	ITS
数字化市场环境(DM)	每百家企业拥有网站个数(个)	WOP
	企业拥有网站的个数(个)	WOE
	电子商务销售额(亿元)	SE
	电子商务采购额(亿元)	PE
数字化政务环境	一般公共预算支出(亿元)	GPB
数字化金融环境	金融机构贷款年底余额(亿元)	LFI

3. 模型设计

本文主要研究的是河南省地市层面营商环境对区域创新能力的影响。模型设定如下：

$$Y_1 = a_0 + a_1 DI + a_2 DT + a_3 DM + a_4 GPB + a_5 LFI$$

其中，Y_1为各地市的专利授权数，DI、DT、DM、GPB、LFI为衡量数字营商环境发展水平的变量。

$$Y_2 = b_0 + b_1 DI + b_2 DT + b_3 DM + b_4 GPB + b_5 LFI$$

其中，Y_2为各地市实现创新企业数，DI、DT、DM、GPB、LFI为衡量数字营商环境发展水平的变量。

本文将数字营商环境发展水平与中介变量放在同一个模型中进行回归检验。

二 实证分析

（一）描述性分析

根据《河南统计年鉴 2022》，2021 年河南省专利授权数为 16909 件，其中郑州市专利授权数居全省第 1 位，为 9835 件；洛阳市居第 2 位，专利授权数 1229 件；第 3 位是新乡市，专利授权数 1173 件（见图1）。

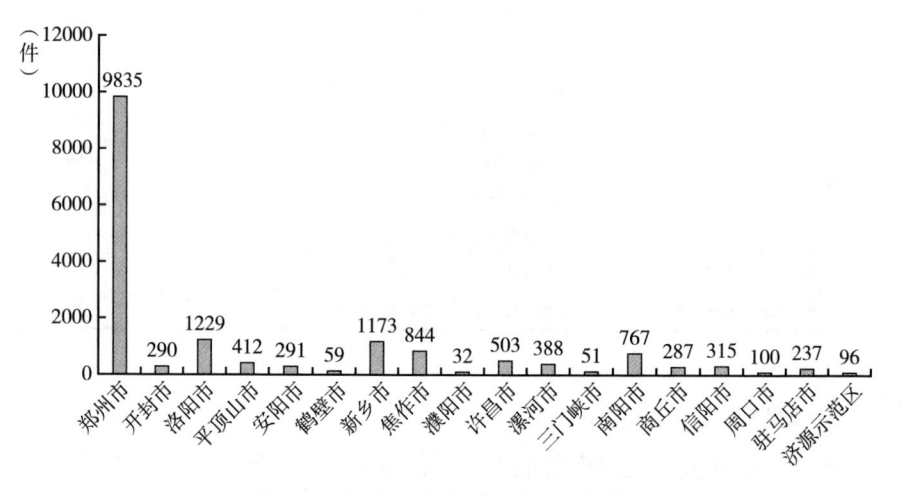

图 1 2021 年河南各地市专利授权数

资料来源：《河南统计年鉴 2022》。

2021 年，河南省实现创新企业数为 17478 家，其中实现产品创新企业 6383 家、实现工艺创新家企业 8561 家、实现组织创新企业 11792 家、实现营销创新 10442 家，同时实现四种创新企业 2846 家，这些数据说明产品创新具有相对的难度。郑州实现创新企业数位居全省第 1，共 4088 家，洛阳和南阳实现创新企业数分别为 1462 家和 1447 家，为全省的第 2 位和第 3

位。同时实现产品创新、工艺创新、组织创新、营销创新的难度较大，郑州同时实现四种创新的企业数为852家，位居全省第1；第2位是南阳，同时实现四种创新的企业数为256家；第3位是洛阳，同时实现四种创新的企业数为246家（见表2）。

表2 2021年河南各地市企业创新概况

单位：家

地区	实现创新企业数	实现产品创新	实现工艺创新	实现组织创新	实现营销创新	同时实现四种创新
全省	17478	6383	8561	11792	10442	2846
郑州市	4088	1724	2219	2981	2373	852
开封市	702	299	377	434	358	110
洛阳市	1462	604	826	934	782	246
平顶山市	697	239	382	447	394	101
安阳市	650	188	273	462	374	87
鹤壁市	277	97	168	171	162	42
新乡市	1100	445	547	739	664	207
焦作市	622	266	340	389	370	101
濮阳市	479	149	206	331	288	72
许昌市	957	272	400	653	589	112
漯河市	417	203	255	256	246	80
三门峡市	282	95	142	193	144	42
南阳市	1447	578	743	958	873	256
商丘市	1315	272	379	888	876	101
信阳市	832	272	419	533	566	141
周口市	1085	211	337	791	739	107
驻马店市	899	397	446	532	560	166
济源示范区	167	72	102	100	84	23

资料来源：《河南统计年鉴2022》。

2021年在河南各地市中，专利授权数的最大值是9835件，最小值是32件，各地市的均值为939.39件，最大值和最小值之间有一定的差距；实现

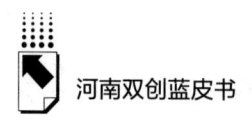

创新企业数的最大值是 4088 家、最小值是 167 家，各地市的均值是 971 家，表明河南省各地市之间创新能力发展水平不均衡（见表3）。

表3 变量的描述性统计

单位：件，家

变量名称	样本数	均值	最小值	最大值	标准差
专利授权数	18	939.39	32	9835	2249.656
实现创新企业数	18	971	167	4088	870.430

（二）回归模型的结果

为分析数字营商环境对各河南各地市创新能力的影响，本文采取了回归模型对二者之间的关系进行了检验，结果如表4~表7所示。表4、表5分析了数字营商环境对专利授权数的影响。从表4可以看出，R平方值为0.9968，这意味着因变量中99.68%的可变性是由模型中的自变量解释的，调整后的R平方值为0.991，证明模型拟合效果较好，假设1成立，自变量对因变量的预测具有统计学显著性，数字营商环境发展水平对河南创新（专利授权数）有显著影响。F（11,6）= 171.74，显著性 = 0，即回归模型与数据拟合良好。P>|T|所有结果均表明自变量没有差异显著性，说明自变量系数无统计学意义。

表4 数字营商环境对创新（专利授权数）的检验结果

检验结果	平方和	自由度	均方	观察值(18)
模型	85763861.5	11	7796714.68	F(11,6)=171.74 显著性=0.0000
残差	272394.789	6	45399.1316	R平方值=0.9968 调整的R平方值=0.991
合计	86036256.3	17	5060956.25	均方根=213.07

表 5　数字营商环境对创新（专利授权数）的指标检验结果

指标	回归系数	标准误差	T值	P>|T|	置信区间(95%)
SRT	0.0004864	0.0732343	0.01	0.995	[-0.1787114,0.17968]
ITS	-0.0208119	0.0263222	-0.79	0.459	[-0.0852201,0.04359]
CPP	-4.225767	15.0067	-0.28	0.788	[-40.94585,32.4943]
WOE	0.7629918	1.013139	0.75	0.480	[-1.71607,3.242054]
WOP	7.653087	35.03818	0.22	0.834	[-78.08225,93.38843]
IBT	-0.0376618	1.755241	-0.02	0.984	[-4.332583,4.257259]
IIS	-0.9694979	1.263121	-0.77	0.472	[-4.060244,2.121249]
SE	1.05303	1.34292	0.78	0.463	[-2.232978,4.339038]
PE	-0.2332252	1.579753	-0.15	0.887	[-4.098741,3.632291]
GPB	0.4297908	2.984205	0.14	0.890	[-6.872295,7.731877]
LFI	0.19438	0.2247736	0.86	0.420	[-0.3556211,0.7443812]
常数	-443.2358	1113.664	-0.40	0.704	[-3168.274,2281.803]

表 6、表 7 分析了数字营商环境对实现创新企业数的影响。从表 5 可以看出，R 平方值为 0.9908，这意味着因变量中 99.08% 的可变性是由模型中的自变量解释的，证明模型回归拟合效果较好，假设 2 成立，数字营商环境发展水平对河南创新（实现创新企业数）有影响。调整后的 R 平方值为 0.9739，说明该模型适合数据分析。F（11，6）= 58.6，显著性=0，即回归模型与数据拟合良好，表明该模型具有实际意义，至少有一个自变量对因变量有显著影响。P>|T| 所有结果均表明自变量没有差异显著性，说明自变量系数无统计学意义。

表 6　数字营商环境对创新（实现创新企业数）的检验结果

检验结果	平方和	自由度	均方	观察值(18)
模型	12761272.1	11	1160115.65	F(11,6)=58.6 显著性=0
残差	118779.887	6	19796.6478	R 平方值=0.9908 调整的 R 平方值=0.9739
合计	12880052	17	757650.118	均方根=140.7

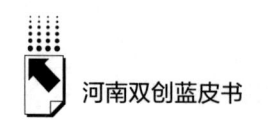

表7 数字营商环境对创新（实现创新企业数）的指标检验结果

指标	回归系数	标准误差	T值	P>|T|	置信区间(95%)
SRT	-0.0324827	0.04836	-0.67	0.527	[-0.1508154,0.08585]
ITS	0.0189394	0.0173818	1.09	0.318	[-0.0235923,0.061471]
CPP	-1.02057	9.909628	-0.10	0.921	[-25.26856,23.22742]
WOE	0.1955868	0.6690231	0.29	0.780	[-1.441454,1.832627]
WOP	-6.112924	23.13735	-0.26	0.800	[-62.72798,50.50213]
IBT	0.3357499	1.159068	0.29	0.782	[-2.500387,3.171887]
IIS	0.7080609	0.8340981	0.85	0.429	[-1.332904,2.749025]
SE	-0.4641122	0.8867931	-0.52	0.619	[-2.634017,1.705792]
PE	0.7000972	1.043185	0.67	0.527	[-1.852484,3.252678]
GPB	0.3076748	1.97061	0.16	0.881	[-4.514234,5.129584]
LFI	0.0325219	0.1484285	0.22	0.834	[-0.3306696,0.395713]
常数	167.8286	735.4047	0.23	0.827	[-1631.642,1967.299]

三 研究结论与政策建议

（一）研究结论

本文基于2021年河南省的统计数据，从数字基础设施建设、数字化人才供给、数字化市场环境、数字化政务环境和数字化金融环境5个维度构建了数字营商环境评价指标体系，并采用发明专利授权量和企业创新数作为衡量各地市创新能力的指标，实证分析了河南数字营商环境对创新能力的影响。研究发现，良好的数字营商环境能够提升地区和企业创新能力。

（二）政策建议

1.加快智慧政府建设

加强数字政府的顶层规划，构建政企合作、管运分离的体制机制，利用"制度创新+技术支撑"，加快人工智能等新技术的应用，打造可信便捷的政务环境。利用数字技术和数字化手段推进政府在经济发展、市场监管、社会管理、公共服务、环境保护、政务运行以及政务公开等方面的履职能力提升，聚焦部门之间办事材料多、环节烦琐、跑多次等堵点难点问题，运用数字技术优化办事流程。构建以用户需求为导向的政务服务新模式，从用户视角优化政务管理服务的内容、流程和模式，实现部门之间的高效协同。强化政务数据赋能，打造数字政务平台，建立健全高效的政务数据共享协调机制，全面提高数据要素协同配置效率，提高服务流程的透明度以及相关责任的可追溯性。利用人工智能、物联网等技术感知、汇集和挖掘信息，实现政府部门数据共享、平台整合以及业务融合。

2. 加强数字基础设施建设

数字基础设施作为战略性公共基础设施，是推动经济社会高质量发展的关键支撑。应加快算力网络等新型基础设施建设，加速算网融合，超前布局算网融合能力等核心技术攻关，加速数字基础设施建设落实见效。规模较小的公司往往拥有较少的数字基础设施，要着重降低中小企业用网成本，统筹工业互联网、数据中心、云计算、智能计算平台等设施建设，支持中小企业"上云用数赋智"。

3. 推进公共数据开放共享

公共数据驱动产业升级与治理变革，支撑企业运营创新实现降本增效。政府方面，应该重视公共数据的价值，制定适合各地市发展的数据政策，把城市公共数据作为各地市的重要资源、资本、资产和城市创新发展的要素，探索创新城市数据的交易模式。实施各地市数据战略，成立数据分析部门，加速城市数据资源价值的释放。数据驱动的创新通常可以节省时间和成本，从而大大提高创新效率。政府应营造支持数据驱动型创新的环境，促进数据交换和共享，以及公共数据的创新应用，充分发掘公共数据的附加经济价值，鼓励企业利用开放数据资源开发数据服务和产品。企业方面，除了作为数据提供者，确保实时、可互操作、高质量的安全数据集的可用性和有效管理，还应该通过数据科学的研究和企业新兴技术的应用，开发基于数据的新产品，提升现有产品品质，通过数据改善现有商业流程和商业模式。

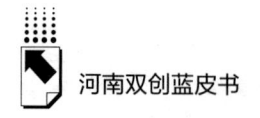

4. 加大数字化人才供给力度

数字化变革的大背景下，产生了对高层次、稀缺数字化人才的旺盛需求，数字化人才培养的挑战对发展提出了系统升级的要求。应充分应用数字技术，打造开放、共享的人才发展新环境，创新数字化人才培养模式。如在大学设立基于仿真技术的模拟实验平台和基于人工智能技术的自适应学习平台，或者基于AR、VR、MR、物联网等技术的模拟学习系统，为人才发展提供颠覆式的创新驱动力。鼓励引导企业实施智能学习，以员工为中心，以数据为驱动，构建开放、共享、协作的学习生态系统，提供应需而生、精确匹配的发展内容，进一步加速数字化人才发展速度。针对中小企业数字化人才短缺的问题，设立数据专家人才库，加强信息通信技术和数据密集型职业的专业资格认证。加强数字化人才的教育和培训，支持企业与教育机构合作培养先进的信息通信技术技能和数据分析技能专业人才。

参考文献

张道涵、马述忠：《从传统营商环境到数字营商环境：内涵、评估与影响》，《上海商学院学报》2022年第5期。

赵红梅、王文华：《数字营商环境评价指标体系构建与实证测评》，《统计与决策》2022年第23期。

刘鹏飞、韩晓琳、刘燕：《营商环境对区域创新能力的影响研究——作用机制与实证检验》，《山东财经大学学报》2023年第1期。

孙莉莉、李锋：《我国数字营商环境建设论略：突出问题与优化措施》，《东北师大学报》（哲学社会科学版）2023年第2期。

盛明泉、吕紫薇、李志杰：《数字经济、营商环境与企业创新关系研究》，《安徽农业大学学报》（社会科学版）2022年第4期。

周伟：《数据赋能：数字营商环境建设的理论逻辑与优化路径》，《求实》2022年第4期。

B.12
河南省营造创新型人才引进培育良好环境问题研究

魏 征[*]

摘 要： 人才是创新发展的核心要素，对于创新型人才的引进培育一直都是各省人才政策角逐的着力点。河南一直都是人力资源大省，但是由于各种因素的影响，创新型人才严重缺失。本文从现实情况出发分析了河南为引进培育创新型人才出台了一揽子招才引智政策，编制了急需紧缺人才需求目录，加大了创新型人才福利待遇支持力度等，同时分析了存在的科技型人才流失严重、宏观环境引力仍相对不足、引进政策精细化需求分析不足、引进政策与方式同质化、引进全过程"头重脚轻"等问题，并就存在的种种问题提出加强顶层设计、持续优化引才环境，做好产业发展规划、建立人才需求清单，优化人才引进评价与考核机制、突出政策的吸引力，营造尊重科学、崇尚创新的氛围等建议。

关键词： 创新型人才 人才引育 人才环境

人才是创新发展的核心，为了聚天下英才而用之，必须营造良好的引才用才留才环境。为使创新驱动、科教兴省、人才强省战略落到实处，河南省聚焦人才培养、引进、评价、待遇、使用等关键环节，深化人才发展体制机

---

[*] 魏征，河南中原创新发展研究院讲师，研究方向为房地产经济、区域经济、创新创业。

制改革，为打造一流创新生态、汇聚一流创新人才出台了一系列招才引智政策，为实现"两个确保"提供强有力的人才支撑。

一 河南引进培育创新型人才的主要举措

（一）出台一揽子招才引智政策为人才引进培育保驾护航

2021年，河南省通过《关于加快构建一流创新生态建设国家创新高地的意见》和《实施创新驱动、科教兴省、人才强省战略工作方案》，为河南国家创新高地建设拿出了规划图和路线图。2022年2月11日，《河南省"十四五"人力资源和社会保障事业发展规划》正式发布，在就业、社保体系建设、技能人才队伍建设、公共服务体系建设等多方面设定了详细目标和计划。同年6月，河南省制定出台《关于加快建设全国重要人才中心的实施方案》，涵盖引才措施、推进机制、服务配套等各环节"1+20"一揽子人才引进政策措施，积极实施人才强省"八大行动"，吸引人才快人一步、礼遇人才超常力度。据了解，"八大行动"包括顶尖人才突破行动、领军人才集聚行动、青年人才倍增行动、潜力人才筑基行动、创新平台赋能行动、人才创业扶持行动、人才生态优化行动、人才工作聚力行动。大规模实施中原英才计划（引才系列、育才系列）等重大人才项目，通过中原英才计划（育才系列）遴选中原学者、中原领军人才、中原青年拔尖人才，实行高端人才引进"一事一议""一人一策"，落实更具吸引力和含金量的支持政策。加快构建一流创新生态、集聚一流创新团队，全力建设国家创新高地、全国重要人才中心。

（二）编制急需紧缺人才需求目录，省委书记亲自出马延揽人才

河南省委、省政府联合各人才需求部门，绘制高端人才分布地图，实现"按图索骥"，采取"项目+平台+人才"模式，注重"以才引才、以情引才、以侨引才"，打造"老家河南"引才品牌。在创新平台建设上，河南以

服务嵩山实验室、神农种业实验室、黄河实验室，重振省科学院等为契机，推行首席专家负责制，推动重大创新平台建设实现新突破，规模以上工业企业研发活动实现全覆盖。从2018年开始连续5年举办中国·河南招才引智创新发展大会，在2022年9月24日举办的第五届中国·河南招才引智创新发展大会开幕式上，河南省委书记楼阳生向8位"第一战略"首席科学家颁发聘书，省长王凯为青年人才代表发放人才公寓钥匙。省委书记、省长同时出现在招才引智大会上，为河南引进人才吃下"定心丸"，也把河南尊重人才、渴望人才、延揽人才的诚意和举措传达给全世界。

（三）加大创新型人才福利待遇支持力度

近年来，在政策保障服务上，河南创新创优人才引进政策，对一流创新人才和团队实施更具吸引力和含金量的引进培养政策。通过中原英才计划（育才系列）遴选的中原学者、中原领军人才、中原青年拔尖人才，分别获得200万元、100万元和50万元的科研经费支持，同时对由省政府或以省政府名义发给高层次人才的奖金，依法免纳个人所得税。对经认定的高层次人才和科技创业领军人才的创业团队核心成员，3年内由当地政府根据本人贡献情况给予适当奖励。对高校、科研院所和高新技术企业、科技型中小企业转化科技成果给予个人的股权奖励，递延至取得股权分红或转让股权时按规定纳税。同时，高层次人才子女在基础教育阶段，可按本人意愿选择当地公办学校就读，当地教育行政部门优先为其协调办理入学手续。配偶一同来豫就业的，由当地协调妥善安排。进一步加大柔性用才、项目引才力度，促进创新型人才大量涌现，形成"万类霜天竞自由"的人才引进氛围。

（四）积极开展本土人才技能提升培训工程

河南省人力资源和社会保障厅在注重引进创新型人才的同时，积极加大本土创新型人才的培育力度，精准对接产业、行业、企业用人需求，对河南本土人才开展订单式、定岗式、套餐式等培训，加大急需紧缺、高精特新等

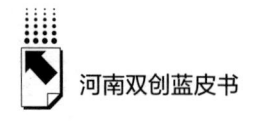

各种创新型人才的供给力度,有效促进人才与产业提质升级发展深度融合。全面开展新一代信息技术、关键软件等数字技能领域的高素质创新型人才培训工作。推动出台了"河南码农"等省级人力品牌建设方案,依托龙头企业培训中心、技工院校等,实行按需定岗式定制化培训。同时,每年开展各个行业创新型人才"比武大赛",对得胜者给予重奖。

二 河南省创新型人才引进培育的现状

目前河南处于全面建设中国式现代化新征程的关键时期,为了能够按时实现"两个确保",无论是农业大省向新兴产业转型发展,还是乡村振兴与脱贫攻坚的有效衔接;无论是实施人才强国战略,还是更好地融入"双循环"的新发展格局,都需要创新型人才作为重要保障和驱动力。这需要全省上下共同努力引进、培育、用好、留住人才。

(一)人才引进培育成果显著,科技型人才流失严重

2023年2月16日,河南省政府新闻办召开新闻发布会,会上通告,截至2022年底,各种技能型、创新型人才引进培育效果显著,全省高技能创新型人才达392万人,占技能型人才总量1415.6万人的27.7%。但是,相对于我国沿海城市,河南属于经济欠发达地区,产业结构不太合理,科技产业薄弱,科技型人才来了之后发现无用武之地;当前主要依赖的制造业高新技术产业占比不足10%,整体高端供给缺乏,以能源和原材料为主的产业结构仍需进一步优化;第三产业发展不够完全,低于全国平均水平的局面仍需进一步改善。新时期经济发展核心创新能力不足的现状并未改变,主要原因如下。一是研发投入水平低。2020年,全省研发投入901.3亿元,列全国第9位,仅为当年全国研发投入第1名广东省的25.9%;研发投入强度为1.64%,居全国第19位、中部第5位,相当于全国的68.3%,仅为研发投入强度第1名北京市的25.5%;一般公共预算支出中的科学技术支出占比2.3%,在经济总量前10位的省份中居第9位。二是创新成果较少。2022

年，全省发明专利授权量14574件，居全国第13位、中部地区第4位。创新成果市场转化率不高，关键共性技术供给不足。目前，在高端装备制造、智能终端及信息、食品制造与安全、新材料等领域的关键共性技术研究与先进省份相比、与先进制造业高质量发展的要求相比还存在不小差距，创新链条不完整，关键核心技术仍受制于人，仍然存在"卡脖子"问题等。三是创新主体不足。2020年，全省共有高新技术企业6324家，排名全国第16，不仅远远低于沿海地区、不到广东的1/10，而且在中部六省中排第5位，仅为湖北的60.53%。四是创新平台不强。河南没有985高校，国字号的创新平台数量少，国家重点实验室、国家工程技术研究中心占全国总数的比重均低于3%。五是创新生态不优。创新创业氛围不浓厚，创业型企业和企业家数量少。据《中国区域创新能力评价报告（2019）》评价结果，河南无论是在知识创造、知识获取，还是在企业创新等方面的实力排名均在不断提升，但总体创新环境效率排名在全国31个省份中处于第三梯队。

河南的经济发展水平、营商环境等仍需进一步提升，为人才集聚提供良好的基础保障。目前河南省的营商环境、人才工作环境、相关人才引入政策等在全国范围内来看吸引力不大，尤其是教育环境，河南的高考竞争激烈程度多年来一直居于全国首位，高端人才为了子女的教育问题，也会谨慎考虑落户河南。受以上综合因素影响，多年来全省科技型人才流失状况没有得到改善。

（二）政府出台有力的人才待遇政策，但宏观环境引力仍相对不足

人才流动推拉理论指出，人才流动是流入地与流出地之间的引力和推力共同作用的结果。人才争夺这场无硝烟的战争已在全国范围内打响，无一省份能够置身事外。当置身大环境时，河南省目前发展阶段所推出的吸引人才来豫的筹码在全国范围来看仍处于劣势地位，无论是政策的吸引力还是各种福利待遇，与深圳、青岛等沿海城市相比还差得很远，越是经济发达的地区人才流动路径越通畅，越容易形成人才集聚高地。

近年来，河南省GDP已基本稳定在全国前5，但人均GDP排名仍旧位

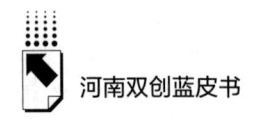

于下游区间，吸引人才的多方位引力环境仍稍逊色。以郑州为例，2015~2022年郑州GDP拾级而上，这主要得益于人口大省累积的人口红利和城市建成区面积扩张推动的城镇化叠加带来的经济规模效应。2022年郑州GDP为12934.7亿元，经济增长率只有1%，总量和增长速度不仅双双落后于中部地区非国家中心城市长沙，而且进一步被同为国家中心城市的武汉拉大差距；郑州经济增速不仅低于全省水平2.1个百分点，而且落后全国水平2个百分点。因此，在现代化新征程上，提升郑州的人才吸引力，加快把郑州建设成为全国重要人才中心，形成人才国际竞争的比较优势，走好创新驱动高质量发展"华山一条路"，全面提升郑州的竞争力、创新力和影响力，就显得尤为必要和极其迫切。

（三）引进政策精细化需求分析不足

当前政策的重点对于引进对象的界定、引进对象与地方人才需求匹配度分析不够。虽然政策文本对"高端人才"与"高层次人才"、"海外留学人才"与"海外高层次人才"等关键词给出明确解释，但在内涵上往往并无二意。同时，对于引进对象精细化分类不足，特别是针对不同行业的人才和青年人才的专项支持政策不足。统计数据显示，2021年河南省获批自然科学基金青年项目658项，占资助项目总数的65.21%，获得直接经费1.58亿元，青年力量已成为地方乃至国家发展的中坚力量，但针对青年的专项支持配套不足。另一个重要问题在于地方对于人才的需求到底是什么分析不够，管理学中"因事引人"的重要原则没有得到深刻体现。

历年"中国城市人才吸引力排名"的数据显示，在中部六省的省会城市中，郑州在吸引人才方面正面临着"标兵渐远、追兵渐近"的局面。2019年郑州人才吸引力排名超过长沙5个位次，2021年郑州被长沙反超且排名被拉开到相差8个位次。其中，既有长沙房价收入比远低于郑州、能够更好地满足人才安居刚性需求这一重要原因，也有长沙以更为繁荣的文娱产业提升城市魅力的原因；此外，长沙"新国潮"的崛起和"夜经济"的盛行也是不可忽视的因素。合肥与郑州的排名差距从2020年的6个位次缩小至2021年的3个位次，主要原因在于合肥打出了"人才政策20条""人才创新创业8条""重点产业人才7条"等人才政策"组合拳"，营造了良好的引才环境，被外界誉为"养人之城"；加上倚靠中国科技大学这一科研实力突出的名校，孵化出众多科技型企业，仅在2021年合肥国家高新技术企业数就净增1200户，总数达4528户，无论是增量还是总数都远超郑州。高端人才的集聚效应使得合肥后来居上，在2021年度国家十大科技重大突破中成功取得4个席位。2021年主要城市在校大学生数量排名显示，郑州在校大学生总量达到133.16万人，仅次于广州，位居全国第2。但郑州严格意义上的"双一流"建设高校只有郑州大学和河南大学（龙子湖校区）两所，而且科研实力较弱，高端人才培育能力相对薄弱的状况在短期内难以改变，因此招才引智就成为当前郑州的必然选择。但人才特别是高端人才绝不是靠"抢"来的，"抢"人才隐含着急功近利、不愿以久久为功的态度"筑巢引凤"。如果抱着"抢"人才的思维，人才引进效果必然大打折扣，甚至出现人才"身在曹营心在汉"的现象。杭州、深圳、成都的实践表明，只有以精准化、精细化、人性化的人才服务体系涵养好各类创新创业人才竞相腾飞的沃土，人才虹吸效应才会逐步显现，否则人才来了还会离开。

（四）引进政策与方式的同质化

2019年印发的《关于进一步弘扬科学家精神加强作风和学风建设的意见》明确指出，发达地区不得再以高薪等形式从中西部地区挖人才。人才流动与集聚本身应属于市场行为，但随着全国各个省份各个地市都加入"人才大战"，各地方对于人才竞争就具有明显的"锦标赛"特征。锦标赛模式的人才大战可以充分调动地方政府及各部门积极性，可以超额完成配额目标，但同时存在的重要问题就是"层层加码"模式的人才引进工作，最终在模仿行为与博弈行为的驱使下走向"同质化"政策模式。比如，2023年河南省最新的人才引进政策规定，"A类（顶尖人才）：500万元个人奖励+300万元首次购房补贴或200平方米免租住房。B类（国家级领军人才）：200万元个人奖励+150万元首次购房补贴或150平方米免租住房。C

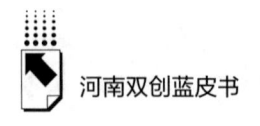

类（地方级领军人才）：50万元个人奖励+100万元首次购房补贴。D类（地方突出贡献人才）：20万元个人奖励+50万元首次购房补贴。郑州市优势产业、新兴产业和现代服务业领域的重点企业中，具有较高技术水平、从事企业核心业务的重点产业急需紧缺人才，依据能力素质、紧缺指数、薪酬水平等指标以积分评价方式择优认定，2年内给予5万至10万元奖励。"这与其他省份用金钱收买人才的政策异曲同工，也与中央精神相违背，同时出台的政策没有体现出把人才引进后怎么用好人才、留住人才，人才引进后要能够用得好、留得住，这需要营商环境、用人制度、生活环境等多方面的共振。

同时值得注意的是，这种全地区参与的"层层加码"人才争夺工作最终会导致全国人才工作的内卷化和物质化。任何一个地区在同级别人才引进过程中想要在政策上脱颖而出，能做的工作就是继续对政策上的薪资、福利及配套措施等不断加码，造成人才工作的效率损失。

（五）引进全过程"头重脚轻"

人才工作是一项需要全过程投入的工作，引进仅是人才工作的起始环节，人才是否能够留得住，需要地方政府和相关用人单位后续一系列的培育和培养工作的配合。中西部地区难以留住人才的一部分原因在于受宏观环境等的影响，另一部分原因在于目前各引进主体对于人才工作只注重"引"的环节，对于引进以后人才到底怎么用、人才到底怎么与地区发展结合，以及到底怎么对引进的人才进行持续培养等工作重视程度不够。这样的结局是，一旦引进的人才有了更好的选择，或者有了更高的追求以后便会毫无眷恋地离开，这也是中西部地区出现很多引进人才"二次跳槽"的重要原因。

河南在人才评价机制、知识产权保护、产学研协同创新等方面还存在一些障碍性因素，不同程度地影响创新主体积极性、主动性和创造性的发挥。地方财政在吃紧状态下仍以重金来招才，而招才后忽视后续过程，这无疑是对于资金和人才的双重浪费。

三 推动河南人才引进培育的政策建议

新时期人才引进培育工作势必仍是各省份实施强省战略的重要工作之一，对于河南省而言，海内外引智与留智工作无疑是振兴河南的重要抓手，因此，全省应在以下几个方面做好配套工作。

（一）加强顶层设计，持续优化引才环境

持续优化引才环境，破除体制障碍，创新引进方式，落实"柔性引才"措施，持续提供人才引进全过程的优质服务，建立可以有效发挥人才效用的用人机制，科学高效推进人才政策落地，注重本土人才的培养，针对不同人才实现个性化管理。各人才引进部门要立足实际发展情况，形成区域性人才发展战略，战略的制定要兼顾安全归属和自我实现需求，提高人才综合利用效率。省会郑州作为河南引进人才的标志性城市，需要多措并举，减轻人才的生活压力，降低创业失败成本，变外推力为内引力。围绕青年人才高度关注的生活居住和就业创业等维度精准施策，加大对青年人才的生活补贴、购房租房补贴以及就业创业扶持力度。针对不同学历人才、不同技能等级人才实施分类补贴，对通过创业促进社会人口就业的人才根据解决就业人数给予带动就业补贴，对创业失败的人才给予不少于3年的个人社保缴纳金额补贴。

在城市建设方面，要持续建设宜居、创新、智慧、绿色、人文、韧性城市，提升城市的生活品位。遵循以人为本、生态筑基、自然风味、简约健康等发展理念，将古老的中原大地建设成历史文脉和现代风貌兼容并蓄、宜居宜业宜游的新型城市。通过运用"互联网+""生态+"等新技术、新业态转化和变现城市综合价值，打造高品质生活场景，植入现代时尚质朴的消费模式，推动城市的人文价值、经济价值、生态价值、美学价值和生活价值等多元价值的交相辉映、融合发展，立体化提升城市品位，满足不同层次人才

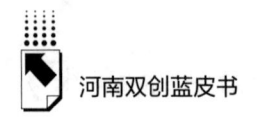

日益增长的高品质生活需要。通过日新月异的软实力展示城市魅力，提升人才吸引力。

（二）做好产业发展规划，建立人才需求清单

人才是发展的支撑，是创新发展的决定性因素。为吸引更多人才来到河南、留在河南，要探索建立人才清单，认真做好人才需求分析，做深做实人才引进前期调研工作，合理制定人才引进目标，清晰界定各类人才，完善人才选用机制。以"不求所有、但求有用"的理念制定政策，坚持"因事引人"引进原则，构建精准化人才引进机制，提高人才引进资金使用效率，实现人才工作供给端与需求端的最佳匹配。积极推动校企对接，政府出面积极与各人才培养单位沟通协调，提供便利条件邀请在校学生来豫实习、参观考察，开展产学研和就业创业合作，坚定他们长期在豫扎根的信心。同时，对于河南本土人才，要积极出台各种优惠政策，吸引他们回到老家河南建设家乡。

（三）优化人才引进评价与考核机制，突出政策的吸引力

高层次的人才往往已经有较为稳定的工作单位，不太轻易流动，若想吸引人才来此，政策因素非常重要。要增强政策的吸引力，必须在政策上进行创新，优化人才引进评价与考核机制，加强从引进到培育的全过程人才管理机制，注重"引才"同时更注重"留才"，注重"引凤"同时更注重"筑巢"。学习先进地区引人用人经验，更加注重科研平台搭建与科研团队组建，提供一站式服务，解决人才后顾之忧，为人才后期培育提供土壤，创造更好的发展机会。设置科学合理的职称评审和晋级标准。规范高校、科研机构的职称评审和晋级量化考核标准，综合考虑不同类型专利质量，根据技术创新程度差异，借鉴北京、上海、深圳、广州、杭州、成都等长期实现高端人才净流入的城市做法，对发明、实用新型以及外观设计3种不同专利实行合理拉开差距的量化计分标准，扭转当前技术含量低的实用新型专利和外观设计专利数量迅猛增长、原始创新型发明专利占比过低的态势。

（四）营造尊重科学、崇尚创新的氛围

科学普及和科技创新是实现创新发展的一对孪生兄弟，向科学深度进军，离不开尊重创新、热爱创新的土壤。各级政府和单位要在全民中推动形成尊重科学、崇尚创新的良好氛围，强化知识产权保护意识，加强知识产权保护，严惩侵犯知识产权的违法行为。为创新型人才提供便利可行、宽松的创新工作氛围，尊重失败，强化金融支持，为创新做好保障，为创新营造良好生态，让创新型人才勇于创新、敢于创新。

参考文献

〔德〕克劳斯·施瓦布、〔法〕蒂埃里·马勒雷：《后疫情时代：大重构》，世界经济论坛北京代表处译，中信出版社，2020。

李蕾：《城市人才引进政策的潜在风险与优化策略》，《中国行政管理》2018 年第 9 期。

黄婷燕、李远辉：《城市人才引进政策及启示》，《合作经济与科技》2019 年第 11 期。

张力洺等：《后疫情时代"云招聘"存在的主要问题及解决对策》，《中国市场》2021 年第 25 期。

B.13 河南推动创新链产业链资金链人才链深度融合研究

崔明娟*

摘　要： 立足新的发展阶段，推动河南创新链产业链资金链人才链深度融合，加速形成更加互融互通的创新生态循环，既是应对世界百年未有之大变局的必然选择，也是紧抓新时代高质量发展历史机遇的现实需要。虽然河南在"四链"融合方面已经开展了一系列的实践探索，但仍存在顶层设计有待完善、产业链自主可控能力不强、科技资源共享程度低、战略科技力量布局薄弱等现实问题亟待解决。在此基础上，本文从持续优化顶层设计、加快提升产业链自主可控能力、着力强化科技资源共享、加强国家战略科技力量河南布局等几方面提出了相关政策建议，助力推动"四链"深度融合，加速创新要素集聚，这对于谱写现代化河南建设新篇章具有积极意义。

关键词： 创新链　产业链　资金链　人才链　"四链"深度融合

习近平总书记在党的二十大报告中强调，加快实施创新驱动发展战略，推动创新链产业链资金链人才链深度融合。站在新的历史起点上，河南省第十一次党代会明确了"两个确保"战略目标和"十大战略"发展路径，其中第一大战略就是"创新驱动、科教兴省、人才强省战略"。对于河南来

---

* 崔明娟，中国（河南）创新发展研究院讲师，研究方向为创新创业发展、企业管理。

说，要想推动经济高质量发展迈出更大步伐，就必须深入研究创新链产业链资金链人才链深度融合问题，推动形成"四链"深度融合的开放创新生态，这是全面建设现代化河南必须要走的"华山一条路"，也是河南实现直道冲刺、弯道超车、换道领跑的重要课题。

一 创新链产业链资金链人才链深度融合的基本内涵

产业是支撑发展的重要载体，创新是引领发展的第一动力，资金是推动发展的根本保障，人才是驱动发展的核心要素。习近平总书记强调，"创新是一个系统工程，创新链、产业链、资金链、政策链相互交织、相互支撑，改革只在一个环节或几个环节搞是不够的，必须全面部署，并坚定不移推进"[1]。可以说，"四链"深度融合是实现高质量发展的主引擎，其中，创新链是"四链"深度融合的动力，产业链是"四链"深度融合的基础，资金链是"四链"深度融合的保障，人才链是"四链"深度融合的核心，四个链条相辅相成、缺一不可。

创新链是以满足市场需求为导向，从创新的起点开始，通过各类创新活动将多个环节和多种创新主体连接起来，最终实现商业化的全过程；产业链是从原材料到最终产品的生产过程集合，也是由龙头企业牵头进行上下游产业资源整合形成的链式结构关系，是产业组织、生产过程和价值实现的统一；资金链是在整个产业环节中各类创新主体获取不同资金支持从而保障其经营运转的链条；人才链是指在产业链、创新链的建设中，各个环节所需要的研发人才、产业人才、社会服务人才等。可以说，"四链"深度融合的本质是由高校、科研机构、企业、科技服务机构等创新主体强相互作用构成的创新生态系统。

"四链"深度融合，既体现了创新主体与生产主体的融合，又体现了科技创新、产业发展、资金保障、人才培育全方位、多层次的融合，同时反映

---

[1] 《习近平：为建设世界科技强国而奋斗》，《人民日报》2016年6月1日，第2版。

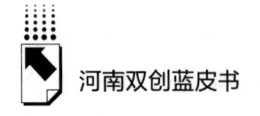

了产业链吸引人才链、人才链反哺产业链的相互关系。只有当创新链、产业链、资金链、人才链等紧密联结起来，科技创新、投资回报、人才供需等效率才能得到极大提升，充分释放各自的正向作用，抢占发展先机，激发全社会创新潜能，为经济高质量发展提供坚实支撑力量。

二 河南推进创新链产业链资金链人才链深度融合的重大意义

习近平总书记在十四届全国人大一次会议上指出，"在强国建设、民族复兴的新征程，我们要坚定不移推动高质量发展。……深入实施科教兴国战略、人才强国战略、创新驱动发展战略，着力提升科技自立自强能力，推动产业转型升级"。进入新时代，河南也必须向着强国建设、民族复兴的宏伟目标不断迈进，加快实施创新驱动战略，推动创新链产业链资金链人才链深度融合，积极投身中国式现代化建设河南实践的火热大潮，汇聚推动现代化河南建设的磅礴力量。河南走向现代化必然是一个艰巨、复杂而长期的过程，因此，围绕产业链精准布局创新链、优化资金链、完善人才链，固根基、扬优势、补短板、强弱项，依靠创新赋能、改革破局、开放聚力，加速创新要素集聚，在未来高质量发展之路上勇立潮头，意义重大。

（一）顺应新一轮科技革命和产业变革的战略要求

当前，全球产业链供应链加速重构，新一轮科技革命和产业变革不断演进，世界各国都在加紧部署重大前沿领域科技创新，努力抢占未来科技竞争先机。科技兴则民族兴，人才强则国家强。迈上新征程，河南要想紧紧抓住新一轮科技革命和产业变革的重大机遇，锻造"第一生产力"，激活"第一资源"，澎湃"第一动力"，将"两个确保"的宏伟蓝图变成美好现实，就必须努力下好科技创新这盘"先手棋"，在浪潮之巅掌握主动权、占据制高点，于危机中育先机、于变局中开新局。面对百年变局，以基础研究、原始创新、颠覆性创新为基础的新产业链即将形成，河南产业链发展仍面临着严峻挑战，需要通过"四链"深度融合，持续加快在前沿领域"换道超车"。可以说，推动"四链"深度融合，是抢抓新一轮科技革命和产业变革机遇的战略要求。

（二）服务"两个确保"大局的必经之路

河南省第十一次党代会胸怀"两个大局"，以前瞻30年的战略眼光，确立了"两个确保"奋斗目标，绘就了全面建设现代化河南的宏伟蓝图，提出要把创新摆在发展的逻辑起点、现代化河南建设的核心位置，着力建设国家创新高地，打造一流创新生态。毋庸置疑，河南已经站上了新的历史起点，"两个确保"是必须交上的答卷，需要付出长期艰苦努力，必须下非常之功、用恒久之力。在这样的关键阶段，河南要想在构建新发展格局这一机遇性、竞争性、重塑性变革中确保入局而不是出局，唯有认清区域竞争形势，把创新放在发展的首要位置，并且不断迎难而上、加压奋进，方能实现直道冲刺、弯道超车、换道领跑。可以说，推动"四链"深度融合，是新发展格局下加快建设现代化河南的必然选择，也是推进河南高质量发展的关键一招。

（三）全力建设国家创新高地的必然选择

2022年1月，河南省委、省政府印发《关于加快构建一流创新生态建设国家创新高地的意见》，明确河南阶段性发展目标任务，提出到2035年，河南创新能力进入全国前列，国家创新高地基本建成。这是河南省委、省政府审时度势做出的重大战略部署，为在新发展阶段高位推动科技创新自立自强、走好创新驱动高质量发展"华山一条路"指出了清晰的方向和路径。推进"四链"深度融合，目的就在于推进科技自立自强，打造一流创新生态，利用科技创新解决产业发展面临的关键技术问题和"卡脖子"瓶颈约束，推动产业链关键核心技术自主可控，通过创新让产业链资金链人才链各环节实现最大价值，这是全力建设国家创新高地的必然选择，也是奋力开启现代化河南建设新征程的强大动力。

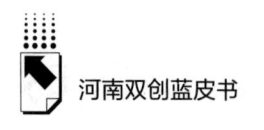

（四）开辟发展新领域新赛道的强劲动力

党的二十大报告指出，开辟发展新领域新赛道，不断塑造发展新动能新优势。当今，新能源、新一代信息技术等众多领域都孕育着革命性的重大突破，开辟新领域新赛道已经成为大势所趋，成为新形势下经济社会高质量发展不可缺少的重要驱动力。河南作为典型的人口大省和经济大省，不仅拥有1亿多人口和2200多万人的中等收入群体，消费市场规模巨大，还拥有完整的工业体系和超强的产业配套能力，传统产业规模大、占比高，随着新技术嵌入、新消费升级，各细分领域均蕴含着新赛道的发展潜力。推进创新链、产业链、资金链、人才链深度融合，引导传统产业与前沿技术、跨界创新、颠覆模式"高位嫁接"，不仅可以催生新业态新模式，还有可能形成新兴产业、未来产业，衍生更多新赛道新领域，这对加快制造业价值链跃升、产业链优化、竞争力重塑，实施换道领跑战略具有重大推动作用。可以说，"四链"深度融合，事关未来的社会价值财富创造和新兴产业崛起，是开辟发展新领域新赛道的强劲动力。

三 河南推进创新链产业链资金链人才链深度融合的实践探索

河南省第十一次党代会召开以来，河南把实施"创新驱动、科教兴省、人才强省战略"放在"十大战略"的首位，把创新摆在发展的逻辑起点、现代化河南建设的核心位置，积极构建一流创新生态，促进创新链、产业链、资金链、人才链等全链条衔接，优化配置各类资源，在"四链"深度融合方面开展一系列实践探索，并取得了一定的成效。

（一）创新链要素集聚效应逐渐凸显

创新平台是集聚高端创新要素的"强磁场"，放眼中原大地，河南省科学院龙头带动，省实验室异军突起，中试基地加速布局，高新企业势头强劲，创新驱动潮涌中原，创新链要素集聚效应逐渐凸显。近年来，河南聚焦对接国家战略和全省重大产业需求，建设全周期、全链条、全过程的开放式创新平台，强化省内创新要素集聚，全面提升区域协同创新水平，撸起袖子塑新局，深化创新链产业链深度合作。在"中原粮仓"河南，重塑要素集聚创新环境已成为推动农业高质量发展的关键所在。比如，随着"中原农谷"建设的不断推进，人才、技术和资金等创新要素在这里集聚，"中原农谷"已经成为全省农业创新的策源地、人才高地和产业高地，助力河南省加速建成国内农业创新高地，促进河南省由农业大省向农业强省转变。另外，中原龙子湖智慧岛作为河南首个省级标准化双创中心，周边环绕高校15所，有师生28万名；汇聚各类高层次人才900多人，海外海归人才120多人，软件人才2200多人；已注册各类企业约6000家，进驻各类企业约1300家，员工约30000人；入驻基金及基金管理机构249家，管理规模达到470亿元；周边集聚众创空间、孵化器、大学科技园、大数据双创基地等各类双创载体32家，对于打造创新创业策源地、创新发展新引擎起到了极大的示范引领作用。[①]

（二）产业链不断向高效能发力

"十三五"以来，河南省深入实施创新驱动发展战略，多措并举全面推动产业发展向高端化、智能化、绿色化转型，优化产业发展生态，持续优化产业发展环境，产业链关键环节支撑能力不断增强。比如，河南聚焦新一代信息技术、生物医药、智能传感器、智能装备、新能源及智能网联汽车等领域，围绕产业链打造创新链，培育壮大了一批特色明显、发展潜力大的优质企业和产业集群。根据科技部火炬中心发布的《关于公布2022年创新型产业集群的通知》，河南新增3家累计拥有8家创新型产业集群，获批数量并列全国第3位，集群内企业达753家，其中高

[①]《楼阳生调研中原龙子湖智慧岛，双创升级版"河南方案"来啦》，"顶端新闻"百家号，2022年3月30日，https：//baijiahao.baidu.com/s? id = 1728732683028001994&wfr = spider&for=pc。

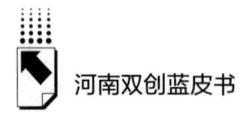

新技术企业301家，营业收入超过10亿元的企业36家；拥有服务机构122个、研发机构279个、金融服务机构68个，形成了"产业引领+龙头企业带动+大中小企业融通+金融赋能"的创新发展生态，成为推动地方高新技术产业高质量发展的重要平台。[1]另外，河南还积极发挥农业资源优势，重点打造小麦、玉米、水稻等20条优势特色产业链，示范创建国家级肉制品全产业链重点链，从建设优质原料基地入手，河南创建总面积1500多万亩的61个全国绿色食品原料标准化生产基地，为全省农产品加工业提供优质、可靠的原材料，构建"农头工尾"产业群，全产业链层次向高端化跃进。

（三）资金链的支撑作用明显增强

科技创新离不开金融的支持，畅通的融资渠道和良好的金融环境是科技创新和经济高质量发展的重要保障。近年来，河南银保监局全面贯彻落实省委、省政府"持续打造一流创新生态、全力建设国家创新高地"决策部署，多点发力，完善政策链、畅通信息链、撬动资金链、优化服务链，引导银行保险机构加大对科技创新的支持力度，资金链对创新链产业链的支撑作用明显增强。根据2023年河南省科技工作会议上公布的数据，2022年河南财政科技支出达411.09亿元，同比增长24.9%，综合科技创新水平较上年提升2个位次，有力保障了基础研究、关键核心技术攻关等资金需求。2021年1~7月，仅省级财政就新增安排科教领域专项资金48亿元，支持嵩山、黄河、神农种业等省实验室挂牌运营，国家生物育种中心建设，设立省级新兴产业、创业投资基金等省委、省政府决策部署的重大科创项目。另外，自2016年起，河南省正式开启"科技贷"业务，截至2022年9月底累计实现放款110.61亿元，支持企业2019家（次），已成为河南省支持科技企业的标志性金融产品。统计显示，河南"科技贷"连续支持的科技型企业普遍

---

[1] 《总数达8家！河南省新增3个创新型产业集群》，河南省人民政府网站，2023年3月7日，https：//www.henan.gov.cn/2023/03-07/2702249.html。

实现了持续快速成长，2021年平均每家企业年度销售收入达1.46亿元，较上年度增长23.73%。①

（四）中原聚才的磁场更加强劲

产业强则人才聚，人才聚则产业兴。近年来，河南立足本省人才发展实际，围绕引才入豫、引智兴豫，坚持"以人才兴产业，以产业聚人才"的发展理念，积极实施人才强省"八大行动"，吸引了一大批高层次人才汇聚中原，催生了一大批战略性新兴产业，河南人才引领创新、创新驱动发展呈现加速之势。自2018年起，河南已经连续举办5届中国·河南招才引智创新发展大会，面向海内外着力延揽一批高层次、创新型、引领型人才（团队），广泛汇聚各方智慧，着力推动一批高质量人才项目合作和创新创业项目落地，为新时代中原更加出彩的绚丽篇章提供坚强人才支撑和智力保障。据了解，2018年以来，河南省累计签约各类人才20万余人，硕士、博士以及副高级以上职称人才9.4万人，落地人才合作项目2289个。②除此之外，河南围绕重点产业发展需求，大力实施"中原英才计划"，推行"揭榜挂帅""赛马制""PI制"等项目组织机制，不断完善柔性引才引智机制，开发河南省"一站式"人才服务平台，努力形成引才育才相衔接的高层次创新创业人才开发体系。

四 河南推进创新链产业链资金链人才链深度融合的现实障碍

蓝图催人奋进，征程任重道远。就目前来看，河南虽然在推进"四链"深度融合方面取得了一定的成绩，但我们也必须清醒地认识到，要加快构建

---

① 《河南省"科技贷"累计放款110亿元》，河南省人民政府网站，2022年10月25日，https://www.henan.gov.cn/2022/10-25/2628216.html。
② 《中原招才引智谋发展｜人才"磁力场"引来八方才俊》，河南省人民政府网站，2022年9月21日，https://www.henan.gov.cn/2022/09-21/2610474.html。

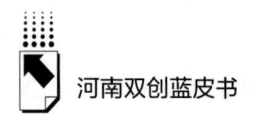

一流创新生态，全力建设国家创新高地，在实现高水平科技自立自强中展现河南担当作为，还存在顶层设计有待完善、产业链自主可控能力不强、科技资源共享程度低、战略科技力量布局薄弱等现实问题亟待解决。

（一）顶层设计有待完善

河南省第十一次党代会提出打造"设计河南"，"设计河南"需要科技创新和设计创新双轮驱动，河南省在全国率先成立省科技创新委员会，坚持以顶层设计引领科技创新。"设计河南"建设涉及领域广，是一项系统工程，需要汇聚政府、企业、社会等各方力量，坚定不移地创新发展。要想将创新链、产业链、资金链、人才链融在一起形成合力，统筹各方资源并使其协调发展，必须依靠完善的顶层设计来规划、引导和推动。就目前来看，《河南省"十四五"科技创新和一流创新生态建设规划》《关于加快构建一流创新生态建设国家创新高地的意见》等重磅政策相继出台，为科技创新提出了清晰精准的路径、方法和目的，但涉及"四链"深度融合的内容不多。从各地实际出台政策来看，往往是在某一"链"上发力，零敲碎打较多，系统谋划较少，政策效果有限。明确"四链"深度融合的总体思路、目标任务、路线图、时间表、任务书以及其他体系框架等，仍需要通过进一步完善顶层设计来实现。

（二）产业链自主可控能力不强

面对严峻复杂的国内外环境，有效增强产业链韧性、加快提升产业链自主可控能力，进而实现产业链安全稳定的重要性和必要性进一步凸显。可以说，推进"四链"深度融合、实现科技自立自强的前提就是要先解决产业链自主可控的问题，不断稳链补链固链强链，优化传统产业链，打造新兴高端产业链，锻造产业链长板，锤炼产业自主创新"真本事"，真正改变关键核心技术受制于人的局面。当前，河南虽然产业体系完整，拥有40个工业大类197个行业中类583个行业小类，但存在着基础创新能力不足导致的产业链供应链"大而不强、全而不精"的短板，关键零部件、基础材料和重要元器件对外依存度较高，产业链自主可控能力相对较弱。根据2023年河南省科技工作会议上公布的数据，2022年河南省技术合同成交额达到1025.30亿元，同比增长68%，首次突破1000亿元大关。如表1所示，2022年全国共登记技术合同772507项，成交额47791.02亿元，分别比上年增长15.2%和28.2%。成交额居前五位的省（区、市）依次为北京（7947.51亿元）、广东（4525.42亿元）、上海（4003.51亿元）、江苏（3888.58亿元）、山东（3256.04亿元），河南省技术合同成交额首次突破千亿元大关，但相比于这几个地区，仍有很大进步空间。

表1 2022年全国31个省（区、市）技术合同登记情况

单位：项，亿元

省（区、市）	项数	技术合同成交额	其中：技术交易额
合　计	772507	47791.02	30165.32
北　京	95061	7947.51	6134.86
天　津	12514	1676.53	792.97
河　北	15246	1009.70	322.68
山　西	1257	162.61	133.66
内蒙古	1527	52.49	35.09
辽　宁	18687	1000.18	526.39
吉　林	2564	52.63	50.83
黑龙江	6622	463.50	153.29
上　海	38265	4003.51	3120.11
江　苏	87353	3888.58	2582.77
浙　江	43627	2546.50	2226.66
安　徽	30630	2912.63	1193.57
福　建	17324	289.52	251.66
江　西	10255	758.23	614.33
山　东	55680	3256.04	2398.98
河　南	22445	1025.30	512.95
湖　北	77402	3040.75	1558.34
湖　南	45780	2544.64	749.15

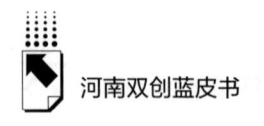

续表

省（区、市）	项数	技术合同成交额	其中：技术交易额
广　东	47892	4525.42	2663.57
广　西	5047	227.39	97.89
海　南	1991	36.40	34.97
重　庆	6919	630.49	183.86
四　川	23620	1649.77	1075.98
贵　州	8554	390.73	249.43
云　南	7514	219.20	120.82
西　藏	194	6.21	5.99
陕　西	68546	3053.50	2153.20
甘　肃	13241	338.57	149.83
青　海	1133	16.03	9.56
宁　夏	3594	34.37	32.31
新　疆	2023	32.08	29.64

资料来源：根据科技部火炬中心相关数据整理。

（三）科技资源共享程度低

科技创新在引领经济社会高质量发展中作用显著，是带动河南省走向现代化的"火车头"。而科技资源则是开展科技创新的重要基础，也是实施创新驱动战略、加快科技自立自强的主动力和核心引擎。近年来，河南一直深入贯彻落实习近平总书记关于科技创新的重要论述，持续优化战略性科技资源空间布局，高度重视科技资源统筹和优化配置，科技资源投入快速增加，科技创新平台显著增多，在全国科技创新版图中的地位正在逐步上升。根据2023年河南省科技工作会议上公布的数据，2022年河南高新技术企业、科技型中小企业分别突破1万家、2.2万家，同比分别增长29.6%、45.3%，总量居中西部首位。但与沿海发达省份相比，依然存在科技资源配置效率低的问题，各科技创新平台力量较为分散，缺乏有效的协作机制，难以形成合力和协同效应，导致产业、创新和服务等要素在区域间流动不通畅，共享程度较低。另外，在科技资源共享的法律法规方面也较为匮乏，存在科技资源共享无章可循、无法可依的情况。

（四）战略科技力量布局薄弱

如今，创新发展已经成为现代化河南建设的主旋律、最强音，在全力建设国家创新高地中，为应对国际竞争、产业革命，增强科技储备和原始创新能力，河南不断加强与国家战略科技力量体系对接、与产业转型升级融合，先后建设各类科研创新平台，比如国家重点实验室、国家技术创新中心、国家工程研究中心等，国家战略科技力量河南布局初见成效。根据《中华人民共和国2022年国民经济和社会发展统计公报》，截至2022年底，正在运行的国家重点实验室有533家，主要分布在北上广以及江苏地区，相比之下河南仅拥有16家，从数量上看是落后的。除此之外，根据2022年2月教育部公布的第二轮"双一流"建设高校及建设学科名单，全国共有147所"双一流"建设高校，其中数量排名前五的省份分别为北京（34所）、江苏（16所）、上海（15所）、四川（8所）、广东（8所）、陕西（8所），相比来看，河南仅有两所。就目前来看，河南的战略科技力量布局还相当薄弱，这与新时代锚定"两个确保"、实施"十大战略"的发展目标不相匹配。战略科技力量布局关乎国家长远发展和产业安全的关键技术瓶颈突破，对有力推进河南现代化进程也意义重大。

五 河南推进创新链产业链资金链人才链深度融合的政策建议

进入新时代新征程，河南迫切需要在"大有作为的关键阶段"实现"直道冲刺、弯道超车、换道领跑"，要想交出"奋勇争先、更加出彩"的优秀答卷，河南比任何时候都更需要创新发展，尤其是在新发展理念指导下，"四链"深度融合的重要性更加凸显。接下来，大力推进创新链产业链资金链人才链"四链"深度融合，有力统筹技术、产业、资金、人才等要素资源，形成创新合力，集聚发展新动能，对河南实施优势再造战略、促进经济社会高质量发展、加快现代化建设具有重大意义。

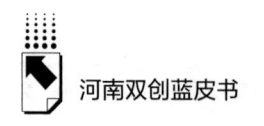

（一）持续优化顶层设计，为"四链"深度融合保驾护航

"四链"深度融合是一项系统工程，创新链、产业链、资金链、人才链相互交织，缺一不可，这就需要各地各部门统一思想、明确任务、强化措施，帮助各链条各环节协同发力。一是建立统筹推进"四链"深度融合的工作机构，完善工作统筹调度机制和督导评价机制，建立一体联动的服务保障机制，协调行业企业、高等院校、职业院校、科研机构、社会组织等多方主体，引领"四链"深度融合互促发展。二是精心编制"四链"深度融合的整体规划和发展方案，以产业链为基础，以创新链为核心，围绕产业链部署创新链，围绕创新链配置人才链，围绕人才链完善资金链，引导、支持、推动各链条、各环节互联互通，为"四链"深度融合提供清晰的行动指南。三是完善相关配套政策体系，立足新的发展定位，重视整合政府、企业、社会力量，围绕产业所需、科技创新、资本融通、人才培育、政府服务，强化人才、知识、技术、资金、数据等创新要素的配套支持，制定更具竞争力的全链条政策措施，推动"四链"高水平协同发展。

（二）加快提升产业链自主可控能力，为"四链"深度融合打好基础

要提升产业链自主可控能力，必须主动对接国家和河南省"十四五"科技创新规划部署，着力推进关键核心技术攻关，把创新主动权、发展主动权牢牢掌握在自己手中。一是围绕制造业重点产业链发展的断点堵点痛点，找准"卡脖子""掉链子"薄弱环节，聚焦基础支撑和高端装备引领，着力补短板、锻长板，集中优质资源合力推进关键核心技术攻关。二是强化企业科技创新主体地位，建立"科技领军企业牵头+其他创新主体联合攻关"的产学研创新联合体，激发科技创新内生动力，提升企业创新资源要素集聚能力，主动承担国家重大科技任务和关键核心技术攻关，更好履行高水平科技自立自强的使命担当。三是培育发展战略性新兴产业、谋篇布局未来产业。聚焦信息技术、生物医药、新能源、节能环保以及高端装备、功能材料等战略性新兴产业，突破一批"撒手锏"核心技术，加速创新突破和融合应用。

围绕未来产业前瞻布局，聚焦量子信息、类脑智能、未来网络、氢能与储能、碳基电子新材料等有前景、有基础的方向，力争在部分前沿领域实现颠覆性重大突破，培育形成若干未来产业的新增长极。

（三）着力强化科技资源共享，为"四链"深度融合蓄势赋能

科技资源共享是催生高质量发展新动能的重要前提，对推动"四链"深度融合发挥着至关重要的作用。一是完善科技资源共享管理体系，充分发挥政府力量，建立多部门共同参与的沟通协调机制，统筹做好全省科技资源开放共享工作，规范管理国家科技资源共享服务平台，推进科技资源向社会开放共享，营造公平健康的科技资源共享环境。二是整合全省现有的各类科技资源共享服务平台，按照国家统一标准和规范，明确服务方式、内容和流程，搭建对接全国、覆盖全省、多级联动的科技资源共享服务网络管理平台。在信息安全的前提下，科技资源共享服务网络管理平台收集整理科技资源信息并向社会发布，同时提供网络在线查询、检索、服务推介、技术培训等各类服务。三是完善科技资源共享政策支持体系。积极发挥财政职能作用，省财政安排专项资金，用于全省科技资源开放共享服务奖励补助，建立科技资源开放共享绩效评价制度，完善促进科技资源开放共享的激励引导机制。

（四）加强国家战略科技力量河南布局，为"四链"深度融合提供支撑

坚持创新在现代化建设全局中的核心地位，把科技自立自强作为国家发展的战略支撑，而重中之重是强化国家战略科技力量。如今，国家战略科技力量已经被写入《中华人民共和国科学技术进步法》，加强国家战略科技力量河南布局，提升科技创新对河南区域经济社会发展的引领力、支撑力，对于加快河南现代化进程具有重要意义。一是要发挥高校特别是"双一流"建设高校基础研究人才培养主力军作用，把基础研究人才、卓越工程师培养作为重中之重的任务，加强产学研深度融合，培养打造大批一流科技领军人

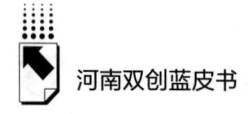

才和创新团队，为国家战略科技力量河南布局提供人才支撑。二是要以国家重点实验室、国家工程研究中心等重组、转建为契机，搭建一批国家级平台，以河南省实验室和现有国家级平台为重点，力争融入国家实验室（基地或分支机构）建设体系。三是要重点瞄准行业产业技术需求，大力推进关键核心技术研发，开展有组织的科研和协同攻关，力争在国家自然科学基金、国家重点研发计划等国家级重大重点项目方面实现新突破，解决"卡脖子"技术难题。

参考文献

黄涛、樊艳萍、王慧：《推动创新链产业链资金链人才链深度融合》，《中国人才》2023年第1期。

宋克兴：《构建一流创新生态 建设国家创新高地——关于我省"科技创新"的学习思考》，《河南教育》（高等教育）2022年第12期。

河南省委人才办：《"推进人才工作改革创新"系列报道5 河南：加快建设国家创新高地和重要人才中心》，《中国人才》2023年第2期。

《"河南这十年"科技创新实力提升最快创新成果产出最多》，《郑州日报》2022年9月20日。

李晓红：《强化企业科技创新主体地位》，《人民日报》2022年12月26日。

创新产业篇

Innovation Industries

B.14 河南以创新要素集聚支撑未来产业前瞻布局

尚思宁[*]

摘　要： 面对新一轮科技革命和产业变革，培育未来产业已成为重塑区域产业竞争优势的关键举措。河南在换道领跑战略中明确提出"前瞻布局未来产业"，并在"十四五"规划中强调重点培育六大未来产业。河南六大未来产业布局已经展开，并在部分细分领域已初见成效，但高端创新要素缺乏仍然是制约未来产业发展的瓶颈。本文从顶层设计、平台创新、科技攻关、产业集聚、应用推广、人才引培、创新生态链等方面为河南未来产业的创新发展提出对策建议以供参考。

关键词： 创新要素　未来产业　产业升级　高质量发展

---

[*] 尚思宁，河南省社会科学院数字经济与工业经济研究所研究实习员，研究方向为工业经济、数字经济。

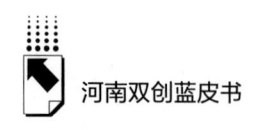

未来产业具有依托新科技、引领新需求、创造新动力、拓展新空间的"四新"特点，发达国家正在加快布局未来产业，继续抢占发展制高点，《中华人民共和国国民经济和社会发展第十四个五年规划和2035年远景目标纲要》明确提出，要"前瞻谋划未来产业"，河南也对六大未来产业进行了前瞻布局和系统谋划，加快集聚高端创新要素，催生引领区域经济高质量发展的未来产业。

一 高端创新要素引领未来产业发展

未来产业，是指基于前沿重大科创成果形成的，能够决定未来产业竞争实力、重塑区域竞争力的前瞻性产业，具有高成长性、强融合性、高技术密度等典型特征。与传统产业更多依靠渐进性创新改造升级不同，未来产业是主要依靠颠覆式创新从"无"变"有"的产业，只有依托高能级创新平台集聚高端创新要素，才能不断催生未来产业。

（一）颠覆性科学技术创新是未来产业的动力源头

创新是引领未来产业发展的第一动力。未来产业的最大特点就是着眼于"从0到1"的自主创新，立足前沿新科技，以技术进步为成长驱动力。而前沿技术的发展突破又和创新要素集聚有直接的关联。代表新兴技术发展方向的未来产业，也往往在基础理论研究强、科技创新基础好、创新主体积极活跃、经济发展水平高的地区萌芽，创造出新的发展动力，并能够进一步衍生新业态、新模式、新消费、新载体，拓宽发展经济新边界，同时满足人类社会不断升级的新需求，形成正向循环。

（二）高端创新要素集聚是未来产业的培育温床

发展未来产业是以创新引领高质量发展的必然选择，而未来产业本身也已成为衡量一个地区科技创新和综合实力的重要标志。当前，未来产业无疑仍处在萌芽或孵化阶段，潜能巨大但产业规模小、市场能力弱。与过去依赖土地、资源、劳动力等要素的传统产业相比，创新要素对未来产业发展起支撑作用，重点依靠科技、知识、企业家精神等新兴要素投入。人才、技术、数据、资金供应、专利制度等高端创新要素自由流动的创新生态是未来产业创新活动赖以存续的"阳光"、"空气"和"水"。

（三）集成创新的长效机制是未来产业的发展要求

从发达国家及内地先进省份走过的路径来看，未来产业的培育有赖于政策体系创新，如通过解决基础科学研究中的"市场失灵"问题、激发创新环境活力、提高科技成果转化率，来帮助创新主体走出"死亡之谷"。要着力打造集成创新的长效机制，其中既包括产业政策、人才知识、科研文化、财政金融、组织服务、体制机制等"软件"创新，又包含新基建、技术工艺、设备装置、经济基础等"硬件"升级，为"幼小化"的未来产业"保驾护航"。

当前，河南正在加快国家创新高地建设，以创新发展之"高"推动现代化河南建设之"强"。云计算、AI、区块链、高密度材料、生物医药等河南未来经济增长点与未来产业技术细分领域高度重合。下一阶段要持续加大对技术创新的支持力度，充分保障创新要素供给，让未来产业创造并满足河南社会主义现代化建设中涌现的新需求，拓宽经济社会发展新空间。

二 河南前瞻布局未来产业初见成效

科技创新是"华山一条路"。河南省第十一次党代会提出"换道领跑战略"后，河南突出高端要素集聚，围绕"无中生有""有中育新""优中培精"三大路径，聚焦量子信息、氢能与新型储能、类脑智能、未来网络、生命健康、前沿新材料六大重点领域，在未来产业的谋划和培育方面已经取得了一定成效。

（一）量子信息

量子信息是关于量子系统"状态"带有的物理信息，是通过量子系统

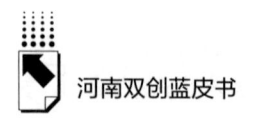

的各种特性进行计算、编码和信息传输的全新信息方式。相关产业链主要包括量子计算、量子通信和量子测量，涵盖研发机构、元器件及设备制造、产业应用三个层次。

河南省是国内较早布局量子信息产业的省份之一。当前，量子通信城域网、研发创新中心、应用示范基地正加快建设，并引进国科量子等优势头部企业，建设郑州星地一体量子通信枢纽。信息工程大学量子计算研究团队提出的量子计算模拟新算法在"天河二号"超级计算机上完成验证。以河南省量子信息与量子密码重点实验室、河南国科量子通信技术应用研究院等机构建设为抓手，集中攻克量子通信、量子计算、量子精密测量方向相关材料、共性技术、核心器件和装置制备关键技术，积极探索开展量子安全政务、量子安全移动办公、量子安全财政支付等创新应用。

（二）氢能与新型储能

氢能及新型储能产业是通过氢气和氧气的化学反应来产生能量，并借助介质或设备把氢能存储再释放出来的相关行业，主要包括技术研发，氢气制备、氢气储存和运输、燃料电池组件制造和系统集成，以及氢能源整车制造。

河南在上游环节集聚了豫氢能源、正星科技等重点企业，重点生产储氢瓶、加氢机等；在中游环节拥有豫氢动力、氢璞创能科技等氢燃料电池制造商；在下游环节分布着宇通集团等整车制造商。郑州已成功入选国家燃料电池汽车示范城市群。新乡高新区建有河南唯一的氢能产业园，并依托河南省氢能与燃料电池工程研究中心、河南中氢动力电池研究院等研发平台，构建围绕"制氢—储氢—加氢—氢燃料电池系统—氢燃料发动机—整车生产"的产业链。2022年8月，《河南省氢能产业发展中长期规划（2022—2035年）》印发，将重点打造"一轴带、五节点、三基地"的郑汴洛濮氢走廊，以及郑汴洛濮氢能示范应用轴带，进一步培育壮大氢能装备产业集群。

（三）类脑智能

类脑智能又称类脑计算，即模仿人类神经系统开发出的快速低耗的运算技术。类脑智能产业主要包括基础理论层（大脑可塑性机制、脑功能结构、脑图谱等大脑信息处理机制）、硬件层（神经形态芯片）、软件层（核心算法和通用技术）、产品层（交互产品和整机产品）。

河南省类脑智能产业在智能图像、智能语音、家居平台、医疗辅助诊断等领域拥有优势，AI 软件、产品和服务等核心产业规模约 50 亿元。郑州大学河南省脑科学与脑机接口技术重点实验室在微型高相容神经接口、神经计算模型、脑功能康复与增强等方面形成了一批具有自主知识产权的创新性成果。未来河南将依托中原动力、河南讯飞、郑州科慧、中信重工等优势企业，突破跨媒体感知计算、大数据智能、智能语义理解、智能分析决策等技术，打造郑州、洛阳、新乡等地类脑智能产业集群，形成类脑智能产业发展策源地和增长极。

（四）未来网络

未来网络，是指采用新的体系结构、运行机理对基于 IP 的网络进行"革命式"改造的新一代互联网，对智能制造、万物互联等领域有重大影响。未来网络产业包括各类研究机构、元器件及设备制造以及应用生态等。

河南在区块链、卫星及北斗导航方面具备一定基础。2020 年，河南省区块链产业联盟在郑州成立，成员包括河南区块可信链技术研究院、中原工学院前沿信息技术研究院等 110 家单位，并在硬件、区块链底层平台、垂直应用等领域涌现中盾云安、盛见网络等一批企业。2021 年，河南省已完成北斗地基增强系统建设，统一规划建成 254 个基站；郑州北斗产业园、航空港区北斗智能终端产业园和信阳北斗卫星产业园初具规模，集聚了威科姆、天迈科技、全能科技等 100 多家企业。

（五）生命健康

生命健康产业以基因技术为主要技术手段，促进人类健康、预防疾病、

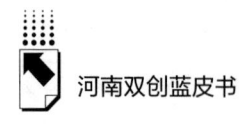

延长寿命,是生物医药产业的源头和制高点。产业链条包括各类研究机构(DNA等样本制备技术、基因测序/PCR/基因芯片等基因序列读取技术研究机构)、生物设备和产品制造,以及各类医疗服务机构、健康管理机构。

生物医药方面,河南拥有血液制品行业龙头华兰生物、国内体外诊断试剂和仪器领域主力厂家安图生物、国内兽用疫苗行业龙头普莱柯生物等优势企业;基因技术方面,河南省基因检测技术应用示范中心是首批27个国家级基因检测技术应用示范中心之一;生物制造方面,周口郸城、濮阳南乐等生物新材料产业园建设取得阶段性成效;生物育种方面,神农种业实验室等创新平台正在建设。未来,河南将继续推动新型疫苗、生物育种、基因检测、智慧健康等重点领域和特色优势产业发展,实现技术、装备、药品与国际先进水平"三同步"。

(六)前沿新材料

前沿新材料产业主要包括碳基新材料、第三代半导体材料、先进功能材料等领域,涵盖各类研发机构,以及合成、冶炼和精深加工厂商,在信息技术、航空航天、汽车、军工、纺织服装等行业具有广泛应用场景。

河南前沿新材料产业规模已突破4000亿元大关,在尼龙、铝材、镁粉、六氟磷酸锂、多晶硅、金刚石等领域具有比较优势,在碳基新材料、特种金属材料、第三代半导体材料、先进功能材料等领域着力布局,龙头企业包括平煤神马、多氟多、中南钻石、黄河旋风等。拥有郑州磨料磨具磨削研究所、郑州机械研究所、郑州金属制品研究院、洛阳尖端技术研究院、洛阳特种材料研究院等优势科研机构,具有良好的发展基础和条件。河南计划到2025年,建设一批前沿新材料中试验证基地和应用示范平台,打造5个左右具有全球影响力的千亿级特色产业集群。

三 河南未来产业发展面临高端要素短板

(一)高水平技术攻关与应用转化力较低

河南未来产业技术应用尚在初期探索阶段,关键技术、材料、零件、设备等自主供应力不足,"进口依赖"问题短期难以解决。譬如,实现量子逻辑比特的门槛尚未跨越,软件与算法上超越经典计算优势的未来网络案例尚未明确,基因技术基础设施尚需迭代升级,电解水制氢、加氢机、压缩机等装备方面的检测仍属空白,CCUS(碳捕集、利用与封存)技术集成落后。河南科研成果"半成品"率较高,转化障碍尚未消除,往往由"图纸"到"现实"还差"最后一公里"。未来产业相关技术系统性能与实用化水平低,应用场景和市场化发展程度有限,导致河南未来产业内生增长动力不足,如基因技术在临床应用中遇到的一大难题是高昂的价格带来的支付困境。

(二)高能级创新载体与平台支撑不足

河南省"载体+平台"的双创生态并不完善。相对于经济发达地区,如深圳打造粤港澳大湾区工业互联网公共技术服务平台项目创新联合体,而河南缺乏知名科技企业和研究机构,研发投入较低,郑州研发投入占 GDP 比重仍低于无锡、合肥、东莞、佛山等城市。行业龙头企业的创新能力仍较薄弱,缺少拥有自主知识产权的新技术、新工艺、新装备等,新产品的种类和开发迭代速度也滞后于市场的多元化需求。在关键平台端,河南省未来产业供应链平台、工业互联网平台、质量检测平台、制造业创新平台、产学研信息交流平台等都较为欠缺。相较于湖北武汉获批成为第 5 个国家科技创新中心,国家重点实验室数量位列全国第 4,安徽合肥、陕西西安获批为综合性国家科学中心,河南当前未有城市入围国家科技中心,高能级载体与平台的空白进一步减弱了对高端人才的吸引力。

(三)高层次创新团队与人才短缺

高层次人才是经济社会发展的稀缺战略资源。河南基础研究和应用研究人才比例较低,尤其缺少高精尖技术人才,管理、营销等跨界型、复合型人才。截至 2022 年,河南本土院士有 25 名,其中,中国科学院院士 6 名、中国工程院院士 19 名。2021 年,河南国家杰出青年人数在全国仅排名第 6,与邻近省份山东、江苏、湖北、安徽等相比还有长足进步空间(见图 1)。

江苏"两院"院士118名居全国首位；同在中部地区的湖北、安徽"两院"院士分别为81名和39名。2022年，河南引进海内外博士及以上高层次人才2950名，其中全职引进院士3名、国家杰出青年3名、长江学者1名、海外高端人才2名，但仍需进一步丰富"智囊团"。

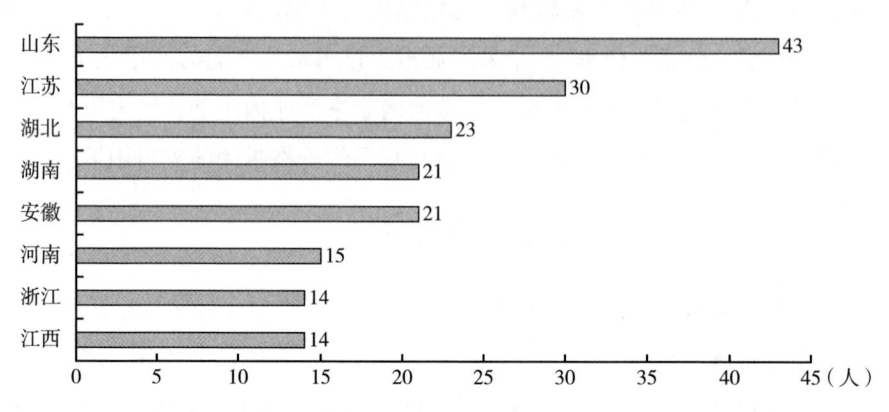

图1　2021年国家杰出青年科学基金获得者籍贯分布前八

地区	人数
山东	43
江苏	30
湖北	23
湖南	21
安徽	21
河南	15
浙江	14
江西	14

资料来源：根据各地科技厅网站数据整理。

人才培养模式方面，教育链与未来产业链之间没有有效衔接，与企业人才需求脱节。河南省未来产业细分领域专业课程开设院校少，培养周期滞后，硕博人才培养不足。河南省人才交流中心调研数据显示，多数毕业生前往北上广深等一线城市以及江浙等地区就业的意向更强。人才流失问题的叠加，难以有效为河南未来产业发展提供强有力的人才支撑和智力保障。

（四）高品质未来产业集群尚未成型

河南省未来产业链初步搭建，链条形式较为单一，重点领域招商不足，整体分布较为离散，尚未形成上中下游、大中小企业融通创新的良好局面。六大未来产业领域的企业多数缺乏核心专利技术，头部企业较少，产业布局协同不够合理，尚未形成规模化发展格局，在市场层面缺乏话语权、定价权。产品层面，如新材料产业仍以基础原材料或中间体生产为主，大部分处于产业链前端，高端市场突破困难，低端市场差异化程度低，恶性竞争导致价格内卷，产品质量提升较慢；氢能及燃料电池汽车产业还处于产品市场导入期，竞争力不足；电子制造业以原始设备制造业务为主，利润单薄。

（五）未来产业创新生态圈远未形成

未来产业技术发展具有高度不确定性，技术创新从研发到落地需要投入大量时间和资源，且对人才、资本、数据、基础设施等创新投入要素的要求非常高。河南省产学研协同创新的"壁垒"仍存在，尚未建立高效、活跃的创新孵化链，技术成果交易市场发育迟缓，信息交流不畅通，配套服务欠缺，风险评估预警能力不足等因素导致省内多数创新技术成为"沉没成本"，一些技术咨询、项目转接等仍颇具行政色彩，整体创新链、产业链、资金链、政策链尚未有机融合。近年来，上海、合肥、南京等地纷纷举办未来产业相关论坛，吸引团队和企业落地，如安徽连续举办中国（合肥）类脑智能高峰论坛，搭建交流合作平台，签约落地一批类脑智能研发与产业化项目，与之相比，河南则缺乏生态氛围支撑。

四 以高端创新要素集聚支撑河南未来产业发展的对策建议

（一）引培高能级创新平台，吸引高端要素集聚

争取国家级创新平台在河南落地。持续完善河南省未来产业公共服务平台，建设未来产业企业库和研发机构库，动态管理、及时跟进项目情况。引导相关企业聚焦自身优势建设特色创新平台，在细分领域实现重点突破。如支持建立中试基地，为前沿新材料技术提供支撑；鼓励河南高校创建类脑智能实验室和研发中心；筹建河南量子通信、量子计算重大研究测试平台等；支持医疗机构联合打造产业技术研发与转化功能型平台。

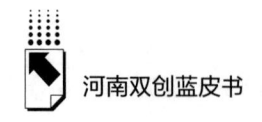

统筹协调未来产业基础硬件、基础数据库、研究平台、信息化支撑平台、高级计算平台等的建设和整合部署，避免低水平重复建设。打造具备"强大的创新资源配置能力、出色的系统问题解决能力、持续的科技成果供给能力、系统的创新生态构建能力"的河南未来产业科技力量。

（二）聚焦本土优势领域，加强科技创新攻关

创新是发展的逻辑起点，要在未来产业发展上主动发力需推进关键核心技术攻关。依托创新平台，凝练一流课题，围绕产业链、创新链关键环节，迭代编制关键核心技术攻关图，采取"揭榜挂帅"等形式，在六大未来产业领域滚动实施关键核心技术"蓝图表"，攻克一批"卡脖子"技术，如石墨烯基新材料、量子精密测量、人机混合增强智能、氢燃料电池、新靶点新机制药物、分子育种等。进一步发挥河南人口及市场数据资源优势，构建行业大数据训练库和标准测试数据集，建设提供知识图谱、算法训练、产品优化、安全可控等共性服务的开放性云平台，强化数据资源在未来产业技术与产品开发中的应用。

（三）引培优质创新企业，打造未来产业集群

未来产业发展离不开具体的企业。完善企业激励制度，培育创新战略管理动能。加强产业基金支持和银企战略合作，拓宽未来产业企业融资途径，推动创新型企业挂牌融资、上市融资。依托中国（郑州）产业转移系列对接活动，引培一批"单项冠军""专精特新""独角兽"企业，作为创新"先锋队"和"生力军"，实现关键技术环节自主可控。

聚焦六大领域，精准推进"强链、补链、稳链"，打造特色产业集群，强化产业链竞争力。集聚未来产业优质企业，创新未来产业先导区，秉承"项目为王"理念，开展"三个一批"规划河南重大未来产业项目，如着力在黄河鲲鹏计算、新型显示和智能终端、新一代人工智能、网络安全等领域形成集群；总结郑洛等地在氢能发展中可复制推广的经验，推动氢气供应、氢燃料电池汽车等氢能未来产业链发展。

（四）开发创新应用场景，加快示范宣传推广

应用场景是未来产业的初始市场。发挥应用示范带动作用，开展未来产业试点示范，打造规模化、商业化终端应用场景，加快促进相关技术成果转化和产业规模化发展。如依托智慧城市建设，加强未来技术设备在医疗、教育、交通、物流、金融、文化、旅游、安防、灾害预警等公共领域应用。

建立未来产品需求侧引导和激励机制。借鉴发达国家在政府采购等方面的经验，增强政府采购对前沿技术转化产品的支持，为前沿技术向未来产业转化提供早期的市场需求牵引。进一步健全未来产业市场化扶持和推广机制，加强政产学研用多方交流合作。着力打通"政策指导—基础研究—前沿创新—技术转化—市场应用—产业形成"双向链条，将创新成果商业化、产业化。重点发展行业级、场景级系统解决方案供应商，形成以市场为龙头的产业发展生态环境。

（五）加强对外合作交流，巩固创新人才支撑

打造良好的对外科技交流合作环境和与国际接轨的创新环境。立足河南未来产业链发展现状，鼓励本土企业参与国际标准的制定和修订工作，推动行业标准、管理规制和知识产权与国际接轨。与国内外企业、高校和科研机构开展深度战略合作，设立"未来产业技术联盟"。共建科技园区、技术转移中心，联合举办类脑智能高峰论坛、新材料大会、基因检测峰会等大型展会，集聚高端创新要素，营造技术合作和场景开发氛围。

创新人才是技术和产业发展的关键。制定人才需求目录，探索柔性人才引进培育机制，对未来产业高端人才采取一事一议的办法给予重点支持。立足省情实际，吸引高端人才团队入驻中原。积极探索"学科+产业"的创新模式，支持鼓励信息工程大学等院校开展未来产业相关学科和交叉学科建设，加强基础理论研究，积极搭建实训平台，引导大学科技园向未来科技领域转型升级。利用河南职教优势，创新"科学家+企业家+学生团队"的产业孵化模式，联合突破关键技术，提升科技成果转化率和产业化水平。

（六）完善创新生态链，助力高端要素集聚

逐步建立完善"基础研究+技术攻关+成果产业化+科技金融+人才支撑"全过程创新生态链，打造以高端化产业、高层次载体、高水平人才为支撑的创新驱动全面转型高质量发展体系，打造创新驱动高质量发展的新生态。推行"揭榜挂帅""赛马""首席专家负责""项目专员"等制度，满足各类创新主体需求。加快产业研究院、制造业创新中心等建设，打造集研发、中试、产业化、工程化于一体的创新联合体，带动人才、技术、成果、平台等创新资源向河南集聚，为未来产业发展提供重要支撑。创新的主体是企业和企业家，要大力激发企业家创新精神，建设崇尚创新的企业文化，营造鼓励探索、宽容失败、尊重人才、尊重创造的良好氛围。

参考文献

河南省人民政府：《河南省"十四五"战略性新兴产业和未来产业发展规划》，2021年12月21日。

渠慎宁：《未来产业发展的支持性政策及其取向选择》，《改革》2022年第3期。

郭京、眭纪刚、马双：《中国未来产业发展与创新体系建设》，《新经济导刊》2021年第3期。

沈华、王晓明、潘教峰：《我国发展未来产业的机遇、挑战与对策建议》，《中国科学院院刊》2021年第5期。

余东华：《"十四五"期间我国未来产业的培育与发展研究》，《天津社会科学》2020年第3期。

田喜洲、郭新宇、杨光坤：《要素集聚对高技术产业创新能力发展的影响研究》，《科研管理》2021年第9期。

郝汉舟等：《创新要素集聚与产业升级：中介效应和调节效应研究》，《长江流域资源与环境》2022年第11期。

王中亚：《河南量子信息产业创新发展问题研究》，《科技创新与生产力》2022年第9期。

《下活全球创新要素聚集的"一盘棋"》，《南方日报》2023年2月19日。

B.15
河南省以创新要素集聚助力传统产业提质发展的路径

张志娟*

摘　要： "十四五"期间，河南省传统产业提质发展是重头戏。加快河南传统产业提质发展是构建新发展格局的战略需要，是加快建设制造业创新高地的有力保障，也是奋力建设现代化河南的重要路径。加快创新要素集聚是河南传统产业实现高端化、数字化、智能化、绿色化、服务化转型的关键，以创新要素集聚助力河南传统产业提质发展初见成效，如政策支持体系逐步完善、食品产业链能级不断提升、一大批延链补链强链项目加快实施、科技创新赋能传统产业转型升级、营商环境整体水平显著提升等。为进一步推动创新要素集聚助力河南传统产业提质发展，河南需要从加强政府宏观调控、构建创新资源整合和协同系统、加强高技能人才的引进和培育、促进绿色低碳发展等方面继续发力。

关键词： 创新要素集聚　传统产业　提质发展　创新资源整合

传统产业泛指除高新技术产业之外的众多产业，主要指劳动密集型、以制造加工为主的行业。传统产业作为河南工业经济的基本盘，几乎撑起全省工业经济的半壁江山，河南省第十一次党代会和《河南省"十四五"制造

---

* 张志娟，河南中原创新发展研究院副教授，研究方向为区域经济、产业创新。

业高质量发展规划》均提出"加快河南传统产业提质发展"的目标。科技创新能够为产业结构升级和高质量发展提供新的动能，而科技发展的主要动力和源泉则是创新要素集聚。因此，加快创新要素集聚是促进河南传统产业转型升级、推动新旧动能转换和稳定经济增长的关键，应当积极探索促进创新要素集聚助力河南传统产业提质发展的途径。

一 创新要素集聚助力河南传统产业提质发展的重要意义

既有的理论研究与实践经验表明，要实现经济高质量发展必须大力实施创新驱动发展战略，而推动创新要素集聚则是实现创新驱动的必要条件，现阶段从中央政府到地方政府均大力推进创新要素的有效集聚。[①]

（一）构建新发展格局的战略需要

加快构建新发展格局是党中央的重大经济部署，是筑牢经济发展根基的重大举措，其本质任务是要实现和保障经济循环的畅通无阻。受各种因素影响，河南全省不同地区的经济基础和市场发育程度不同，使得传统产业的发展水平也不尽相同，推动河南传统产业提质发展有助于缩小地区、产业之间发展的差异性，推动产业均衡发展。当前，河南传统产业大而不强、产品研发和高端制造能力不足的现象也比较突出，传统产业不强会影响生产环节中先进机械设备、原材料的提供和应用，也会影响流通环节高效化的实现，进而影响人们对消费高质量产品的现实需求。在此背景下，河南迫切需要加快创新要素集聚以创造高水平的供给能力，有效打通生产、分配、流通、消费的堵点和梗阻以弥补产业链短板。因此，以创新要素集聚促进河南传统产业提质发展可维持经济安全

---

① 王汉杰、温涛、陈沁：《创新要素集聚、反腐与创新效率提升》，《重庆大学学报》（社会科学版）。网络首发日期：2022年10月28日。

高效发展，有助于推动全省经济高质量发展，是构建新发展格局的战略需要。

（二）加快建设制造业创新高地的有力保障

传统产业是现代化产业体系的基底，其提质发展关乎现代产业体系建设全局。从传统产业发展演变而来的制造业是国民经济的基础和主体，是实体经济的中坚力量和工业经济的压舱石，制造业当中传统产业占比达到了80%。作为人口大省和制造业大省的河南，正在进行传统产业的升级改造，要加快构建先进制造业体系和建设制造业创新高地，就需要推动河南传统产业提质发展，做优做强传统产业的基本盘，加快推进创新型特色优势集群培育，强化产业链上下游新品供需对接，推进科技、人才、金融等创新要素的集聚和融通衔接，推动更多"河南制造"向"河南创造"转变，再造传统产业的新优势。因此，创新要素的集聚和融通衔接成为推动河南建设制造业创新高地的有力保障。

（三）奋力建设现代化河南的重要路径

近年来，河南省委立足新发展阶段、贯彻新发展理念，坚持创新是第一动力，深入实施"十大战略"。现代化河南中的现代化是质量和数量、规模和结构、效率和效益相统一的现代化。在推动高质量建设现代化河南的进程中，河南要发挥工业规模基础大、门类齐全和近1亿人口的内需市场优势，加快传统产业提质发展，通过再造、整合、重组来巩固提升传统产业已有优势，加快培育新的比较优势，不断推动高质量产品和服务的快速涌现，促进知识、技术、信息、人才、数据、平台等高端要素的蓬勃发展。因此，依靠创新要素集聚不断提升传统产业基础能力和产业链的现代化水平，逐步建成以传统产业为基础、新兴产业为支柱、未来产业为先导的先进制造业体系是推动高质量建设现代化河南的重要路径。

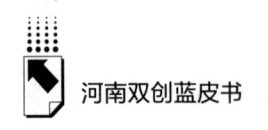

二 创新要素集聚助力河南传统产业提质发展的作用机理

河南在产业转型升级和绿色低碳发展的背景下，必须进一步加快实现从要素驱动向创新驱动的转变，加快创新要素集聚以营造良好的创新生态环境。因此，在推动河南传统产业提质发展的进程中，需要深入探索创新要素集聚在其中发挥的作用。

（一）创新要素集聚推动传统产业提升高端化水平

河南省传统产业凭借劳动力、能源、原材料和环境等要素的低成本比较优势得以发展壮大，但是多数企业从事的是中低端产品的生产和销售，这就造成创新活动多是自发和零散的，出现了要素市场的严重扭曲和产能过剩现象。创新要素集聚可以推进劳动力、土地、技术、资本、数据等要素纵深发展，更大范围配置创新要素以加快推动传统产业的产品供给从低端向中高端延伸、从以贴牌生产为主向以创新自主品牌为主转变，进入新兴产业与未来产业发展的新赛道。

（二）创新要素集聚促进传统产业提升数字化和智能化水平

创新要素集聚可以联通高校、科研院所以及不同产业链条上的各类企业，通过各环节创新链条的紧密结合促进创新链条与产业链的深度融合，加快科研成果的转化和应用。创新要素集聚提升所体现的各创新要素链接和融通，有助于传统产业在强链补链的过程中抓住数字技术这个关键，更好地运用互联网、人工智能等新型信息技术手段，推动传统产业的技术创新能力和内部结构的科技含金量提升，更快地促进传统产业提升数字化水平，助力传统产业走向信息化、数字化和智能化。

（三）创新要素集聚推动传统产业提升绿色化水平

绿色化是经济高质量发展的重要参考，也是推动产业结构转型升级的重要路径。受自然资源禀赋的影响，当前河南省产业结构中传统粗放型产业仍然占主导地位，资源消耗型企业居多，节约环保型企业还比较少，存在高污染、高耗能、高排放的问题，传统产业尤其是制造业绿色转型发展依然任重而道远。因此，面对碳达峰、碳中和目标的实现，绿色低碳发展成为河南传统产业提质发展的内在要求和必然选择。创新要素的集聚能够加强传统产业不同行业、不同部门之间的技术关联和扩散，推动科创平台、高端创新人才、科创企业等创新资源的协同和应用，在生产过程中促进传统产业加快研发创新和采用先进金属材料、高端合金材料等高性能、轻量化、绿色环保的新材料和绿色建材，在延伸产业链的同时有效提升传统产业的绿色化水平。

（四）创新要素集聚助力传统产业提升服务化水平

创新要素集聚可以实现大中小企业、国有企业和民营企业、产学研各类创新创业主体共创共赢，通过共建深度合作的利益共同体，推动技术、资本、数据、市场等各种创新资源的互补共享，进一步催化各类创新资源的高效利用和集聚提升，催生一批新的商业运营模式和业态，有力推动传统产业提供更多的个性化和特色化定制等各类高附加值服务，进一步提升传统产业的服务化水平。

三 河南传统产业提质发展的主要成效及做法

面对现阶段市场需求变化，河南省立足现有的主导产业和优势产业，大力推动"三个一批"项目建设助力传统材料、装备、汽车、食品、轻纺五大传统产业高位嫁接、转型升级和提质发展，实现了传统产业的优势再造。

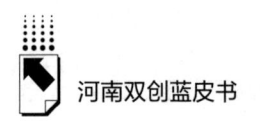

（一）政策支持体系逐步完善

围绕加快传统产业转型升级和提质发展的目标，2022年以来河南省政府密集出台了促进传统产业发展的相关政策文件，全方位部署和规划了河南省传统产业提质发展方向和重点任务，完善了传统产业发展的顶层设计、政策体系、法律法规等（见表1）。

表1　2022年以来河南省政府发布的促进传统产业发展相关政策文件汇总

文件名称	发布日期
《河南省"十四五"制造业高质量发展规划》	2022年1月26日
《河南省加快传统产业提质发展行动方案》	2022年1月21日
《关于开展企业技术改造提升行动促进制造业高质量发展的实施意见》	2022年1月21日
《关于进一步加快新能源汽车产业发展的指导意见》	2022年5月19日
《河南省制造业头雁企业培育行动方案（2022—2025年）》	2022年5月26日
《河南省加快材料产业优势再造换道领跑行动计划（2022—2025年）》	2022年7月26日
《河南省绿色食品集群培育行动计划》	2022年9月21日
《河南省加快预制菜产业发展行动方案（2022—2025年）》	2022年10月26日
《河南省制造业绿色低碳高质量发展三年行动计划（2023—2025年）》	2023年2月7日
《支持绿色食品业加快发展若干政策措施》	2023年2月20日

资料来源：根据河南省人民政府网站资料整理。

（二）食品产业链能级不断提升

食品产业作为河南的传统优势产业和支柱产业，已成为河南两大万亿级产业集群之一。根据统计，河南省规模以上食品企业达2500多家，食品产业产值占河南省GDP的20%左右，速冻食品全国市场份额达60%以上；全省已构建肉制品、面制品、乳制品、油脂及果蔬五大食品工业产业链，上下游产业链完整，且培育出了双汇、卫龙、三全、思念等一大批肉制品、面制品、速冻食品领域的全国知名品牌企业。河南作为农业大省，正在稳步推进从"中国粮仓"到"国人厨房"再到"世界餐桌"的转变。2022年9月，中原食品实验室作为第三批河南省实验室正式揭牌，中原食品实验室的建立是产业转型升级的需要,通过汇聚和引育国内外高端人才、搭建成果转化的创新平台等,助力河南建设国家级食品创新高地,支撑河南省万亿级食品产业的提质发展和集群升级。河南瞄准消费升级趋势,充分发挥预制菜产业基础优势,政府出台了《河南省加快预制菜产业发展行动方案(2022—2025年)》,计划打造中部地区绿色食品加工基地和预制菜加工基地的原阳县预制菜创新示范产业园也已开工建设,这标志着河南预制菜进入发展的新赛道,将成为培育食品工业高质量发展的新增长极。漯河食品工业发达,食品品类多,产业规模已达2000亿元,占全省1/6、全国1/60,有极强的产业优势,已成为河南省万亿级食品产业集群的重要支撑和全国主食产业化工程示范市。2022年9月,双汇(漯河)开工建设的第三创新示范工业园项目开工,建成后将集研发、生产、配送等各环节于一体,成为全省食品产业高质量发展的新标杆。南阳市形成了由肉食品产业链群、粮油加工产业链群、食用菌产业链群构成的食品产业集群,2022年食品产业集群产值突破1100亿元,全年营业收入突破800亿元,发展成果良好。商丘市积极统筹推进传统优势产业提质工程,2022年全市食品、装备制造、纺织服装制鞋三大传统产业主营业务收入均超千亿元,有314家食品产业规模以上企业形成了以面及面制品、肉制品等为主导的食品工业体系。这些措施和成效对于河南食品产业拓展新赛道形成了示范效应,为河南食品产业加速发展注入了新的动力和活力。

(三)一大批延链补链强链项目加快实施

2021年全省"三个一批"项目建设活动开展以来,河南各地市积极抢抓机遇,加快构建产业新生态,大项目、新项目、好项目不断增加。河南作为服装生产大省,2022年海澜集团在洛阳建设服装供应链产业基地项目计划总投资20亿元,建设面积25万平方米,产值超150亿元,该项目将会吸引国内上下游服装产业集聚发展并打造成为有影响力的服装产业集群。商丘睢县瞄准"一双鞋"深耕产业链,2022年3个制鞋产业园投产,引得安踏、足力健、乔丹、鸿星尔克等制鞋企业纷纷落户,全县落地制鞋及鞋

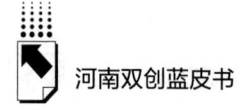

材配套企业400多家，年产能达到3亿双，让"中国鞋都"的招牌越擦越亮。鹤壁市立足资源禀赋，以传统产业提质升级筑强基本盘，围绕重点产业延链补链强链，千慧智造产业园项目依托龙芯中科、中科梦兰等上下游合作伙伴企业，致力于打造'芯片+产业+应用'生态体系以支撑和推动鹤壁科创新城产业的发展。濮阳市围绕化工这一传统优势行业不断做强做大生物降解材料产业链，同时布局绿色涂料产业链，形成从原料到终端产品的完整产业链条。由此可见，全省一大批延链补链强链项目的实施，进一步延伸拉长补齐了全省传统产业的链条，加快培育形成更多具有核心竞争力的产业集群，助力全省传统产业不断做强做大，增强了经济发展的动力和后劲。

（四）以科技创新赋能传统产业转型升级

产业升级需要科技赋能。实体经济作为国之根本，要巩固壮大其根基并推动传统产业向中高端迈进，必须提升科技创新能力。近年来，5G、人工智能等新一代信息技术的创新应用，为河南传统产业从传统生产模式向智能化生产模式提质发展提供了新机遇，正在推动河南传统产业由"制造"向"智造"飞跃。商丘市利用科技赋能积极打造机器人智能产业高地，如深兰机器人产业发展（河南）有限公司作为人工智能领先企业、独角兽企业、国家级专精特新"小巨人"企业，在计算机视觉、生物智能、自动驾驶、认知智能等方面拥有核心技术，已申请专利1000多项，所研发的消毒机器人、配送机器人等智能"黑科技"，不仅为餐厅起到降本增效的效果，也成为餐厅制造营销亮点和竞争优势的好帮手。南阳市以科技创新为动力，助力传统产业改造升级和换道领跑，如南阳飞龙汽车零部件有限公司依托国家高新技术企业、国家级水泵检测实验室，重点研发新能源、高技术含量、高附加值的产品，加快了高新技术成果转化，已获得专利67项，其中发明专利7项。平顶山市五星新材科技有限公司拥有省级工程技术研发中心，用创新突破技术壁垒，把煤化工产业上游副产品"变废为宝"，先后获得国家高新技术企业、国家级专精特新"小巨人"企业、河南省绿色环保引领企业、河南省"专精特新"中小企业、河南省创业示范企业、河南省知识产权备案"优势企业"等荣誉，连续3年实现销售100%增长。焦作市焦煤集团千业水泥"5G+绿色无人矿山"项目利用5G技术实现了矿山零排放、零停工、零伤亡目标，矿车调度效率提升了15%，原材料开采效率提升了20%，人员现场工作量减少50%，目前已在全国10余个矿山进行推广复制。巩义市持续深化新一代信息技术与制造业融合发展，2022年巩义市制造业数字化转型工作主要指标均居郑州6县市首位，实施智能化改造重点项目24个，新增省级智能工厂（车间）6个，有2家企业入围河南省级服务型制造示范企业，1个项目入围河南省新一代信息技术融合应用新模式示范项目。综上所述，河南省以科技创新赋能全省传统产业转型升级，实现了智能制造、煤矿、水泥等重点领域的提质发展，打造了全省经济发展的新引擎。

（五）营商环境整体水平显著提升

近年来，河南各省辖市不断深入推进适合创新要素集聚的政务环境、市场环境、法治环境、企业服务等领域改革，全省营商环境整体水平得到了显著提升。2022年，全省市场主体突破了1000万户，跃居全国第4位。濮阳市在全省率先推行科创型小微企业专员"精准滴灌"式服务，通过建立长效运转"指挥部"、促进成果转化"零距离"、实现项目申报"高精度"、增强企业升级"潜动力"等方式不断集聚创新资源，持续优化全市的营商环境。2022年，全市科创型小微企业达到214家，较2021年净增102家，增长率达91%，14家科创型小微企业升级为高新技术企业，推动一批科创型小微企业在濮阳市壮大发展。洛阳市持续优化营商环境，各县区围绕产业延链补链强链开展精准招商，聚焦土地、人才、资金等突出短板，纷纷建立健全联动机制，倾力为企业纾困解难，把"招商"和"引贤"结合起来，加快推动招商引资项目落地见效，为全市经济高质量发展注入了新动能、增添了新活力。鹤壁市把优化营商环境作为推动高质量发展的命门，通过不断深化"放管服效"改革和加大政策"组合拳"支持力度等系列措施，推进

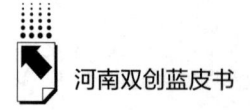

优势产业、战略性新兴产业和"专精特新"等一大批重大产业项目落地和快速集聚。全省营商环境的不断优化成为推动河南经济增长和传统产业提质发展的强劲动力。

四 创新要素集聚助力河南传统产业提质发展的路径选择

近年来，尽管河南省不断加快传统产业改造升级，但河南食品、服装、有色金属、化工等传统产业优势呈衰减趋势，存在趋同化和低层次化、产学研协同创新资源"散而不强"、高技能人才不足、绿色低碳技术应用与产业融合不够等问题。因此，聚焦传统产业高端化、数字化、智能化、绿色化、服务化转型方向，河南应当选择更具潜力和前景的发展模式，加速传统产业再造新优势，为河南传统产业提质发展提供坚实有力支撑。

（一）加强政府宏观调控，健全创新要素集聚支持政策

政府要充分考虑河南不同地区传统产业的发展特点，制定促进传统产业提质发展的政策措施，加强对创新要素集聚的宏观调控和政策支持。一是政府通过制定相关创新驱动政策和法规，实施研发资助、贴息贷款等多种措施，加大对企业创新的支持力度，引导创新要素向传统产业技术含量高的行业流动和集聚，鼓励更多的企业积极开展创新活动，有效发挥创新集聚的规模效应，优化创新要素的资源配置结构和提升创新要素集聚水平。二是各地区为推动当地传统产业整体发展，要根据当地资源禀赋和传统产业发展的差异制定差别化的政策措施，解决创新要素与产业发展融合不够的问题。创新要素集聚水平相对比较高的地区如郑州、洛阳、新乡等，要进一步提升创新要素的利用效率和产出更多的创新成果，而创新要素集聚水平相对比较低的地区，要进一步改善创新创业环境，增加创新投入以引导创新要素向高附加值产业、高技术产业集聚，以推动当地传统产业的升级。

（二）构建创新资源整合和协同系统，提升创新要素利用效率

当下，需要整合河南的创新资源、创新能力进行优势再造，提高企业的创新能力是河南传统产业提质发展的关键，而创新资源的整合和协同则是提升创新能力和创新资源利用效率的重要保证，这就需要对当下河南的创新资源、创新能力进行整合和优势再造。一是为了发挥创新要素集聚的优势，要积极探索政府、企业、高校、科研院所等主体创新资源的整合，由政府协调整合重点实验室、国家研究中心等各类创新平台的研发资源优势，加强高校、科研院所等创新主体对企业创新的支撑作用，构建协同创新战略联盟以达到"1+1>2"的协同效应，为传统企业创造更有利于研发新产品和新技术的良好条件。二是鼓励和支持领军企业在基础材料研发、基础工艺创新等方面积极与科研院所精准对接，以推动新工艺、新技术在传统产业各生产环节的升级应用。三是结合传统产业实施周期长、转型升级资金需求大的特点，企业、政府、银行可以建立一个共享平台拓宽金融渠道，以精准推出适应企业需求的融资担保、财政贴息等金融产品，加大政府资金支持力度和优化政府产业引导资金的使用，切实解决企业融资成本高、融资难的问题。在此基础上，通过充分整合和发挥各创新要素集聚的协同效应，实现各方合作共赢，促使河南传统产业价值链向中高端迈进。

（三）加强高技能人才的引进和培育，激发人才创新活力

始终将提升人才素质放在首要地位。一是各地政府要根据本地区传统产业的发展特点，用体制、机制、政策等各种优惠条件灵活引进全国甚至全世界高技能人才。改进和完善科研人员和高技能人才的薪资待遇和岗位管理制度，制定与地区传统产业提质发展相匹配的人才流入政策体系，确保人才引得进、留得住。二是各地结合区域传统产业升级的人才需求及人才培养的实际状况，由地方政府牵头，依托地方高校搭建校企协同创新创业人才培养基地。同时，对在创新创业立项与科研探索方面表现突出的师生设立和划拨专项资金给予相应的奖励，为助力传统产业的提质发展提供人才保障。

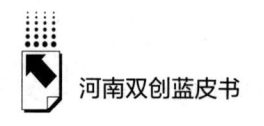

（四）促进绿色低碳发展，实现传统产业转型升级

当前，传统产业转型升级关系着碳达峰、碳中和目标的实现。河南要进一步强化数智赋能，推动传统产业高位嫁接新一代信息技术和数字化转型，促进传统产业绿色低碳发展。一是积极开展能源绿色低碳转型行动，河南必须加快淘汰落后低效产能，鼓励冶炼、纺织、水泥等工业企业更新环保设备、优化生产模式，研发新能源技术和产品等，以推进能源消费的替代和转型升级，达到节能减排的目的。二是推动绿色低碳产业崛起，积极发展绿色制造，编制绿色产业指导目录，培育壮大新能源、新材料等绿色产业集群。围绕钢铁、化工、建材等重点行业，持续开展绿色设计产品、绿色工厂、绿色园区和绿色供应链创建。积极发展绿色低碳服务业，支持建设国家工业资源综合利用示范基地、国家级循环经济示范园区，实现传统产业的绿色低碳转型。

参考文献

蔡玉蓉：《创新要素集聚对中国制造业结构优化的影响研究》，博士学位论文，兰州大学，2020。

杜庆昊、张文明：《传统产业改造提升的现实蕴意与路径选择》，《开放导报》2022年第1期。

刘众、杨永红：《融通创新促进传统产业升级的现实蕴意和路径抉择》，《价格理论与实践》2022年第6期。

郝汉舟等：《创新要素集聚与产业升级：中介效应和调节效应研究》，《长江流域资源与环境》2022年第11期。

石玲：《助力地区传统产业升级的校企协同创新创业人才培养的实践研究》，《商展经济》2022年第1期。

王林霞：《积极稳妥推进"碳达峰碳中和"解码中国绿色低碳发展之路》，《陕西行政学院学报》2023年第1期。

《传统产业高位嫁接开新花》，《河南日报》2022年10月13日。

《为高质量发展蓄势赋能——我市强力推进"三个一批"项目建设工作综述》，《濮阳日报》2022年10月8日。

B.16 河南省以创新要素集聚助力战略性新兴产业培育壮大

刘 晓*

摘 要： 战略性新兴产业作为技术和知识密集型产业，是巩固壮大实体经济的核心，也是国际和区域高质量转型发展的核心引擎和关键支撑，对于增强国家和各地区经济社会可持续发展能力、转变经济发展方式具有重大意义。立足新阶段，河南战略性新兴产业在产业规模、创新能力、产业体系、发展环境等方面均取得了显著成效，但相较于沿海发达地区还有较大差距，存在部分突出问题。河南应围绕技术、平台、人才、资金、环境等创新要素，推进创新要素集聚与协同发展，通过提升自主创新能力、完善技术创新体系，加强创新平台建设、推动产业集群发展，推进创新人才引育、充分激发人才活力，加大金融服务力度、优化资金支持体系，加强创新政策引导、深化体制机制改革等，以创新要素集聚助力战略性新兴产业培育壮大。

关键词： 战略性新兴产业 创新要素 高质量发展

当前，全球发展形势错综复杂，新一轮科技革命和产业变革深入发展，战略性新兴产业发展机遇与挑战并存。"十四五"规划明确指出，要发展壮大战略性新兴产业，推动战略性新兴产业融合化、集群化、生态化发展。河

---

* 刘晓，河南中原创新发展研究院讲师，研究方向为产业发展、区域经济。

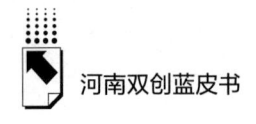

南作为中部新兴工业大省，培育壮大战略性新兴产业，既是贯彻落实中央对于发展战略性新兴产业的部署要求，也是进行高质量转型、开启现代化河南新征程的重要途径。

一 河南省以创新要素集聚助力战略性新兴产业培育壮大的重要意义

战略性新兴产业是引领未来经济社会发展的重要力量，也是促进区域经济转型发展、高质量发展的重要支柱，河南以创新要素集聚助力战略性新兴产业培育壮大具有重要意义。

（一）加快建设制造业强省，提升战略位势的必然选择

制造业是国家经济命脉所系，在社会发展中，起着引领和支撑的作用。在新一轮产业变革与技术革命中，制造业既是大国博弈的焦点，也是全国区域竞争的重心。河南加快建设制造业强省，是深入贯彻落实中央关于制造强国重大部署的河南责任担当，也是参与区域竞争、构筑未来发展战略优势的重要途径。当前，河南已经由传统农业大省向新兴工业大省转型，但对标先进地区，河南制造业仍面临不强、不优、不新等突出问题，培育壮大战略性新兴产业是推进河南由制造大省迈向制造强省的关键手段。战略性新兴产业代表着科技与产业的发展方向，其通过关键技术的变革，实现新兴制造业领域质量和规模上的突破，其带来的技术创新能给予传统制造业新的生机与活力，带动和辐射相关产业的发展。加速战略性新兴产业的发展和培育，推动制造业高端化、智能化、绿色化发展，是河南加快建设制造业强省、提升战略位势的必然选择。

（二）加快建设现代化产业体系，全面塑造发展新优势的有力支撑

现代化产业体系是一个国家或地区实现经济现代化、体现发展实力的重要标志。党的二十大报告做出了"建设现代化产业体系"的决策部署，提

出了"推动战略性新兴产业融合集群发展"等一系列战略安排,推进战略性新兴产业融合集群发展是建设现代化产业体系的重要环节。河南在材料、装备等领域已经形成较大规模优势,在构建现代化产业体系方面具有良好的基础条件,但是产业发展总体质量和效益还不够高,产业体系现代化程度与国内发达地区相比还有差距。培育壮大战略性新兴产业,有利于河南加快传统产业转型升级,在未来产业上提前布局;在保持和扩大原有产业优势的前提下,塑造产业发展新优势;通过全面提升产业竞争力,不断推动产业结构优化,为现代化产业体系加快建设注入新动能,提高产业体系现代化能级。

(三)推动经济高质量发展,加快融入新发展格局的重要举措

随着经济发展进入新常态,经济发展目标已经由注重速度增长转向了注重效益增长,推动经济高质量发展、加快构建新发展格局是当前形势下有效防范化解各种重大风险挑战、全面推进中华民族伟大复兴的必然要求。在新发展阶段,进一步推动质量变革、效率变革是转变经济发展方式、调整经济发展结构的重点方向。战略性新兴产业承担着培育壮大新动能的重大使命,对经济社会的长远发展有着巨大的引领带动作用。河南推动战略性新兴产业的培育壮大,有利于通过产业集聚营造良好的创新环境,激发人才创新潜力和企业创新活力,引领带动相关产业技术升级,实现高效益、高质量发展;有利于紧抓构建新发展格局战略机遇,加快经济社会转型发展。

(四)推进现代化河南建设,应对全球变革与挑战的重大战略抉择

当今世界,百年未有之大变局加速演进,机遇和挑战都有新的发展变化,对于每个国家或地区都是一次机遇性、竞争性、重塑性的变革选择。河南作为全国重要的经济大省、人口大省,当前处于重要战略机遇期,迈步进入现代化河南建设新征程,是在新的历史起点上振兴河南的现实需要,也是向第二个百年奋斗目标迈进的必然选择。河南虽然经济总量排名靠前,但是人均GDP低于全国平均水平,产业多处于价值链中低端。大力发展战略性新兴产业有利于河南破解结构性矛盾,在加压奋进中开创新局,推进现代化河南建

设。随着新一轮科技革命和产业变革深入发展，全球科技创新将迎来集中突破"窗口期"，为战略性新兴产业加快发展形成巨大利好效应。培育壮大战略性新兴产业，是河南紧抓科技革命发展机遇、应对全球变革与挑战的重大战略抉择。

二 河南省以创新要素集聚助力战略性新兴产业培育壮大取得的成效

近年来，河南将发展战略性新兴产业作为促进经济高质量发展的重要举措，大力发展战略性新兴产业，培育壮大新动能，战略性新兴产业增加值呈现持续快速增长态势，对产业的引领和支撑作用不断增强，取得显著成效。

（一）产业规模稳步壮大，发展水平不断提升

河南全力推动战略性新兴产业发展，产业规模不断壮大。"十三五"期间，河南战略性新兴产业增加值年均增速达10.4%，高于同期规模以上工业增加值年均增速4.2个百分点。近年来，河南战略性新兴产业增加值增速变缓，但是总体来看，仍保持增长态势，增速高于规模以上工业增加值，战略性新兴产业增加值占规模以上工业增加值比重呈稳步上升趋势。2022年河南战略性新兴产业增加值同比增长8.0%，增速高于规模以上工业2.9个百分点，战略性新兴产业增加值占规模以上工业增加值的比重为25.9%，同比提高1.9个百分点，较2016年提高14个百分点（见图1、图2）。[1] 2021年河南战略性新兴产业单位数增至4078家，较2020年增长17.1%，2017~2021年河南战略性新兴产业单位数年均增速超过10%（见图3）。初步建成全球重要的智能终端制造基地，在新能源客车、盾构、超硬材料等领域技术水平全国领先，市场占有率居全国首位。河南战略性新兴产业呈现加快发展态势，发展水平不断提升，已成为推动经济增长的重要引擎。

---

[1] 参见2021~2022年《河南省国民经济和社会发展统计公报》、《河南统计年鉴2017》。

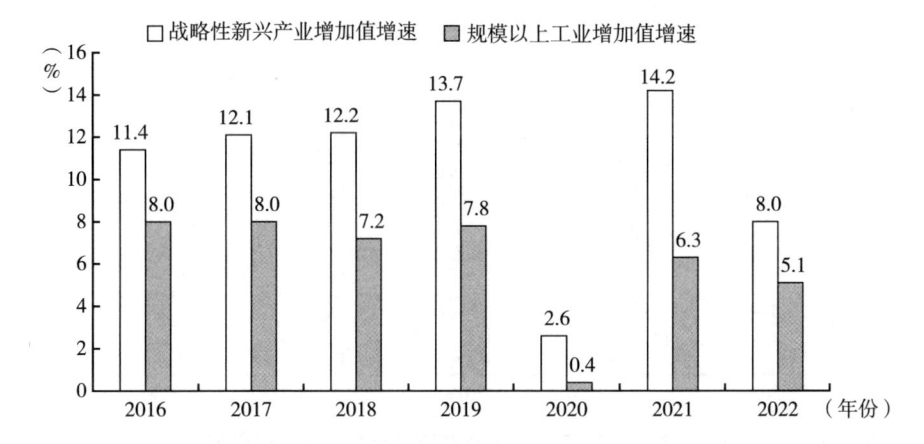

图1 2016~2022年河南省战略性新兴产业、规模以上工业增加值增速

资料来源：《河南统计年鉴》（2017~2022）、《2022年河南省国民经济和社会发展统计公报》。

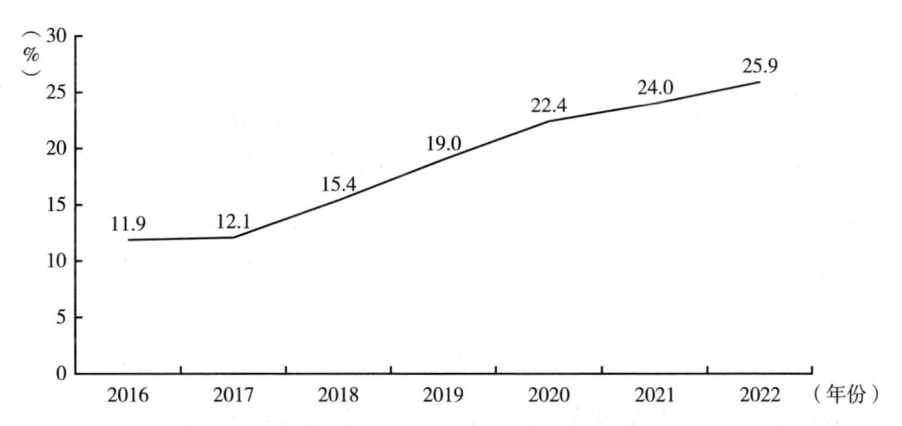

图2 2016~2022年河南省战略性新兴产业增加值占规模以上工业增加值比重

资料来源：《河南统计年鉴》（2017~2022）、《2022年河南省国民经济和社会发展统计公报》。

（二）创新要素加快集聚，创新能力持续增强

河南不断加大创新投入力度，推动创新要素加快集聚，实现战略性新兴产业创新发展。一是创新主体不断增加。2022年，河南高新技术企业总数突破1万家，国家科技型中小企业达到2.2万家，有11家企业主营业务收

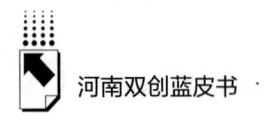

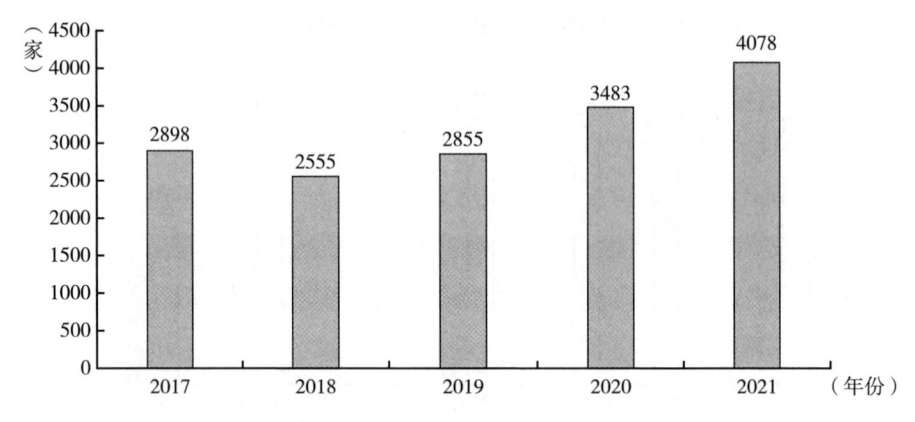

```
4500 (家)
                                                    4078
4000
                                           3483
3500
       2898              2855
3000           2555
2500
2000
1500
1000
 500
   0
      2017   2018   2019   2020   2021   (年份)
```

图3　2017～2021年河南省战略性新兴产业单位数量

资料来源：《河南统计年鉴》（2018～2022）。

入超500亿元。2023年，郑州磨料磨具磨削研究所有限公司等5家公司入选最新一批国家企业技术中心名单，截至2023年3月，共93家企业入选。郑州高新区、洛阳高新区等7个国家双创示范基地双创市场主体数量稳居中部六省第1位。2022年，新培育省级"专精特新"中小企业1183家、国家专精特新"小巨人"企业164家、制造业"单项冠军"8个。二是创新投入不断增多。2022年，河南研发经费投入突破1100亿元，技术合同成交额高达1025.3亿元，同比增长68.4%；规模以上工业企业研发活动覆盖率持续提高，达到52%，同比增长3.73个百分点；专利授权量达到135990件，其中发明专利授权量达14574件，有效发明专利拥有量达67164件，每万人有效发明专利拥有量为6.8件。三是创新平台建设成效显著。郑洛新国家自主创新示范区核心区生产总值突破千亿元，取得重大进展。国家高新区增加到9家，国家级创新平台达到172家，国家重点实验室增加到16家，国家生物育种产业创新中心、国家超级计算郑州中心等一批"国字头"创新平台获批建设。

（三）产业体系日益完善，集群培育成效显现

河南以提升产业链水平和产业综合竞争力为核心，推进战略性新兴产业

链式集群发展，立足市场需求与产业升级需要，围绕产业链部署创新链，聚焦智能装备、生物医药、新能源等领域，积极培育产业集群。2019年，郑州信息技术服务和下一代信息网络、平顶山新型功能材料、许昌节能环保4个集群入选国家级战略性新兴产业集群，引领带动作用进一步凸显。2022年，郑州经济技术开发区高端装备产业集群等15个产业集群入选省级战略性新兴产业集群。作为首批河南省战略性新兴产业集群，特色分明，发展潜力巨大，如郑州经济技术开发区高端装备产业集群中郑煤机、中铁装备稳居行业第1，世界领先，形成龙头引领、价值高端的装备制造产业生态；鹤壁市电子核心产业（电子电器）集群PLC光分路器芯片打破国外技术垄断，获评国家制造业单项冠军产品，全球市场占有率超50%；焦作市锂离子电池新材料产业集群上下游产业规模达300亿元，六氟磷酸锂产销量全球第1。河南集中优质资源和创新资源推进产业集群建设，不断提升战略性新兴产业现代化水平和产业链关键环节支撑能力，集群培育成效显著。

（四）改革攻坚不断推进，发展环境持续优化

河南不断推进体制机制改革，充分激发市场创新活力，持续优化战略性新兴产业发展环境。在产业发展方面，2022年，河南发布了《河南省"十四五"战略性新兴产业和未来产业发展规划》，为战略性新兴产业确定了发展新蓝图。在创新发展方面，河南出台了《河南省创新驱动高质量发展条例》《创新发展综合配套改革方案》等文件，不断完善科技创新体系；发布了《新兴产业投资引导基金实施方案》等文件，设立新兴产业投资引导基金，加强重点新兴产业领域投资。在人才引进方面，河南连续举办5届中国·河南招才引智创新发展大会，累计签约各类人才20万余人；出台《关于加快建设全国重要人才中心的实施方案》等文件，制定了一揽子人才引进政策措施。在营商环境方面，河南出台了《河南省优化营商环境创新示范实施方案》等文件，对标国内国际一流水平，提升政务服务能力和水平，营商环境进一步优化。

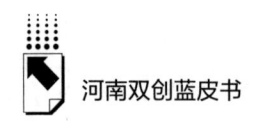

三 河南省以创新要素集聚助力战略性新兴产业培育壮大面临的问题

河南战略性新兴产业经过多年的培育和发展已经进入发展快车道，但是与经济发达省份比较仍面临一些突出问题，战略性新兴产业对高质量发展的整体带动效应还不突出，发展活力有待进一步释放。

（一）创新要素集聚效应有待提升，产业集约化发展水平有待提高

各类创新要素仍未能有效集聚和组合，无法充分撬动战略性新兴产业的发展潜力。河南战略性新兴产业增加值占规模以上工业增加值的比重虽然连年上升，但仍低于同为中部六省之一的安徽，与沿海省份江苏、浙江相比还有较大差距。河南战略性新兴产业集聚水平呈现不均衡态势，产业集聚区初步显现但辐射性不强，部分地市没有充分发挥自身优势和特色，在选择发展战略性新兴产业领域时出现了一定程度的趋同，未能根据地方基础和特色合理配置有限资源。部分高新园区、产业园区以加快发展和培养战略性新兴产业为目标，但是面临"集而不聚"的问题，针对战略性新兴产业的服务更多是用传统的方式方法，在一定程度上制约着战略性新兴产业集约化发展。

（二）自主创新能力不足，核心技术缺乏

河南自主创新能力相对于一些发达省份仍显不足，是制约战略性新兴产业发展的突出短板。根据《中国区域科技创新评价报告2022》，河南综合科技创新水平位列全国第17，在中部六省中排名第5。河南整体研发投入偏低，投入产出效率不高，从新产品开发数量、有效发明专利数等数据来看，河南技术创新产出情况较差。不少战略性新兴产业企业的创新模式倾向于模仿和逆向开发，真正自主研发的核心技术较少。部分关键技术、核心零部件受制于人，高端产品供给能力不足，高端装备制造等过度依赖国外技术、产品、服务的问题依旧比较突出。

（三）龙头企业较少，人才供给结构性短缺

河南较为缺乏在全国范围内具有影响力、规模效应和带动作用的"灯塔"式龙头企业。2022年，在中国企业联合会、中国企业家协会发布的"2022中国战略性新兴产业领军企业100强"中，河南无一家企业上榜。在人才方面，河南人才供给存在结构性短缺问题，一般性人才相对过剩，而高素质、高技术人才较为匮乏。一方面，河南高等教育资源相对不足，本省培育的高层次创新型人才严重匮乏；另一方面，人才吸引力不够，高素质人才更注重长期的个人职业发展，河南高层次创新平台相对较少，晋升空间较小，在竞业公平度、透明度、包容度方面不如沿海开放城市，就业环境难以吸引和留住高素质人才。

四 河南省以创新要素集聚助力战略性新兴产业培育壮大的对策与建议

当前，河南省正处于新旧动能接续转换的关键阶段，加快发展战略性新兴产业事关高质量发展大局，要充分集聚技术、平台、人才、资金、环境等创新要素，推动战略性新兴产业培育壮大。

（一）提升自主创新能力，完善技术创新体系

一是夯实基础研究能力。坚持需求导向和问题导向，围绕战略性新兴产业，积极融入国家基础研究十年行动方案，系统梳理一批河南有较好研究基础的、产业创新能力带动作用强的重大科学问题开展研究，推进学科交叉融合，鼓励引导高校、科研院所和企业协同开展重大基础研究，提高基础科学和基础材料等领域研究能力。

二是加强核心技术攻关。围绕智能装备、新材料等产业链，制定重点新兴产业领域关键核心技术短板清单与技术攻关路线图。强化企业的创新主体地位，支持战略性新兴产业细分领域标杆企业锚定产品设计、产品制造等关

键环节，聚焦"卡脖子"技术，与科研院所、高校联合攻关，开展原始创新、集成创新，实现关键核心技术自主可控。

三是促进创新成果转化。健全企业主导的产学研协同转化应用体系，整合社会优质资源开展多元产学研合作。推进研发、试验、生产全链条技术成果转化体系构建，充分发挥龙头企业、产业园区的带头作用。大力发展科技成果转化第三方服务机构，建设各具特色的区域技术转移中心，大力开展精准对接服务。

（二）加强创新平台建设，推动产业集群发展

一是加速省内高端创新资源整合，打造高端创新平台。进一步完善新型实验室体系，积极争取国家级创新平台基地来河南设立分支机构，在黄河流域生态保护和系统治理、极端材料、纳米光电材料与器件等领域择优培育创建国家重点实验室。支持骨干企业牵头，在战略性新兴产业重点领域建设一批具有创新组织形式、研发模式和管理方式的体制机制灵活、市场适应能力强的新型研发机构。

二是加快数字基础设施建设，构建公共服务平台。建设全链条公共服务平台体系，针对重点产业领域布局一批功能型服务平台，提供实验、检测、应用场景拓展等服务。构建数字化、信息化网络体系，完善产业信息综合服务平台，及时提供重大项目清单、行业趋势、产业政策等相关信息。组建战略性新兴产业联盟，举办大型产业论坛、技术交流与展览会等活动。

三是强化龙头企业培育，推进产业集群式发展。积极引进一批有影响力的战略性新兴产业龙头企业，支持有条件的本地大型企业整合技术、品牌等优质资源，开展兼并重组，通过打造"链主"企业，加速产业链上下游中小企业集聚、配套，推进产业集群式发展。

（三）推进创新人才引育，充分激发人才活力

一是培养引进高端人才。实施"中原英才计划"等人才培育引进工程，加快引进战略性新兴产业高端急需紧缺人才。依托重大科技攻关项目、重大

研发平台等，面向国内外引进一批在世界科技和产业发展前沿具有较强影响力的高端人才。促进高校和企业深度融合，建立高校学科专业动态调整机制，适当提高战略性新兴产业相关专业招生比例与高校引才用才自主权。建立完善省级人才需求数据库，确定目录清单，完善配套政策，充分发挥平台聚才作用。

二是深化评价激励机制。完善科研人员职务发明成果权益分享机制，完善科技创新团队评价办法，强化结果导向，充分激发人才活力。对符合条件的战略性新兴产业高端急需紧缺人才，提供"一对一"服务，落实住房、子女就学、落户等配套政策。

（四）加大金融服务力度，优化资金支持体系

一是强化政府资金引导示范。加大财政资金投入力度，积极争取国家重点专项资金支持，强化对战略性新兴产业重大工程项目的投资牵引作用。设立战略性新兴产业专项资金计划，扩大战略性新兴产业领域设备更新和技术改造投资。强化财政金融联动，发挥政府性融资担保机构作用，提升企业融资可获得性，降低企业融资成本。

二是创新金融服务模式。引导产业资本、金融资本、社会资本共同支持产业发展，通过市场化运作和管理支持相关产业的重点项目。进一步发挥国有金融资本投资运营平台作用，优化国有金融资产配置、推进金融产品创新。创新实施关键核心技术攻关"揭榜挂帅""赛马式""中期评估式"等制度，提升各类资金使用绩效。

（五）加强创新政策引导，深化体制机制改革

一是加强政策引导，营造良好的产业创新环境。紧密结合各区域优势和特色，做好战略性新兴产业发展顶层设计，科学合理进行产业布局。建立和完善领导牵头、专班对接、产业研究院赋能、产业基金支持的工作机制。探索推进全省战略性新兴产业发展绩效第三方评价机制，对各区域、各战略性新兴产业集群制定科学评价和奖惩方案，完善战略性新兴产业政策落实机制。

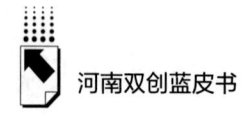

二是深化"放管服"改革，优化营商环境。进一步提升政务服务水平，强化政府数字化支撑能力，开展战略性新兴产业企业全生命周期便利化服务。针对战略性新兴产业重点项目，优化审批程序，提高审批效率，实行容缺受理、并联审批，推进重点投资项目承诺制审批。设立重点项目服务专班，实行项目全程跟踪和全方位保姆式服务，动态掌握进展。健全产权执法司法保护制度，营造公平有序的竞争环境。

参考文献

《中华人民共和国国民经济和社会发展第十四个五年规划和2035年远景目标纲要》，2021年3月12日。

《河南省"十四五"战略性新兴产业和未来产业发展规划》，2022年1月24日。

李文军、郭佳：《我国战略性新兴产业发展：成效、挑战与应对》，《经济纵横》2022年第8期。

宋歌：《河南省以创新驱动战略性新兴产业发展现状及对策研究》，《商业经济》2022年第11期。

郝汉舟等：《创新要素集聚与产业升级：中介效应和调节效应研究》，《长江流域资源与环境》2022年第11期。

方炜、刘洁：《战略性新兴产业与高质量发展耦合协调的时空特征——基于2010—2019年省际面板数据的分析》，《科技管理研究》2022年第23期。

周士元、李俊杰：《战略性新兴产业集聚、金融产业发展与河南新型城镇化耦合协调研究》，《价值工程》2022年第19期。

B.17
河南省以创新要素集聚助力现代服务业优化提升的对策

杜文娟[*]

摘　要： 现代服务业是推动经济增长的重要力量。近年来，河南省现代服务业在发展过程中取得了一些成效，但仍存在总体发展水平有待提升、内部结构不优、区域发展不平衡、先进制造业与现代服务业融合不深、创新要素保障能力不足等问题。因此，要从强化有效供给、优化产业结构、强化区域协同发展、推动跨业融合发展、强化创新要素保障等方面助力现代服务业优化提升，推动河南省现代服务业高质量发展。

关键词： 现代服务业　创新要素　高质量发展　河南省

近年来，我国服务业规模日益壮大，质量效益大幅提升，新业态新模式快速涌现，已经成为带动产业转型升级的新引擎，成为改善民生、促进生产生活方式转变的重要力量。相对于传统服务业而言，现代服务业是指以现代科学技术特别是信息网络技术为主要支撑，建立在新的商业模式、服务方式和管理方法基础上的服务产业，它包括新兴服务业和用新技术、新业态和新服务方式不断改造提升的传统服务业，具有技术密集型、知识密集型和高成长、高附加值、高素质人才等突出特征。

---

[*] 杜文娟，河南中原创新发展研究院讲师，研究方向为区域经济。

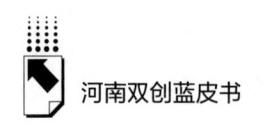

一 河南省加快发展现代服务业的重要意义

（一）加快发展现代服务业是新发展格局下推动我国经济高质量发展的内在要求

近年来，我国服务业持续快速增长，"十三五"时期，我国服务业增加值由2015年的35万亿元增加到2019年的53.4万亿元，年均增速11.1%。经初步核算，2021年，我国服务业增加值达609680亿元，比2020年增长8.2%，服务业增加值占国内生产总值比重为53.3%，对经济增长的贡献率为54.9%，拉动国内生产总值增长4.5个百分点。①《中华人民共和国2022年国民经济和社会发展统计公报》显示，2022年国内生产总值1210207亿元，其中，第一产业增加值88345亿元，占国内生产总值比重为7.3%；第二产业增加值483164亿元，占国内生产总值比重为39.9%；第三产业增加值638698亿元，占国内生产总值比重为52.8%，现代服务业已经成为国民经济的第一大产业。随着我国经济发展的阶段性变化，服务业新业态新模式快速发展，产业融合不断深化，制造业数字化转型向更多服务业场景延伸，带动了相关服务业快速增长。2022年1~11月，规模以上供应链管理服务企业营业收入同比增长26.9%，增速快于规模以上服务业企业营业收入23.0个百分点，现代服务业活力涌现，发展势头良好。②

（二）加快发展现代服务业是推动现代化河南建设的重要内容

近年来，河南省不断加大对服务业的政策扶持力度，相继出台了《河南省推进服务业供给侧结构性改革专项行动方案（2016—2018）》《河南省"十四五"现代服务业发展规划》《河南省加快推动现代服务业发展实施方案》，

---

① 《奋进新征程 建功新时代 现代服务业加速崛起》，大河网，2022年3月25日，https://news.dahe.cn/2022/03-25/989531.html。
② 《李锁强：服务业延续恢复发展态势》，国家统计局网站，2023年1月18日，http://www.stats.gov.cn/sj/sjjd/202302/t20230202_1896739.html。

以及旅游、健康养老、物流等重点领域转型升级发展规划和方案，不断推动现代服务业提质增效升级。2021年，河南省服务业实现增加值28934.93亿元，同比增长8.1%，高于全省地区生产总值（GDP）增速1.8个百分点，在GDP中的占比达到49.1%的历史新高度，对经济增长的贡献率达到63.1%。以生产性服务业为代表的现代服务业发展较快，规模呈现逐年增长的趋势。其中，软件和信息技术服务业、金融业、商务服务业等连年保持较快增速。2021年，信息传输、软件和信息技术服务业实现增加值1408.28亿元，保持16.2%的较高增长速度。[①] 现代服务业已经成为推动全省经济结构战略性调整、稳增长与保就业、推进现代化河南建设的重要力量。

二 河南省现代服务业发展中取得的成效

（一）比重持续上升，规模不断扩大

近年来，河南省现代服务业保持平稳快速增长。从经济总量看，河南省现代服务业增加值在2012年和2018年分别突破1万亿元和2万亿元大关，2021年河南省服务业实现增加值28934.93亿元，同比增长8.1%，占全年全省GDP的49.1%，是2012年的2.8倍。从发展速度看，2013~2021年，河南省现代服务业增加值年均增长8.7%，分别比GDP和第二产业增加值增速高1.6个和2.2个百分点。从发展规模看，2021年信息传输、软件和信息技术服务业增加值1408.28亿元，较上年增长16.2%，2013~2021年实现年均增长17.6%；租赁和商务服务业实现增加值2004.87亿元，较上年增长7.4%，规模以上服务业企业实现营业收入7418.50亿元，比上年增长9.3%。[②]

---

① 《2021年河南省国民经济和社会发展统计公报》，河南省统计局网站，2022年3月12日，https://tjj.henan.gov.cn/2022/03-10/2412169.html。

② 《新动能引领新发展 新时代铸就新辉煌——党的十八大以来河南服务业发展成就》，河南省人民政府网站，2022年10月25日，https://www.henan.gov.cn/2022/10-25/2628422.html。

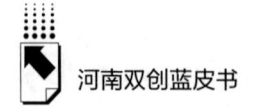

随着营商环境的不断优化，服务业市场主体活力得到激发，已经成为市场主体增长的主力军。截至2021年末，河南服务业市场主体数量达722.40万家，占全社会市场主体总数的84.8%；2021年当年新增服务业市场主体126.45万家，占全部新增市场主体的84.9%；2021年全省规模以上服务业企业9130家，比2012年增加7128家，其中超亿元企业达到1016家，比2012年增加921家，服务业企业已初具规模。[1] 从"2021河南企业100强"榜单看，河南服务业企业100强实现营业收入4682.20亿元，营业收入超百亿元的企业有15家，实现利润总额445.74亿元。服务业企业运营效率也较高，"2021河南服务业企业100强"营业收入利润率为9.52%，收入净利率为6.18%，远高于河南企业100强、河南制造业企业100强相应指标。[2]

（二）结构持续优化，效益不断提高

从经济结构看，河南省三次产业结构持续发生转变，2012年三次产业结构为12.4∶51.9∶35.7，2015年三次产业结构为11.4∶49.1∶39.5，2021年三次产业结构为9.5∶41.3∶49.1，实现了产业结构由"二三一"向"三二一"的历史性转变。从近10年河南省三次产业结构看，全省的三次产业结构由"十一五"期末的14.1∶57.3∶28.6调整为"十三五"期末的9.7∶41.6∶48.7。10年间，第一产业比重下降4.37个百分点，第二产业比重下降15.68个百分点，第三产业比重提升20.06个百分点。

随着现代信息技术和数字经济等新动能的蓬勃发展，2021年河南省规模以上互联网和相关服务业、软件和信息技术服务业营业收入达1395.20亿元，是2012年的2.9倍。规模以上新服务企业、战略性新兴服务业和高技术服务业竞相发展，2016~2021年分别实现增加值年均增长13.3%、10.9%和9.7%。电子商

---

[1]《新动能引领新发展 新时代铸就新辉煌——党的十八大以来河南服务业发展成就》，河南省人民政府网站，2022年10月25日，https：//www.henan.gov.cn/2022/10-25/2628422.html。

[2]《2021河南企业100强名单发布 百亿级企业突破50家》，大河网，2021年12月22日，https：//news.dahe.cn/2021/12-22/940207.html。

务成为消费创新的重要渠道。2021年，河南省网上零售额达2948.2亿元，其中，实物商品网上零售额占社会消费品零售总额的10.0%，比2015年提高7.3个百分点。2021年，河南省商品、服务类电子商务交易额达1.15万亿元，是2016年的2.5倍，2017~2021年年均增长16.6%，[1] 现代服务业效益不断提升。

（三）优势巩固特色彰显，开放发展空间更广

物流、金融、文旅等特色产业发展取得明显成效。2020年，河南省社会物流总额突破16万亿元，单位GDP所消耗的社会物流费用连续8年下降。金融机构人民币各项贷款余额5年实现翻番，郑州商品交易所期货品种数量位居全国第1，郑州跨境电商综试区网购保税"1210"进口模式全国推广，累计业务总量位居全国第1。文旅产业实现融合发展，2020年河南省文化产业实现增加值2202.99亿元，2013~2020年年均增长15.4%，占GDP比重为4.1%，比2012年提高1.8个百分点，连续3年占比保持在4%以上；[2] 2020年河南省旅游总收入近万亿元，文化产业增加值跃居中部地区首位，河南省正由文旅资源大省向文旅经济大省迈进。

对外开放发展空间更加广阔。2020年中国（河南）自由贸易试验区试点任务基本完成，累计入驻企业超过9万家，注册资本超过1万亿元，其中，世界500强企业近百家。郑州新郑国际机场完成货邮吞吐量63.9万吨，同比增长22.5%，居全国大型机场首位，客货运吞吐量跃居中部地区"双第一"，中欧班列（郑州）综合运营指标居全国前列。2020年服务业实际吸收外资占全省比重为47.8%，比2015年提高19.1个百分点。[3]

---

[1] 《新动能引领新发展 新时代铸就新辉煌——党的十八大以来河南服务业发展成就》，河南省人民政府网站，2022年10月25日，https://www.henan.gov.cn/2022/10-25/2628422.html。

[2] 《新动能引领新发展 新时代铸就新辉煌——党的十八大以来河南服务业发展成就》，河南省人民政府网站，2022年10月25日，https://www.henan.gov.cn/2022/10-25/2628422.html。

[3] 《新动能引领新发展 新时代铸就新辉煌——党的十八大以来河南服务业发展成就》，河南省人民政府网站，2022年10月25日，https://www.henan.gov.cn/2022/10-25/2628422.html。

（四）社会贡献持续加大，内生动力不断增强

河南省始终把最广大人民群众的根本利益作为发展的出发点和落脚点，不断推进教育、健康、养老、文化、体育等生活性服务业的快速发展。2021年全省教育业实现增加值2280.86亿元，2013~2021年年均增长6.6%。教育投入的逐年增加，有力支持了全省民办教育和职业教育的快速发展，2021年全省教育行业规模以上企业达到672家，比2012年净增620家，实现营业收入194.84亿元，是2012年的34.5倍；2021年，河南省已经初步形成"1规划+1意见+8个配套政策"的养老服务政策体系，推动新建2027个社区（街道）养老服务机构或日间照料中心，持续开展以县级为重点的智慧养老服务平台建设；河南省坚持以人民健康为中心，推动"健康中原"建设，2021年河南规模以上卫生和社会工作行业企业增加到471家，实现营业收入247.78亿元，分别是2012年的5.8倍和7.4倍。①

现代服务业对全省税收收入增长的拉动作用明显。2021年河南省服务业共完成各项税收3068.37亿元，占全部税收收入的比重为58.3%，比2013年上升4.5个百分点，其中规模以上服务业企业缴纳税金合计326.62亿元，比2012年多215.98亿元；现代服务业在吸纳就业、社会民生等领域也积极作为，2012年以来，现代服务业吸纳就业人数不断攀升，2021年全省服务业从业人员为2222万人，是2012年的1.6倍，其中规模以上服务业企业期末用工人数154.82万人，是2012年的2.4倍，服务业从业人员占全社会从业人员比重为45.9%，比2012年提高了18.2个百分点。②

---

① 《新动能引领新发展　新时代铸就新辉煌——党的十八大以来河南服务业发展成就》，河南省人民政府网站，2022年10月25日，https://www.henan.gov.cn/2022/10-25/2628422.html。
② 《新动能引领新发展　新时代铸就新辉煌——党的十八大以来河南服务业发展成就》，河南省人民政府网站，2022年10月25日，https://www.henan.gov.cn/2022/10-25/2628422.html。

三 河南省现代服务业发展中存在的问题

（一）总体发展水平有待提升

尽管河南省现代服务业发展速度较快，但短板依旧明显。一是在全国范围内特别是与中部六省相比，河南省现代服务业总体占比还比较低，差距较大。数据显示，2022年，全国三次产业结构为7.3∶39.9∶52.8，河南省三次产业结构为9.5∶41.5∶49.0，产业结构水平与全国水平还有差距。如表1所示，2022年中部六省中，尽管河南省的GDP位居第1，但第三产业增加值占GDP比重超过50%的是湖北、湖南和安徽三省，河南位居第4，占比低于全国水平3.8个百分点，比较落后。

表1 2022年中部六省第三产业发展情况

单位：亿元，%

地区	GDP	第三产业增加值	占比
全国	1210207	638698	52.8
河南	61345.05	30062.23	49.0
湖北	53734.92	27507.59	51.2
湖南	48670.37	24885.01	51.1
安徽	45045	22943.3	50.9
江西	32074.7	15263.7	47.6
山西	25642.59	10461.34	40.8

资料来源：国家及中部六省统计局网站。

二是有效供给有待增强。河南省生产性服务业发展水平还不高，科学研究和技术服务领域企业数量少、竞争力不强；一部分生活性服务业供给质量不高，难以满足人民群众日益增长的服务需求。

三是服务业产业创新能力不强。新兴和高端服务业发展不够充分，知识密集型服务业载体缺乏，知名品牌数量较少，新业态新模式原创匮乏，缺少

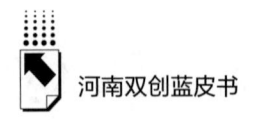

影响力大、产业带动力强的平台型、总部型企业，难以支撑全省现代服务业体系建设。

（二）内部结构不优，发展质量有待提高

一是传统服务业依然占据主导地位。批发零售业、物流业等传统服务业仍然占据主导地位，随着新技术、新需求诞生的新兴现代服务业还未成为服务业发展的主导产业，一些附加价值较高的生产性服务业长期得不到有效发展。2021年，全省服务业增加值为28934.93亿元，全省信息传输、软件和信息技术服务业增加值为1408.28亿元，占服务业增加值比重仅为4.9%。① 二是技术发展水平和创新能力落后。2021年，河南省技术合同成交额为608.89亿元，占全国的比重仅为1.6%；2022年，河南省技术合同成交额提升至1025.3亿元，占全国的比重为2.1%，尽管占比有所提升，但在全国技术合同认定登记成交金额排名中河南省未进入前十，落后于北京、广东、上海、江苏、山东、陕西、湖北、安徽、浙江和湖南。此外，2022年全国技术流向情况显示，输出技术合同成交额和吸纳技术合同成交额排名前五的省份中均没有河南省。

（三）区域发展不平衡，结构差异较大

由于各地区经济结构、资源禀赋等差异，区域间发展不平衡仍是河南省现代服务业发展中面临的一个突出问题。以信息传输、软件和信息技术服务业企业为例，2021年郑州共有438家，其次为商丘（47家）、周口（39家）、洛阳（37家）、许昌（30家），差距较大；以规模以上服务业企业平均从业人员数为例，2021年河南省各地市规模以上服务业企业平均从业人员数郑州最多，其次为洛阳、周口、南阳、商丘、信阳，鹤壁最低，仅为郑州的1.7%；以有效发明专利数为例，2021年郑州有效发明专利数达27320

---

① 《新动能引领新发展 新时代铸就新辉煌——党的十八大以来河南服务业发展成就》，河南省人民政府网站，2022年10月25日，https://www.henan.gov.cn/2022/10-25/2628422.html。

件,其次为洛阳(10919件)、新乡(5681件)、南阳(5352件),差距较大;2021年河南省规模以上服务业企业营业收入最高的城市是郑州,其次为洛阳、周口、许昌,济源最低,仅为郑州的1.1%。① 总体上,河南省各地区现代服务业发展不均衡,郑州作为国家中心城市,功能作用比较明显。洛阳、开封、许昌等受到郑州的辐射带动,发展势头良好,其他大多数地市仍以传统服务业为主,发展较为缓慢。

(四)先进制造业与现代服务业融合不深,层级水平有待提高

一是先进制造业效益低、增速缓,主动融合需求低。2021年,全国规模以上工业利润总额前20城市中,河南省无城市上榜。2021年,河南省规模以上工业企业营业收入同比增长13.1%,低于全国平均水平6.3个百分点,居全国倒数第2位;利润总额同比增长仅1.6%,低于全国平均水平32.7个百分点,居全国倒数第2位。② 河南省先进制造业企业盈利能力总体偏弱、沿价值链攀升和融合发展后劲不足的现实不容忽略。二是现代服务业供给与先进制造业需求有待衔接,支撑融合能力不强。2021年,全省规模以上服务业占比排名前四的行业大类依次为铁路运输业,道路运输业,商务服务业,电信、广播电视和卫星传输业。现代服务业尤其是数字经济、共享经济、体验经济等新兴服务业发展速度和质量滞后于制造业转型升级的实际需求,"融合断裂效应"明显。三是"两业"融合范围不够广、程度不够深、水平不够高。一些行业龙头、骨干企业和优势产业融合发展进展突出,而中小企业发展相对滞后;"两业"融合模式比较单一,创新性不足,不能很好适应市场变化。

(五)创新要素保障能力有待加强

一是体制机制有待完善。河南省现代服务业在发展中存在政策倾斜度不

---

① 河南省统计局、国家统计局河南调查总队编《河南统计年鉴(2022)》,中国统计出版社,2022。
② 《河南省"两业融合"发展现状及政策建议》,映象网,2022年9月21日,http://zkhn.hnr.cn/zkllzx/article/1/1572407189315055617。

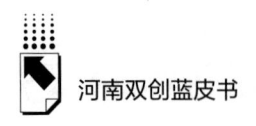

够高与市场准入门槛过高的问题，部分行业部门条块分割和多头管理现象并存。二是资金支持力度不够。与农业、工业相比，服务业享受的税收优惠政策非常有限，服务行业税负过重现象依然存在；尽管各级政府已经加大了资金支持力度，但针对服务业发展的财政性资金投入、融资政策支持仍无法满足现代服务业发展的需要。三是人才保障不足。河南省服务业存在人才需求旺盛与就业难的尴尬矛盾，人才结构性失衡，无法满足现代服务业发展的人才要求，产业型人才缺失。互联网、大数据、创意设计、商务咨询等行业高端人才严重短缺。四是其他创新要素投入不足。现代服务业的快速发展及结构升级主要依赖商业模式、服务方式、品牌建设等创新要素的投入。与发达省份相比，河南省现代服务业在知识和技术密集型服务行业缺乏关键技术的研发和创新，缺少自主研发的成果，创新要素的投入不足制约了现代服务业的发展。

四　加快河南省现代服务业优化提升的对策建议

（一）强化有效供给，提升现代服务业整体水平

一是要大力发展河南缺乏但对制造业发展具有重要支撑作用的现代生产性服务业，如研发与设计服务、信息服务、科技成果转化服务、商务咨询服务等。二是积极利用互联网、大数据、云计算等新技术对传统服务业进行全方位的改造升级，大力支持发展融合服务模式，满足消费者的个性化服务需求。三是推动文化旅游业、现代商贸业、健康养老产业、时尚创意产业等与人民生活密切相关的生活性服务业快速发展，延长与居民生活服务相关的产业链条，服务于河南人民生活质量的提高。

（二）优化产业结构，提升现代服务业发展质量

一是加快发展生产性服务业。围绕河南省换道领跑战略，加快发展现代物流、科技信息技术服务、研发设计、金融、电子商务等生产性服务业。二是推动丰富时尚消费服务。支持发展人工智能教育、在线文娱、智慧家庭等

新业态，大力发展消费"云服务"，推进新兴技术成果服务内容生产；加快拓展跨境电商、直播电商、社交电商等应用，扩大新零售消费；围绕消费新热点，加快延伸增值服务链条，完善新消费配套服务。三是支持发展新型数字服务。加快培育发展大数据、5G数字服务等新兴数字产业，加快"1+N+N"工业互联网平台建设，建设国家数字农业创新应用基地和农业农村大数据平台，积极推进产业数字化渗透。

（三）强化协同发展，提升区域现代服务业发展层次和水平

一是强化政府引导。各级政府要高度重视，把发展现代服务业放在区域发展的重要地位，建立协调推动服务业发展的工作机制，研究制定符合地方发展实际的现代服务业产业导向目录，引导资源要素向重点领域和区域集中，分层次推进优势重点产业发展，优化全省现代服务业布局。二是积极发挥郑州国家中心城市的辐射带动作用。作为正在加速推进国家中心城市建设的郑州，要推进服务业能级提质增效，以国际航空、班列、会展等功能性服务业发展为重点，通过建设郑州国际物流中心、郑州国际邮件枢纽口岸等重大工程，打造"丝绸之路"交汇枢纽，辐射带动周边城市服务业发展，提升区域现代服务业发展层次和水平。三是强化副中心城市服务功能和其他城市特色服务业发展。如支持洛阳、南阳培育壮大文旅、康养、商贸、物流等主导产业，重点建设一批国家级研发平台、工业设计中心、绿色金融改革创新试验区等；积极推动其他区域城市发展特色服务产业和品牌，建设一批区域性专业服务基地、商业中心、文旅消费中心，提升区域服务业整体发展水平。

（四）推动跨业融合，培育集成融合服务

新发展格局下，推进先进制造业和现代服务业融合发展是实现河南经济高质量发展的重要途径。一是积极发展服务型智能制造。以"制造+服务""产品+服务"为重点，推动制造企业开展总集成总承包服务、提供综合解决方案、实行产品全生命周期管理，拓展个性化定制、共享制造、远程运维等业务，在高端装备、新材料、新能源、新兴先进制造业行业加强设施设备

的集约联动，培育服务型制造示范企业和示范平台，发挥重点制造业企业的引领示范作用。二是搭建产业协同创新开放平台。推动新技术共建、成熟技术共享，构建互补互助的产业服务生态体系，深化与国内外行业龙头企业的合作，高标准建设一批设计产业园区，积极培育国家级、省级工业设计中心。三是发展服务衍生制造。围绕纺织服装、家居建材、电子家电等特色产业，加快服务业态和模式创新，支持电商、制造企业探索发展多种融合模式，培育一批特色产品直播基地和"豫货"品牌。四是打破产业边界，鼓励企业通过技术渗透、链条延伸、产业联动等方式促进产业之间的交叉融合，实现制造服务化、服务制造化。五是创新体制机制，推动"制度+"融合。将跨业融合水平纳入地方政府的综合考核体系，制定产业融合发展的阶段性目标、实施计划和时间节点，形成倒逼机制，并根据产业融合程度给予重点企业相应的支持，形成推动跨业融合的内生动力。

（五）强化要素保障，优化发展环境

一是优化政务服务。推进"证照分离"改革全覆盖，简化审批程序，定期评估、排查、清理服务业市场准入不合理限制和隐性壁垒，建立市场主体对隐性壁垒的投诉渠道和处理回应机制，构建便捷高效的市场准入体系。创新市场监管机制，推行信用分级分类监管和大数据协同监管，加快"互联网+监管"在服务业的应用，对服务业新业态新模式实行审慎监管和包容式监管。针对电子商务、高新技术服务等重点领域和展会、服务贸易等重点环节，加强知识产权执法保护。二是加大财税金融支持力度。持续增加现代服务业财政性资金投入，完善现代服务业发展的税收制度，建立有利于现代服务业发展的税收激励政策，降低税收负担。拓宽融资渠道，研发线上信用贷款产品，创新"豫正贷""政采贷"等应用，支持中小微服务业企业融资。三是强化创新人才支撑。壮大服务业创新型、应用型、复合型人才队伍，利用"中原英才计划"等引进高层次人才，完善以知识资本化为核心的人才激励机制，扩大品牌运营、主播、骑手等新职业培训规模，畅通非公经济组织人员和自由职业者职称申报渠道，补齐人才短板。四是注重现代服

务业模式创新和关键技术研究。坚持以市场为导向，深化现代服务业技术、管理和商业模式创新，加强关键领域和核心技术的研发和创新，不断培育壮大战略性新兴产业、高技术产业，锻造产业竞争新优势。

参考文献

《河南省加快推动现代服务业发展实施方案》，2022年8月15日。

侯红昌：《新发展格局下河南现代服务业高质量发展路径思考》，《江苏科技信息》2022年第31期。

郭丽莎：《建设现代服务业强省背景下河南现代服务业发展的问题与对策》，《中共郑州市委党校学报》2018年第4期。

邹坦永：《河南加快发展现代服务业的思路与对策》，《河南工程学院学报》（社会科学版）2013年第2期。

宋歌：《河南省现代服务业发展研究》，《中共郑州市委党校学报》2022年第4期。

B.18
郑州市以农药包装废弃物回收处理加快农业绿色发展的实践创新

赵 品[*]

摘 要： 近年来，郑州市借鉴外地农药包装废弃物回收处理的先进经验，结合本地实际，积极探索新模式，按照"减量化、资源化、无害化"思路，构建政府、农户、企业和社会多元合作的回收处理体系，建立由政府引导扶持、使用者分类归集、企业和社会组织积极参与的长效机制，农用地土壤环境质量保持良好，土壤污染防治体系逐步完善，农村人居环境进一步好转。

关键词： 农药包装废弃物 农业绿色发展 郑州市

多年来，农药作为农业生产中必不可少的农资物品，对促进农业发展和保障粮食安全起到了重要作用。囿于农民科学用药水平不高、环保意识淡薄和回收体系不完善等问题，农民在使用完农药后，习惯将农药包装废弃物随意丢弃在田间地头，或是当作生活垃圾处理，农药包装废弃物成为农业面源污染的重要来源，不仅给农业生态安全和农产品质量安全带来隐患，而且严重影响了宜居宜业和美乡村建设。

一 做好农药包装废弃物回收处理是实现农业绿色发展的重要内容

党的十八大以来，党中央、国务院高度重视生态文明建设，重视绿色发

---

[*] 赵品，郑州市农业技术推广中心农艺师，研究方向为农业农村发展。

展。"绿水青山就是金山银山"这一理念已深入人心,亦得到深入实践。我国现代农业的发展势必要以绿色发展为导向,以机制创新和体制改革为动力,走出一条产出高效、产品安全、资源节约、环境友好的农业现代化道路。

(一)农业绿色发展是生态文明建设的重要组成部分,是现代农业发展的内在要求

习近平生态文明思想为"三农"发展提供了正确的思路和方法。习近平总书记在党的十八届五中全会上指出,坚持绿色发展、推进美丽中国建设以来,我国农业发展进入加快推进绿色转型新阶段,但仍面临一些问题,需要通过改革创新来增强农业绿色发展动能。

从农业投入品使用看,农业面源污染形势依然严峻。农业投入品相关的绿色标准体系尚不完善,以绿色消费带动农业绿色生产的市场化机制尚未有效发挥作用,亟须通过创新来提升农业绿色发展水平。具体的创新措施围绕以下三个方面展开。一是进一步加大农业绿色发展的科技创新投入力度,健全农业绿色发展的科技创新体系,完善多元化农业技术推广服务体系。二是加大对农业投入品减量高效利用、有害生物绿色防控、废弃物资源化利用等农业绿色生产技术的研发投入力度,加快成熟适用绿色技术、绿色成果的示范、推广和应用。三是加强相关部门之间在农业面源污染防治、农业废弃物综合利用等领域的政策协调,强化农业绿色发展监管能力建设,加强农业生态环境监测网络建设,完善跨部门信息共享机制,确保推进农业绿色发展的各项政策措施落到实处。

(二)加强农药包装废弃物回收处理,推进农业绿色可持续发展势在必行

深入贯彻绿色发展理念,把农用物资废弃物综合回收利用作为促进乡村振兴、发展绿色农业的有力抓手,优化和提升农田生态环境质量,有效减少农业面源污染,促进农业绿色发展。目前河南起步较早的废旧农膜回收、规模畜禽养殖场粪污综合利用率和秸秆综合利用率已达93%以上,但农药包装废弃物因属性特殊造成了回收处理进展较慢,因此农药包装废弃物的回收

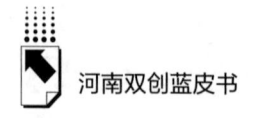

处置关系农业绿色发展和生态环境保护。有效管控农药包装废弃物这一潜在污染源，是推动农业绿色发展的重要一环。

农药包装废弃物指农药使用后被废弃的与农药直接接触或含有农药残留物的包装物。据测算，我国每年种植业生产中使用农药产生的包装废弃物有29亿~35亿个，其中废弃瓶13亿~16亿个、废弃袋16亿~19亿个，折合重量达10万~11万吨。由于大部分农民缺少生态环境保护意识，对农药对水体和土壤的污染以及农药包装物对环境产生的污染和危害缺乏深入了解。因缺乏有效的引导和激励，农户不会主动收集农药包装废弃物，它们被随意丢弃在田间地头、沟底，极易对土壤、地下水环境造成污染，农户自行焚烧的农药包装废弃物极易产生二噁英，对生态环境和人类健康造成长期的潜在危害。加强农药包装废弃物的回收处理，既是保障农业生态环境安全、农产品质量安全的重要环节，也是促进农业生产可持续发展、建设美丽乡村的迫切需要。

2020年8月，农业农村部、生态环境部发布《农药包装废弃物回收处理管理办法》，明确了农业农村部门、生态环境部门的监管职责，明确了农药生产者、经营者、使用者三方应当履行的农药包装废弃物回收处理义务，同时明确了不再将农药包装废弃物作为危险废弃物管理，极大地降低了农药包装废弃物的储运和处理难度，使中国农药包装废弃物的回收处理工作在法治化、规范化方面取得重大突破。2022年1月，河南省农业农村厅、生态环境厅印发《河南省农药包装废弃物回收处理实施意见》，对河南省的农药包装废弃物回收处理工作做出了具体规范与要求。

二 郑州市农药包装废弃物回收处理的现有实践

近年来，郑州市借鉴外地先进经验，结合本地实际，积极探索农药包装废弃物回收处理新模式，按照"减量化、资源化、无害化"思路，构建政府、农户、企业和社会多元合作的回收处理体系，建立由政府引导扶持、使用者分类归集、企业和社会组织积极参与的长效机制，农用地土壤环境质量保持良好，土壤污染防治体系逐步完善，农村人居环境进一步好转，稳步推进宜居宜业和美乡村建设。

（一）郑州市农药包装废弃物回收处理基本情况

1. 郑州市农业基本情况

郑州市地处河南省中北部，黄河中下游分界处，全市总面积7567平方千米，2022年郑州常住人口总数12600574人，现有6个市辖区、5个县级市、1个县及郑州航空港经济综合实验区、郑东新区、郑州经济技术开发区、郑州高新技术产业开发区。2022年，全市粮食种植面积413.04万亩，蔬菜播种面积83.48万亩，果树种植面积22.65万亩。

2. 农药包装废弃物回收处理工作开展情况

2022年，郑州市高度重视回收处理工作，制定了《关于加快推进农药包装废弃物和废旧农膜回收处理工作的意见》，组织开展现场培训会38余次，宣传农药包装废弃物乱丢乱弃的危害性和安全处理的重要性，推广典型做法和工作成效，充分发挥示范辐射带动作用。截至2022年8月，郑州市农药包装废弃物回收处理工作已覆盖全市103个乡镇，建设县级回收站点16个，乡镇级、村级回收站点400个，宣传普及农药销售站点192个，共回收处理农药包装废弃物53余吨，切实推动了农业绿色发展，形成了政府引导、社会关心、群众支持、农民参与的良好氛围。

（二）郑州市农药包装废弃物回收处理存在的问题

1. 主动参与回收处理意识需进一步加强

部分农民环保意识不到位，对使用完的包装物随手丢弃产生的后果以及参与分类专业处置的重要性缺乏足够清醒的认识，施完药后随手丢弃包装物的现象仍在一定范围内存在。农药售卖环节缺少追溯体系监控，农药经营者对应尽回收义务存在侥幸心理，回收相关的奖惩机制不完善，经营者主动参与的积极性不高。生产企业的主观参与度较高，但使用可循环利用的包装势必造成生产成本增加，而且由于小农户数量多、单次需求量少，生产厂家生

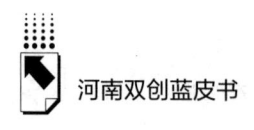

产大量分散的农药小包装制剂，这对企业提出了更高要求，需要其主动承担在生态环境保护中不可推卸的责任。

2.政府投入资金不足

农药包装废弃物回收处理需要一定的资金投入来提高回收系统的运转效率。一方面，实行回收处理工作可能会对农药生产企业和经销门店造成一定影响，增加成本，降低营业利润，而政府未有对应的减免税收、给予奖励等激励措施，以减轻企业的负担；另一方面，由于历史原因，多年农药包装废弃物累积留存量大、分布广，捡拾耗力多，工作量大，补贴资金量大，县级财政扶持相当有难度，多数依靠上级拨付资金。

3.回收处置机制需完善

以前，农药包装废弃物按照危险废物管理，回收、转运及无害化处置成本极高，但2021年1月1日起实施的《国家危险废物管理名录》（2021年版）已经对农药包装废弃物回收及转运环节进行了豁免管理，不能循环利用的农药包装废弃物可以和生活垃圾一样进入填埋场填埋或者焚烧厂焚烧，极大地降低了处置费用。然而从实际实施看，虽然国家开辟了豁免通道，但农药包装废弃物从本质上还属于危险品，生活垃圾焚烧厂怕担责，不敢执行规定，导致回收的农药包装废弃物处置依然困难。

4.属地监管有待落实

回收处置工作按照市场运作、政府扶持、属地管理的原则，但实际是大量工作由农业农村部门（植保植检站）承担，面临工作点多量大、任务重但监管乏力的窘境，部分乡镇（街道）联系人因工作时间冲突等而精力有限，属地管理仍有待落实。

三 江苏、浙江、上海等地农药包装废弃物回收处理经验借鉴

（一）江苏省宿迁市回收处理情况

2022年，宿迁市按照"统一回收、分类归集、定点存放、集中处理"

的要求，建立了县区收贮中心、乡镇代储（回收）站和基层回收点三级回收网络体系，推动有偿回收、无害化处理农药包装废弃物。截至2022年10月底，全市累计回收农药包装废弃物676.8吨，处置农药包装废弃物286.56吨。宿迁市农业农村局印发《2022年全市农药包装废弃物回收处理工作方案》，在8个县区建立了回收代储中心，在84个乡镇建立了90个农药包装废弃物代贮回收站，所有农药经营店作为村居回收点，设立回收设施。各级回收中心（站、点）以价格补贴、现金回收等形式开展有偿回收，财政给予补贴，2022年全市投入资金586万元，有力地推动了工作的顺利开展。同时，宿迁市加强宣传培训和普法教育，以"科学用药进万家"活动为抓手，累计开展线上线下培训145场次2.3万人次；发放技术明白卡87.5万份，发送手机短信18万条，网络宣传190次；在每个农药经营门市张贴发放《农药包装废弃物回收处置告知书》，公布回收站点，增强农药生产者、销售者和使用者的生态文明意识，引导农民主动参与回收工作，自觉妥善回收处理农药包装废弃物。以宿迁市宿豫区为例，主要经验如下。

1. 明确实施与监管分工

江苏省宿迁市宿豫区农业农村局明确农业（农药管理）科为职能牵头科室，执法大队根据有关法律法规规定，依法先对生产者、经营者和使用者告知回收义务，违者再处罚，植保站负责具体工作方案的制定和落实，乡镇农产品质量安全监管站落实属地管理。区农业农村局定期组织农产品监管科（对使用者）、执法大队（对经营门店）、人居办（对村居环境）检查农药包装废弃物回收处理工作的进展和各项措施的落实情况，生态环境部门负责无害化处理的监督管理工作。

2. 推行自觉回收和有偿回收相结合

依法要求农药经营单位、专业化生产合作社等使用者，做好农药进销售和包装废弃物回收台账，并做到回收数量与进销售台账一致，农药门店对使用者主动交回的农药瓶和农药袋按每个0.1元回收，镇回收站（农药门店）对村居回收的农药袋和农药瓶分别按每斤3元和2元回收，在试点乡镇按以奖代补考核村级兼职回收员，每村每年支付费用1000元左右；区级部门委

托有资质的无害化处置企业在单月集中回收处理一次，处理费用约为7000元/吨，根据项目量化考核结果据实拨付费用。

3. 推动纳入政府绩效考核

将农药包装废弃物回收处理工作纳入区政府绩效考核指标体系，把农药包装废弃物回收处理与农业面源污染、"河长制"考核和水污染防治等环境治理紧密结合，开展考核评比。开展农药包装废弃物回收监测评价，农药包装废弃物回收良好以上等级率达75%。

（二）浙江省杭州市回收处理情况

杭州市农药包装废弃物回收处理工作经余杭区、桐庐县、淳安县试点后，2016年根据《浙江省农药废弃包装物回收和集中处理试行办法》要求，杭州市各涉农县（市、区）相继制定和出台了农药包装废弃物回收处理实施方案，建立农药包装废弃物回收和集中处理工作机制，回收处理工作在全域全面开展。

1. 落实政策、资金保障

此前，杭州市就将此项工作列入《杭州市现代都市农业"十三五"发展规划》，市农业农村局会同生态环境局、财政局，积极研究制定农药包装废弃物回收与处理扶持政策，落实资金保障。2018年，杭州市共投入财政资金1998.89万元，设立回收点949个，回收农药包装废弃物566.79吨，无害化处理农药包装废弃物450.26吨，回收率和处理率均完成浙江省考核任务的100%。

2. 落实责任主体

由杭州市农业农村局土肥和植保总站牵头总实施，成立由农业农村、生态环境、财政、供销等部门组成的农药包装废弃物回收处理工作小组，负责指导、协调和监督工作；各县（市、区）政府落实属地管理责任，各乡镇（街道）负责宣传和定期督查回收情况；各农资经营网点和生产基地回收点，负责回收自身销售或使用的农药包装废弃物；回收运输单位负责网点回收的农药包装废弃物收集运输工作，定期送至有处理资质的单位进行集中处理，形成较为成熟的"以各镇街为责任主体、相关部门协调监督、经营单位折价回收、农资公司集中运贮、专业企业规范化处理"的回收处理机制。

3. 落实考核机制和责任机制

将回收处理工作纳入市政府对各县（市、区）生态目标责任制考核，各县（市、区）将回收处理工作列入县（市、区）政府对乡镇的考核。县级回收处理工作小组及时了解和掌握各乡镇（街道）回收处理工作进展情况，组织检查和现场指导；县级农业行政执法机构负责对回收运输单位和各农资经营单位（回收点）进销货台账与回收台账进行核查，开展对乡镇（街道）回收处理工作的考核验收。

（三）上海市回收处理情况

上海市早在2009年就开始实施《农药包装废弃物回收和集中处置试行办法》，处理工作从试点到推广经历了10多年的实践过程，各区已基本建立、落实农药包装废弃物的回收处理制度。农药包装废弃物回收和集中处理以上海市松江区经验为例。

1. 明确分工

由松江区农委种植业办负责牵头，镇政府农办负责设置镇回收点，落实专人回收，对接转运和处理单位；区环保部门负责转运和集中安全处置的监督管理工作；区财政部门负责安排本区回收和处置的资金。

2. 签订三方协议

与农委下属单位农联社签订三方协议，负责回收、运转、处理农药包装废弃物具体实施工作。

3. 松江区农业高度统一化

松江区叶榭镇农田实行统一流转、统一管理，本地农民连片连块承包（类似于家庭农场模式），高补贴政策的施行极大地提高了农民的种植热情，农药实行统一配送，废弃包装物统一回收，效率很高。

从2019年开始，松江区农药包装废弃物的回收、运转和处理均要求经招投标，交由第三方管理。农委负责监督、指导、协调整个项目的实施。2018年，松江区水稻种植面积15.2万亩，投入资金100万元；2019年水稻

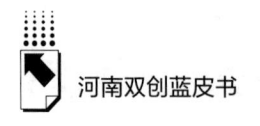

种植面积 15 万亩，预算资金 150 万元。其中，70 万元用于补贴农民和经销商的回收工作，80 万元用于运转和处置废弃物。

江苏、浙江、上海等地在政府大力支持下，农药包装废弃物回收处理率均达 80% 以上，农业面源污染治理取得明显成效。

四　郑州市以农药包装废弃物回收处理实践创新加快农业绿色发展的几点建议

（一）提高站位，加强组织领导

郑州市是建设中的国家中心城市，有着其他城市不可比拟的优越条件和政治定位，也面临着巨大的挑战。《郑州市"十四五"节能减排综合工作方案》提出，实施农业农村节能减污建设工程，将健全农药包装废弃物回收处理机制摆上重要议事日程。农业农村部门要积极会同生态环境、发展改革、财政等部门成立农药包装废弃物和废弃薄膜回收处理工作领导小组，遵照属地管理、分级负责、部门协同的原则，进一步细化地方政府、农业和生态环境部门在农药包装废弃物回收处理方面的职责，逐步建立"县级以上人民政府领导部署、乡镇政府组织实施、农业农村和生态环境部门监管指导"的工作机制。农业农村部门做好回收监管工作，生态环境部门负责农药包装废弃物污染防治的监督和管理、农药包装废弃物贮存和集中处置的指导工作。加强农业生态环境监测网络建设，完善跨部门信息共享机制，确保推进农业绿色发展的各项政策措施落到实处。

（二）积极争取，加大支持力度

加大对农药包装废弃物回收处理的投入力度，可以通过积极争取郑州市财政支持来实现。具体措施包括：一是加强政策引导和支持，比如给予财政补贴、税收减免等，吸引更多的社会资本投入农药包装废弃物回收处理领域，积极参与废弃物网点和田间收集设施建设，提高回收网络的覆盖率和效率，鼓励企业技术创新，提升回收处理的技术水平和效率；二是财政设立专项资金用于废弃物回收和无害化处理,并加强对专项资金的使用情况监管;三是会同土壤环境管理部门,对废弃物回收、转运、处理过程中出现的问题进行督导、执法,政府还应对回收处理工作相关部门的具体职责做出详细划分和规定,以防责权不清晰、部门间互相推诿导致问责难,同时积极争取各县(市、区)地方政府的支持,加强属地管理,将回收处理工作的体系建设纳入地方政府目标责任制考核指标。

(三)以点带面,建立回收体系

坚持贯彻落实谁生产谁负责、谁销售谁回收、谁使用谁交回的原则,充分开展探索创新,逐步形成适合本地实际的回收处理工作机制。在郑州市农药使用量较大的乡镇,依托农资经营门店和生产基地,建设农药包装废弃物回收处理专业化体系。根据当地财政预算制定回收标准及办法,做好废弃物的收集、转运和处理工作,形成重点区域全覆盖、其他区域全辐射的回收网络,逐步形成覆盖全市的回收体系。充分利用信息技术发展数字农业,建立农业投入品追溯体系并与现有的农产品质量追溯体系融合,做到出厂有标识、销售有登记、交回有提醒、使用追到田,结合大数据分析,开展有针对性的监督和指导。

(四)多管齐下,加强宣传监管

通过农村广播、微信、短视频平台等群众喜闻乐见的形式,加大政策的宣传力度,引导农药的生产、经营和使用三方对各自承担的回收义务应知尽知,培养主动回收的行为意识,生产企业更应意识到自身承担的不可推卸的社会责任,主动参与回收,塑造良好的社会形象以增加企业品牌影响力和社会竞争力。通过全方位、多层次的宣传、培训以及农药包装废弃物兑换生活物品等宣讲活动,使广大农户认识到农药包装废弃物的危害,增强环保意识,改变随意丢弃农药包装废弃物的陋习,养成自觉回收农药包装废弃物的良好习惯。监管部门加强日常督导,及时发现和解决回收处理过程中存在的各种问题,切实保证回收处理工作顺利有序开展。监管部门应及时提升自身的专业素养和执法水平,维护监管的权威性和有效性。

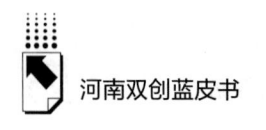

（五）多元共治，增加农业绿色生产技术的研发投入

在政策方面进一步加大农业绿色发展的科技创新投入力度，健全农业绿色发展的科技创新体系，完善多元化农业技术推广服务体系。加大对农业投入品减量高效利用、有害生物绿色防控、废弃物资源化利用等农业绿色生产技术的研发投入力度，加快成熟适用绿色技术、绿色成果的示范、推广和应用。大力提倡农药减量化使用，应用生物防治等绿色防控技术，在规模化程度较高的地区试行专业化的通防通治。购买环节，从农药生产厂家定制大包装、可回收利用的包装物存贮农药，实现农药包装废弃物源头减量目标；使用环节，充分运用生物防治等绿色防控手段，减少农药的使用量；回收环节，政府加大监管力度，对回收行为加以督促，确保应收尽收。

参考文献

邵昌余：《农药包装废弃物回收处置管理的思考》，《农药科学与管理》2019年第5期。

任宗杰等：《乡村振兴背景下做好农药包装废弃物回收处理工作的思考》，《中国植保导刊》2021年第4期。

季彩宏等：《浅谈农药包装废弃物的分类回收》，《南方农业》2020年第3期。

赵艺华、周宏：《社会信任、奖惩政策能促进农户参与农药包装废弃物回收吗？》，《干旱区资源与环境》2021年第4期。

张越等：《专业化防治服务组织开展农药包装废弃物回收模式分析》，《中国植保导刊》2021年第11期。

刘亚萍等：《国际农药包装废弃物管理概况》，《世界农药》2021年第8期。

董卉、沈颖、黄晓华：《浙江省农药包装废弃物回收处置工作经验与问题分析》，《农药科学与管理》2022年第5期。

张欧等：《湖北省农药包装废弃物回收处理的实践探索》，《湖北植保》2021年第5期。

创新探索篇

Innovation Studies

B.19 河南省深化科技体制改革的思路和对策研究

刘卫星[*]

摘　要： 为贯彻落实党的二十大精神，深入实施创新驱动、科教兴省、人才强省战略，河南迫切需要进一步深化科技体制改革，进行更大力度的探索实践。本文通过对河南省深化科技体制改革取得的主要成效、经验做法以及存在的问题进行梳理分析，从创新平台、创新主体、关键核心技术攻关、创新人才、农业科技创新、成果转化、创新布局、创新环境等方面对河南省科技体制改革进行探索研究，为建设国家创新高地和重要人才中心提供支撑。

关键词： 科技创新　科技体制改革　河南省

---

[*] 刘卫星，博士，河南省科技厅科研平台中心，研究方向为科技创新政策。

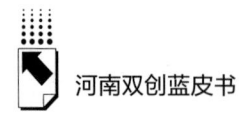

河南省运用市场化手段集聚创新要素，以体制机制创新、关键环节改革引领科技创新纵深发展，重点围绕重建重振省科学院、重构重塑省实验室体系、规上工业企业研发活动全覆盖、职务科技成果赋权试点改革、科研项目组织机制改革、科研经费管理改革等方面推出了一系列举措。经过近年来的持续改革，河南省科技体制改革主要制度和政策已经基本确立，各项改革举措正在细化落实，科技管理全链条从资源配置使用到人才评价激励再到创新生态营造都在形成新的制度规范，科技创新支撑经济社会高质量发展的能力显著增强，全省总体科技发展水平稳步提升、全社会创新活力不断激发、创新生态加快优化，开创了以改革促创新、以创新促发展的新局面。

一 河南省深化科技体制改革取得的主要成效和经验做法

（一）加强科技创新和制度创新的系统谋划与顶层设计

河南省委、省政府把创新摆在发展的逻辑起点、现代化建设的核心位置，坚持走好创新驱动高质量发展"华山一条路"。坚持科技创新与制度创新双轮驱动，确立了建设国家创新高地和重要人才中心的奋斗目标，并进行了一系列高规格统筹部署。一是完善科技创新领导体制。坚持党对科技工作的全面领导，省委高规格召开全省教育科技创新大会暨人才工作会议、全省创新发展综合配套改革大会，对河南科技创新发展进行全面部署。河南省科技厅充分发挥省科创办职能，服务保障省科创委议事决策常态化、规范化。全省18个省辖市先后成立了科创委，统筹推进全市科技创新工作。全省形成了党委领导、部门协同、省市联动推进科技创新的领导体系和工作机制。二是强化创新战略部署。省委、省政府成立工作领导小组及工作专班，全力推进各项重点任务落实，为第一战略落地实施提供了坚强支撑和机制保障。制定了关于重构重塑省实验室体系、规上工业企业研发活动全覆盖、标准化推广智慧岛、产业研究院、中试基地、重大科技基础设施、科技金融、"双一流"建设高校创建、高校布局调整、省科学院重建重振与中原科技城融合发展等的一系列实施方案、管理办法，形成共同发力、协同推进战略实施的良好局面。三是打好政策、法规、规划、改革的"组合拳"。锚定"两个确保"，聚焦创新驱动高质量发展，坚定构建一流创新生态、建设国家创新高地的奋斗目标，出台《河南省创新驱动高质量发展条例》《河南省科学院发展促进条例》，编制《河南省"十四五"科技创新和一流创新生态建设规划》，制定《关于加快构建一流创新生态建设国家创新高地的意见》《实施创新驱动、科教兴省、人才强省战略工作方案》，把省委、省政府的重大决策精心绘制成路线图、施工图，为河南科技创新长远发展提供制度保障。

（二）主动融入国家战略科技力量，积极培育河南梯队

把省科学院的重建重振作为建设国家创新高地的一号工程，加快推进省实验室体系重构重塑，主动融入国家战略科技力量。一是重建重振省科学院。以改革创新的思路，一体化设计省科学院的制度体系。科学院的顶层设计和政策体系已趋于完善，出台了《河南省科学院发展促进条例》，是国内首次以立法的形式支持省科学院发展；省委、省政府发布的《支持重建重振河南省科学院的若干政策措施》，赋予省科学院编制使用、人才引聚、成果转化、经费自主使用、配套要素保障等政策；省委、省政府发布的《关于省科学院与中原科技城、国家技术转移郑州中心"三合一"融合发展的指导意见》，明确三方在空间布局、科创体系、人才机制、金融资本、产业发展、管理队伍、保障服务等方面深度融合，支持三方建设覆盖科技创新全周期、全链条、全过程的开放式科创大平台；制定了《河南省科学院章程》，省科学院成为省内第一家依章程管理、依章程运行的科研机构；加强人才团队建设，国家杰青、长江学者等国内一流人才成为省科学院首席科学家。二是重构重塑省实验室体系。研究制定《河南省实验室体系建设方案》，完善省实验室布局顶层设计。制定《河南省实验室建设管理办法（试行）》，明确省实验室为独立法人，依章程管理，实行理事会领导下的实验室主任负责制，创新省实验室人事、薪酬、评价制度，建立与使命、责任、

贡献相匹配的保障机制、激励机制、约束机制，明确省实验室重点任务，建立省实验室重大科研任务直接委托机制和"军令状"责任制。截至2022年，河南已谋划建设三批共10家省实验室。加快省实验室办公场地建设，推动尽快入轨运行，引进一批院士、中原学者、长江学者、国家杰青等高层次专家，组建高水平的科研团队，产出了一批高水平科研成果。三是谋划建设创新基础设施。出台《河南省重大科技基础设施管理办法（暂行）》，按照"重点储备、梯次培育"的原则，每年选择若干领域培育建设一批重大设施项目。国家超算郑州中心、中原人工智能计算中心、国家生物育种中心建成投用，积极开展作物分子生物育种、精准高性能天气预报、关键零部件抗疲劳数字制造等一批重点应用。统筹发展资源，开展省重大科技基础设施功能区规划研究，构建多类型、多层次、相互支撑协作的重大科技基础设施群。

（三）聚焦产业发展需求，推进关键核心技术攻关

以国家战略需求为导向，围绕全省战略性新兴产业、传统优势产业、未来产业发展，凝练一流课题，凝聚力量进行原创性、引领性科技攻关，增强自主创新能力。一是推动重大科技专项出成果。组织实施省重大科技专项，2022年，启动实施省重大科技专项43项，省财政支持总经费达4.43亿元。省重大科技专项取得了一批标志性成果：研制出世界最大直径"高加索号"硬岩盾构机，成功应用于川藏铁路、格鲁吉亚KK公路等多项国内外重大战略工程；开发出12米氢燃料电池客车产品，低温启动性能达到国际先进水平，服务于2022年北京冬奥会；研制出数据中心光互连芯片、5G用铜合金材料，技术达到国际先进水平，打破国外垄断，实现进口替代。二是推进科研项目管理改革。丰富遴选方式，进一步改革项目形成机制，改变以往竞争择优单一遴选模式，探索开展定向委托、推荐备案、"赛马"等多种遴选方式。突出聚焦重大项目，坚持问题导向和目标导向，重点围绕国家重大战略和省委、省政府决策部署，聚焦传统产业"迭代"、新兴产业"抢滩"、未来产业"破冰"，力争取得重大创新成果和群体性技术突破；强化资金保障，在项目支持资金方面，进一步加大支持力度，单个项目省财政支持金额

不低于 1000 万元，同时强化"前支持"，启动经费拨付比例提高到 50% 以上，充分保障项目实施；改进服务管理，全面落实经费"直通车"制度，进一步提升财政资金使用效益。指导项目单位落实首席专家负责制，强化项目负责人职责和作用，赋予更大技术路线决策、团队配置、经费使用自主权。三是完善基础研究政策和资助体系。修订印发《河南省自然科学基金项目管理办法》及相关实施细则，新增设了创新群体项目、重点项目，进一步完善了资助体系，优化了资助程序。研究起草《河南省国家应用数学中心建设方案》。基础研究投入的力度不断加大，支撑了河南基础研究领域国际领先科技成果不断涌现，河南大学王学路教授团队在大豆共生固氮领域的最新研究成果先后 2 次发表在国际著名期刊 Science 上，其中《光诱导的信号调控大豆共生结瘤机制》是由河南科研团队在该期刊上主导并发表的第一篇研究论文。

（四）强化企业科技创新主体地位，加速科技成果转化

建立"微成长、小升规、高变强"的梯次培育机制，2022 年遴选创新龙头企业 116 家、"瞪羚"企业 104 家，全省高新技术企业总量突破 1 万家，科技型中小企业达到 2.2 万家，同比增长 45.65%；全省技术合同成交额突破千亿元大关，同比增长 70.7%。一是推进规上工业企业研发活动全覆盖。开展"贯通产学研，助力全覆盖"活动，动员全省高校、科研院所投身研发活动全覆盖工作，353 家高校、科研院所向全省企业提供研发资源，140 家高校、科研院所向社会公开发布 586 项科研成果，为企业创新提供服务，2022 年规上工业企业研发活动覆盖率超过 50%。落实企业创新各项优惠政策，用于高新技术企业认定奖补 2.1 亿元，用于支持企业增加研发投入 4.7 亿元。全省企业享受研发费用加计扣除 385.37 亿元。强化涉企科技政策宣传落实，开展科技助企政策"大宣讲+小课堂"，组织"万人助万企"暨研发活动全覆盖政策线上宣讲活动，累计参加培训人员超过 2.4 万人次，下足科技政策深入人心的"绣花功夫"。二是开展创新联合体建设试点。制定出台《河南省创新联合体培育建设工作方案》，由行业龙头骨干企业牵头，与

高等学校、科研院所建设体系化、任务型、开放式创新合作组织和利益共同体，鼓励龙头骨干企业加大研发投入力度，攻关核心技术，带动全产业创新水平提升。三是推动科技金融深度融合。深化地方政策性科创金融改革，探索推出面向科技企业的中长期贷款产品"研发贷"。稳步提升"科技贷"投放效率和贷款规模，支持企业在创业板、北交所上市。做好中原科技基金、自创区科技成果转化引导基金和创新创业发展基金，引导社会资本投向科技创新创业，目前已培育出2家上市企业、4家上市在辅导企业。探索开展科技保险补贴工作，引导科技企业使用科技保险降低企业研发风险和损失。对科技企业购买的产品研发责任保险、关键研发设备保险、营业中断保险、产品质量保证保险、科技成果转化费用损失保险（"揭榜挂帅"攻关险）5种科技保险按照实际保费的30%给予补贴。四是加快推动科技成果转移转化。持续深化职务科技成果赋权试点改革，探索构建成果转化合规尽职免予问责负面清单，健全符合各方利益的成果转化收益分配机制。开展赋权改革试点，试点单位完善工作方案，建立健全赋权改革管理机制、转化模式及负面清单，优化全过程服务，形成了一批可操作、可复制、有效果的经验做法。以国家布局建设科技成果转移转化示范区为契机，依托郑洛新国家自创区加快推进国家科技成果转移转化示范区创建。

（五）推进科技评价改革，激发人才创新活力

锚定"建设全国重要人才中心"目标，坚持"科技人才服务员"定位，不断加大高层次科技人才培育力度，提高人才服务工作水平。一是深化科技评价改革。建立科技项目分类评价制度，强化项目验收绩效评价，建立以项目创新质量和贡献为导向的绩效评价体系。改进科技人才评价方式，坚决破除"四唯"，不将"帽子"、头衔作为评价评审指标，构建以创新价值、能力、贡献为导向的科技人才评价体系。强化用人单位人才评价主体地位，全面落实单位用人自主权，完善急需紧缺和高层次人才职称评聘"绿色"通道。二是大力引进培育创新人才。出台《关于加快建设全国重要人才中心的实施方案》，实施涵盖人才引进各环节的"1+20"一揽子人才引进政策措

施,积极实施人才强省"八大行动"。成立河南人才集团,提供中高端人才寻访、招聘流程外包(RPO)、招考一体化等全方位服务。围绕省科学院重建重振、郑大河大"双航母"建设,重点引进高端创新人才,全职引进国家重点人才计划入选者、长江学者、国家杰青、国家优青、海外高端人才等海内外高层次人才近3000人。积极培育本土人才,省农科院小麦育种专家许为钢当选中国工程院院士。三是科研诚信制度全面落实。对于科技创新活动立项、评审、验收等环节,要求申报单位(合作单位)、主持人员、评审专家等重点对象签订科研诚信承诺书,将良好的科研诚信状况作为批复相关科技活动的必要条件。对科技创新活动涉及重点对象开展诚信审核,对严重失信单位(个人)"一票否决"。

(六)优化创新布局,提升创新载体建设水平

优化区域创新布局,强化省域协同、区域联动,推动要素集聚、资源共享,形成与生产力布局同频共振的创新发展新格局。一是加快郑洛新国家自创区建设。落实《郑洛新国家自主创新示范区条例》,在全省率先实施以全员聘任、绩效考核、薪酬激励为核心的"三制改革",并在全省国家高新区复制推广;率先启动以提升创新能力为目标的"四个一批"(创新引领型企业、人才、平台、机构)建设,进而推广到全省;率先推进放权赋能、2号公章、新型产业用地(M0)等改革依法开展;率先组织实施产业链整体谋划,将创新链、供应链、要素链、政策链深度耦合,初步培育形成轨道交通装备、新能源汽车等一批优势特色创新型产业集群,引领支撑产业转型升级。郑洛新国家自创区创新发展实力持续提升,各项创新指标领跑全省。二是推进高新区"三化三制"改革。加快推进高新区建设专业化、市场化、国际化的管理团队,推行领导班子任期制、员工全员聘任制、工资绩效薪酬制。科学设置高新区管理机构,优化机构和人员配置,实行灵活用人机制,健全财政保障机制,强化属地保障机制,科学组建运营公司,加快向高新区放权,鼓励建立因地制宜创新机制。优化生产力空间布局、推动革命老区振兴发展,设立豫东南高新技术产业开发区,实现省辖市高新区全覆盖。三是

加快双创载体建设。标准化推广"智慧岛"双创载体,实现智慧岛省辖市全覆盖。按照"政企分开、管运分离"原则,构建智慧岛管理架构,实行理事会制度,制定理事会章程。理事会作为智慧岛建设、运营、管理决策机构,按照专业化、市场化方式公开选聘运营公司,主要负责智慧岛开发建设、资本运营、专业化招商、市场化服务等,相应赋予土地一级开发、产业落地准入、长期运营管理等权限。截至2023年1月,全省共建设省级以上各类孵化载体466家,其中141家为国家级,数量稳居全国第一方阵。

二 河南省科技体制存在的问题

尽管河南科技体制改革稳步推进、科技创新呈现纵深发展态势、产业结构优化升级步伐加快,但影响创新的深层次体制机制仍需完善,创新生态环境仍需优化,与高质量发展的要求相比,科技创新仍然是制约河南加快发展的突出短板,与先进省份相比还存在较大差距。一是创新投入仍然不足。近年来,全省财政科技支出快速增长,2022年财政科技支出达411.09亿元,同比增长24.9%,但财政科技支出占一般公共预算支出比重仅为3.86%,远低于先进省份水平。2021年河南全社会研发投入1018.8亿元,居全国第10位,仅占山东的52%,研发投入强度1.73%,居全国第17位,大幅低于湖北(2.32%)、湖南(2.23%)、四川(2.26%)。创业风险投资供给不足,无论是从数量上还是规模上,都远远不能满足河南创新发展的需要。二是企业创新能力不强。创新型企业数量不足,2022年全省高新企业数量突破1万家,但总量在全国仅排名第16,在中部六省中排在湖北、安徽、湖南之后,仅排名第4。其中,营收超百亿元的高新技术企业仅22家。科技领军企业少,全国研发投入前100企业中河南仅有2家。河南仅有国家创新型产业集群试点5家,仅占全国的3.3%。三是高质量平台载体较少。高能级创新平台缺乏,没有国家实验室、国家技术创新中心、国家临床医学研究中心等国家级平台,在全国已布局的38个大科学装置中,河南尚属空白。全省国家重点实验室占全国总数的3%,仅相当于湖北的55.2%。高能级创新平台的缺乏，也限制了对高层次创新人才的招引和集聚。四是高层次创新领军人才匮乏。截至2022年底，河南"两院"院士、国家杰青数量分别仅占全国总数的1%、0.3%。五是科技成果转化水平不够高。高校、科研院所、企业联系不够密切，科技仪器设备共享不足，开放协同创新体系不够完善，较少开展关键核心技术联合攻关。高校、科研院所重视出论文、出专著，与企业实际应用及生产过程脱节，部分高校科技成果转移转化工作体系不健全，专业人才较少，科技成果转化效率不高。虽然2022年全省技术合同成交额超1000亿元，但与湖北、安徽、湖南相比还有不小差距。

三 河南省深化科技体制改革的对策

（一）着力打造高端创新平台

一是高质量建设和运行省实验室体系。积极培育国家战略科技力量河南梯队，完善省实验室体系顶层设计，在重大创新领域初步形成以全国重点实验室、省实验室为核心，以省重点实验室为支撑的省实验室体系。抓好省实验室建设运行，建立使命导向的目标管理机制，推动实验室制定发展规划。加强队伍建设，建设梯次化、高水平的专职人才队伍。强化高端平台功能，联合开展关键核心技术攻关。二是谋划争取一批重大创新平台和基础设施。加大一流大学（科研机构）郑州研究院引进力度，推动规划引领与一院一策、一机构一策紧密结合，打造高水平科技研发中心、高效率成果转化平台、开放式创新创业空间，形成具有国际影响力的科学园区。谋划布局一批重大科技基础设施，在优势特色领域争创国家级创新平台。

（二）强化企业科技创新主体地位

一是实施创新型企业梯次培育工程。引导鼓励创新龙头企业牵头开展关键核心技术攻关，提升核心竞争力。抢抓"瞪羚"企业高成长期的重要发展窗口，导入信贷基金等金融资源，助力发展壮大。持续做大高新技术企业队伍规模，壮大高新技术企业培育库。完善量质齐升的科技型中小企业入库机制，营造有利于科技型中小微企业成长的良好环境。组建体系化、任务型、开放式创新联合体，跨领域、跨学科、跨区域开展关键核心技术攻关和产业化应用，力争在主导产业、战略性新兴产业和未来产业优势领域实现创新联合体全覆盖。二是构建企业主导的产学研深度融合体系。持续开展规上工业企业研发活动全覆盖，建设大中小企业融通创新平台，促进产业链上下游企业合作对接。支持企业通过研发合作、平台共建、成果共享等方式参与省科学院、省实验室体系建设。加强大学科技园、科技企业孵化器、众创空间等孵化载体建设，构建"育苗+孵化+加速"的科技企业孵化育成体系。

（三）着力打好关键核心技术攻坚战

一是推动重大创新项目实施。围绕国家重大战略和省委、省政府决策部署，在数字产业、新一代信息技术、前沿新材料、高端仪器仪表、新能源、中医药、绿色低碳等领域，启动实施新一批具有战略性、前瞻性的创新项目，推动形成一批支撑经济社会发展的重大创新成果。开展关键核心技术攻关，筑牢产业发展新优势。强化省市联动，探索以定向实施方式支持一批地方有基础、市场有需求的关键技术自主创新及产业化项目。二是推动民生领域技术攻关。围绕河南高发病率、高外转率疾病和严重影响群众健康水平的疑难重症病种，加强一流课题、重大课题的凝练和实施，力争取得一批原创性技术成果。深化生态环境、公共安全领域科技创新，加快节能降碳先进技术研发和推广应用。三是加强基础研究，提升原始创新能力。加强基础研究顶层设计、战略研究和系统谋划，坚持自由探索和目标导向相结合，注重原始创新，推动形成一批原创性科研成果。强化对潜力项目和人才的支持培育，为争取国家高层次项目储备力量。四是推进科研项目管理改革。构建任务导向型的关键核心技术攻关体系，建立跨学科、大协同科研组织模式，完善市场主导、科学家咨询、政府决策的项目发现遴选和组织实施机制。健全科学家本位的科研组织体系，推行首席专家负责制和项目特派员制度，切实给科学家减压减负。优化科研项目经费管理，提升科研经费使用效率。

（四）大力实施高层次人才引领行动

一是深化人才计划实施。推进国家、省人才计划与重大科技任务紧密衔接，培养、造就一批战略科学家。研究制定院士梯次培养计划，新建一批中原学者科学家工作室，组织实施好"中原英才计划"。出台加强青年科技人才培育和使用的举措，完善青年科技人才发现、培养、激励机制，提高重大项目青年人才支持比例，探索实施青年科学家项目，扩大省自然科学基金青年项目规模。二是发挥平台引才育才作用。依托高能级创新平台，引进一批高端紧缺人才，培育一批实用领军人才，培育一批创新团队。推动院士工作站、中原学者工作站建设，为企业搭建科技攻关、人才培养、产品研发的服务平台。依托省内规模以上龙头企业，探索从省内高校、科研院所选派一批科技人才到企业兼职"科技副总"，促进企业产学研融合发展。三是优化人才发展环境。谋划实施科技人才评价改革试点，构建以创新价值、能力、贡献为导向的科技人才评价体系。建设科技人才管理服务系统，加强对在豫院士、国家杰青、中原学者等高层次科技人才的动态管理、高效服务和精准培养。

（五）推动科技创新赋能农业科技创新

一是打造现代农业创新高地。一体推进种业基地、神农种业实验室、国家生物育种产业创新中心、省级农高区建设，引导全省种业科研资源向"中原农谷"集聚。加快推进周口国家农高区建设，努力打造小麦产业创新发展引领区、黄淮平原现代农业示范区、科技支撑乡村振兴典范区，启动建设一批省级农高区。二是培育壮大农业科技力量。支持河南农业大学联合优势科研单位、创新企业申建国家小麦技术创新中心。按照"一园区一主题"建设农业科技园区，打造科技支撑乡村振兴的主战场。擦亮"科技特派员"品牌，拓展服务领域，向加工、检测、流通、销售等全产业链延伸。三是提升县域创新发展能力。围绕农业科技园区和县域优势主导产业开展关键技术研发、示范推广与成果转化，组织实施一批县市创新引导计划项目，培育壮大一批县域特色支柱产业。积极开展科技计划成果"进园入县"活动，推动国家重点研发计划项目成果在县域落地，加速科技成果推广应用。加快建设一批省级创新型县市，积极争创国家创新型县市。

（六）提高科技成果转化和产业化水平

一是完善科技成果转移转化机制。争创国家科技成果转移转化示范区，布局建设省级示范区。引进和培育市场化专业化技术转移机构，探索"高校院所+转化公司+科创基金"转化新模式。积极培育技术转移人才队伍，推动技术市场繁荣发展。二是推进中试熟化产业化发展。围绕重点产业和产业集群，择优新建一批中试基地、产业研究院，助力创新链、产业链的深度融合，实现"基础研究—技术攻关—技术应用—成果产业化"有机衔接，助推重点产业发展、新兴产业培育。制定出台省中试基地考核评价办法，完善奖优惩劣的激励约束机制。

（七）全面提升区域协同创新水平

一是强化省际协同创新。积极与国内先进地区开展协同创新，通过在当地设立研发基地、孵化基地、人才工作站等方式，探索建立区域间常态化科技创新合作机制。积极推进与中国科学院、清华大学等知名科研机构、"双一流"建设高校、龙头企业建立战略合作关系，吸引高水平创新团队来豫创新创业。积极推进与省外优势创新力量建立战略合作关系，围绕现代农业、先进制造、新一代信息技术等领域，深化创新链产业链合作，争创国家区域科技创新中心。二是推动郑洛新国家自创区、高新区引领发展。引导和支持郑州、洛阳、新乡高新区实施扩区发展。加快推进智能传感器、智能装备、生物医药、作物加速育种共性平台建设运营，打造郑洛新国家自创区特色产业名片。探索实施自创区协同创新券政策，鼓励支持自创区内创新资源跨区域流动和共享共用。推动高新区争先进位、量质齐升。

（八）全力营造一流创新环境

一是强化战略谋划和总体布局。充分发挥省科创委办公室统筹协调职能，统筹推进创新驱动、科教兴省、人才强省战略实施。围绕重大目标，强化重大科技任务和资源配置统筹，完善规划、任务、资源、政策衔接机制。加强科技计划统筹实施，深化财政科技经费分配使用机制改革，提升科技投入效能，形成多部门"共同凝练科技需求、共同设计研发任务、共同组织项目实施"的工作格局。二是推动法律法规政策落实落地落细。深化《科技体制改革三年攻坚方案（2021—2023年）》《创新发展综合配套改革方案》等改革部署，不断破除体制机制障碍。全面贯彻落实《中华人民共和国科学技术进步法》《河南省创新驱动高质量发展条例》，进一步完善科技创新法规体系。强化重大科技政策落实，推动各部门密切配合、主动作为，在财税政策、政府补贴等方面加大支持力度，探索涉企财政资金"直通车"制度。持续完善科技激励机制，全面落实以增加知识价值为导向的收入分配政策。总结推广赋予科研人员职务科技成果所有权或长期使用权试点经验。推进科技评价改革，持续开展减轻科研人员负担专项行动，完善创新调查统计制度、区域科技创新评价制度。三是加强科技金融深度融合。推进以基金创投和地方政策性科创金融为重点的多元化科技投入机制改革，综合运用损失补偿、贷款贴息奖补等方式，提升"科技贷"投放效率和贷款规模。用好科技创新再贷款、中长期贷款、设备更新改造贷款等金融工具，支持全省重大创新平台和项目建设。推动国家高新区开展创新积分制试点，精准引导各类生产要素向科技企业集聚。四是厚植创新文化。加强作风学风建设，构建全方位覆盖的科研诚信制度体系，实施更加主动的科研诚信监管措施。加强科普能力建设，构建大科普工作格局，提升全民科学文化素养。健全科技领域国家安全工作协调机制，深入推进军民科技协同创新。

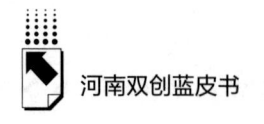

参考文献

王志刚：《加快实现高水平科技自立自强》，《人民周刊》2023年第1期。

宋克兴：《构建一流创新生态　建设国家创新高地——关于我省"科技创新"的学习思考》，《河南教育》（高等教育）2022年第12期。

黄涛、樊艳萍、王慧：《推动创新链产业链资金链人才链深度融合》，《中国人才》2023年第1期。

《"推进人才工作改革创新"系列报道5 河南：加快建设国家创新高地和重要人才中心》，《中国人才》2023年第2期。

《河南：促进教育链、人才链、创新链融合》，《科技日报》2023年1月18日。

张宏峰：《加快提升创新科技能力》，《河南日报》2023年2月1日。

《坐拥9家国家高新区全国第五》，《河南商报》2023年1月12日。

《以党的二十大精神为指引　深入实施创新驱动科教兴省人才强省战略　奋力建设国家创新高地——在2023年全省科技工作会议上的报告》，河南省科技厅，2023年1月16日，https：//kjt.henan.gov.cn/2023/01-16/2674594.html。

B.20 河南省区域创新差异化发展问题与对策研究[*]

王奎清[**]

摘　要： 当前，河南省区域创新发展呈现较好的发展态势，与此同时存在区域创新产业布局趋同化、财政引领资金配置均等化、高新产业结构同类化、产学研和技术产业化相近化、创新人才需求类型趋同化等现象，这些现象成为区域创新发展的障碍。正确认识和分析这些问题，推进河南省区域创新差异化发展，优化创新生态，形成各具特色、尽显优势、互相协作、错位发展格局，有助于促进和实现河南省区域创新高质量发展，更好地建设国家创新高地。

关键词： 区域创新　差异化发展　优势互补　河南省

党的二十大报告指出，"坚持创新在我国现代化建设全局中的核心地位"，"必须坚持科技是第一生产力、人才是第一资源、创新是第一动力，深入实施科教兴国战略、人才强国战略、创新驱动发展战略，开辟发展新领域新赛道，不断塑造发展新动能新优势"。河南省第十一次党代会把创新驱动、科教兴省、人才强省战略放在全面实施"十大战略"之首，提出要"把创新摆在发展的逻辑起点、现代化建设的核心位置，做强创新平台，壮

---

[*] 本文系河南省软科学研究项目（项目编号：212400410469）阶段性研究成果。
[**] 王奎清，中原工学院马克思主义学院副教授，研究方向为科技哲学与社会发展。

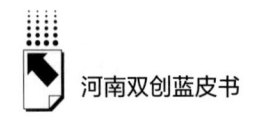

大创新主体，集聚创新人才，完善创新制度，优化创新生态，建设国家创新高地"①。当前，河南省区域创新发展呈现较好发展态势。与此同时，存在区域创新差异化不足、趋同化突出的问题。本文分析现阶段河南省区域创新发展的现状，分析在差异化发展方面存在的不足与短板，提出推进河南省区域创新差异化发展的对策建议，促进河南省区域创新高质量发展，更好地发挥创新在河南省经济社会发展中的重要作用。

一 河南省区域创新发展现状与特点

近年来，河南省委、省政府认真贯彻落实习近平总书记关于科技创新的重要论述和视察河南的重要讲话、重要指示，把创新摆在发展全局的核心位置，把创新作为最大政策，加大创新研发投入力度，充分发挥科技、教育、人才等优势。河南省创新能力总体呈现上升态势；2018～2022年河南省创新能力综合排名分别为全国第15、第15、第13、第14、第13,② 走出一条具有河南特色的创新发展之路。

（一）区域创新政策体系不断完善

近年来，河南省委、省政府围绕国家重大科技创新部署，颁布施行《郑洛新国家自主创新示范区条例》《河南省促进科技成果转化条例》《河南省创新驱动高质量发展条例》《河南省科学院发展促进条例》《河南省中原科技城总体规划管理条例》等科技法规，制定了《河南省加快培育创新型企业三年行动计划（2020—2022年）》《河南省深化科技奖励制度改革方案》《河南省支持科技创新发展若干财政政策措施》《关于加快改革创新促进高新技术产业开发区高质量发展的实施意见》《关于促

---

① 《高举伟大旗帜牢记领袖嘱托 为确保高质量建设现代化河南 确保高水平实现现代化河南而努力奋斗》，《河南日报》2021年11月1日，第2版。
② 中国科技发展战略研究小组、中国科学院大学中国创新创业管理研究中心：《中国区域创新能力评价报告2022》，科学技术文献出版社，2022年。

进郑洛新国家自主创新示范区高质量发展的若干政策措施》《河南省省级重大科技专项管理办法（试行）》《河南省人民政府办公厅关于推进河南省农业高新技术产业示范区建设发展的实施意见》《郑洛新国家自主创新示范区建设工作方案》《河南省创新联合体培育建设工作方案》《河南省促进科技成果转移转化工作实施方案》等一系列支持创新的政策措施，逐渐形成了覆盖面广、普及度深的科技创新政策体系，为河南省区域创新发展提供了政策保障。

（二）创新载体不断健全

郑洛新国家自创区、国家超算郑州中心、国家农机装备创新中心、国家生物育种产业创新中心、食管癌防治国家重点实验室等国家级创新平台成功获批和创建。截至2022年底，河南省拥有作物逆境适应与改良国家重点实验室等国家级工程研究中心（工程实验室）50个，国家级工程技术研究中心10个，国家级重点实验室16个，省重点实验室249个；国家科技型中小企业22004家，数量居全国第5位；获国家科技奖励98项，重大新型研发机构16家；高新技术企业10872家,[①] 涵盖电子信息、农业、装备制造、航空航天、生物产业、新材料、节能环保等主要产业领域。

（三）创新支撑能力不断提升

科技创新旨在支撑经济社会高质量发展，充分发挥第一战略的引领作用，强化经济高质量发展的科技支撑。河南主动融入国家战略科技力量体系，参与国家重大项目和重大工程，部分技术、产品在神舟飞船、航空母舰、C919大飞机、蛟龙号、中国天眼、高铁等"大国重器"，以及奥运会、冬奥会等重大活动上得到应用，彰显了河南创新力量。盾构机、新能源客车、光通信芯片、超硬材料等产业的技术水平和市场占有率均居全国首位，

[①] 《2022年河南省国民经济和社会发展统计公报》，《河南日报》2023年3月23日。

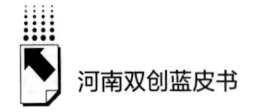

高新技术产业增加值占规模以上工业增加值比重由2016年的33.3%提高到2020年的43.4%。农业科技整体实力稳居全国第一方阵，小麦、玉米、花生、芝麻等品种选育水平全国领先。

（四）人才引进机制逐步健全

近年来，河南省出台了《河南省重点创新平台引进人才工作细则》等一系列鼓励人才创新创业的政策措施，实施了"河南省高层次人才工作计划"、"河南省人才绿卡"、"智汇郑州"人才工程和专项行动等，这些政策和行动方案为河南省吸引了大量的优秀人才，有力推动了河南省的科技创新和经济社会发展。此外，河南省各地也积极开展人才引进活动，举办各类人才交流会、人才招聘会等，向全国各地和海外发布人才引进政策，并且为引进的高层次人才提供各种优惠政策，如在人才公寓、子女入学等方面给予支持。这些政策措施不仅提升了河南省的科技创新和经济发展水平，也为人才提供了更好的发展机会和发展环境。同时，河南省还积极推进人才培养和人才流动，加强高校、科研院所和企业之间的合作，实现人才的跨界融合和优势互补。这些措施在促进河南省区域创新发展的同时，也为人才的成长和发展提供了更多的机会和平台。

综合来看，近年来河南省区域创新发展呈现以下三个特点。一是创新活动"投入低、产出高"特征明显。《中国区域创新能力评价报告2022》显示，2020年河南省科技活动政府研发投入79.5亿元、居全国第15位，发明专利授权数为9183件、居全国第13位。[1] 这反映出河南省在科技创新方面的投入和产出处于全国较高水平。二是地域之间发展差距较大。河南省创新高地集中在省会与中部地区，郑州、洛阳、新乡以绝对优势处于全省城市创新能力的第一梯队，焦作、南阳、许昌紧随其后，[2] 全省科技创新能力呈现以郑州和郑洛新国家自创区为中心向外围辐射、由高向低递减态势。三是

---

[1] 中国科技发展战略研究小组、中国科学院大学中国创新创业管理研究中心：《中国区域创新能力评价报告2022》，科学技术文献出版社，2022年。
[2] 《创新能力排名 商丘进步最大》，《河南商报》2021年7月5日。

高新技术企业和战略性新兴产业发展较快。河南省高新技术企业数从2015年的国家级创新型（试点）企业18家、省级创新型（试点）企业428家增加到2022年的高新技术企业10872家、科技型中小企业22004家。2018~2022年，河南省战略性新兴产业占规模以上工业比重从15.4%增长到25.9%，高技术制造业占规模以上工业比重从10.0%增长到12.9%。[①]

二 河南省区域创新发展差异化不足、趋同化明显问题突出

河南省区域创新体系是新型国家创新体系的重要组成部分，而市域创新体系作为省域创新体系的基本单元，是推进国家和河南省区域科技创新发展不可或缺的一环。在区域创新发展上，各市要积极作为、竞相发展，但并不意味着在市域创新体系、产业布局和结构上都要整齐划一、相近趋同。实际上，实施市域间差异化战略，突出优势产业、错位发展、优势互补才是实现全面创新、省域创新发展的基本途径。河南省区域创新发展已取得较好成效，与此同时存在诸多问题和不足，突出的问题是区域创新发展差异化不足、趋同化明显，没有形成各具特色、尽显优势、互相协作、错位互补发展的良好格局。

（一）区域创新发展总体布局差异化不足

近年来，河南区域创新发展规划在国家级和省级层面获得批复。然而，在既有的区域规划体系下，国家级和省级层面出于区域平衡发展的考虑，对省、市、县都有所兼顾，但对特定区域在整个国家和省级创新体系范围内的功能和定位并不清晰、确切，在规划落实过程中，以创新绩效为考核目标。地方政府往往受到短期利益的驱动而盲目引进项目，过分强调产业和产业转

---

① 《2018年河南省国民经济和社会发展统计公报》，《河南日报》2023年3月2日；《2022年河南省国民经济和社会发展统计公报》，《河南日报》2023年3月23日。

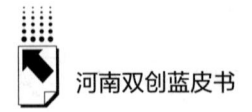

移、经济规模增长而忽视优化产业结构、产业升级和产业接续等,导致各地的重复建设难以避免,创新示范区之间科技产业布局趋同化、重复性问题比较突出,没有形成分工协作、优势互补、错位发展、特色明显格局。各创新示范区不仅是"大而全",而且是"小也全",创新示范、引领和辐射作用没有得到有效发挥。

(二)财政性资金投入不足,而且分配均等化

河南省研发经费投入强度在2016~2020年的"十三五"期间分别为1.23%、1.31%、1.40%、1.46%、1.64%,平均水平为1.41%,与全国同期的2.11%、2.13%、2.19%、2.23%、2.4%及平均水平2.21%相比有较大差距。[1]一方面,科技创新资金投入,没有与河南省GDP、财政支出和收入同步增长。以2021年为例,河南省GDP 58887.4亿元,排名全国第5,经济总量相对雄厚。2021年全省投入研发经费1018.8亿元,在全国排名第8,河南省研发经费投入占全省GDP的比例仅为1.73%,在全国排名第17,在中部六省排名第5,[2]呈现创新投入与经济体量不相匹配现象。另一方面,研发经费投入显现平均分配式的平衡化、"撒胡椒面"式的均等化现象,没有体现出引导优势产业差异化创新发展,提高创新效率、增强创新活力的有效性不明显。

(三)产业结构趋同化较为严重

在地方利益驱动下,各地不顾经济技术起点和自身条件,争相发展以电子信息、生物医药、新材料、能源环保等为主的产业,导致各地新兴技术产业间结构趋同较为严重,不仅高科技资源的配置优化不够,还导致区域间的恶性竞争,难以形成规模经济效益。如河南省大部分地区仍然聚焦发展传统产业。这些传统产业的市场竞争较为激烈,行业门槛低,利润空间小,尤其

---

[1] 根据国家统计局、科学技术部、财政部公布的2016~2020年《全国科技经费投入统计公报》整理。

[2] 国家统计局、科学技术部、财政部:《2021年全国科技经费投入统计公报》,2022年8月31日。

是一些老工业基地存在生产水平下降、产品质量不高、产品竞争力不强等问题，导致传统产业的结构性矛盾在各地之间趋同化较为严重。再如，河南省各地在发展战略上的相似性也是导致产业结构趋同的一个原因。许多地方采取了招商引资、发展制造业、节能环保等战略，这种模式下的重点产业大多集中在传统制造、能源环保等领域，也导致了各地产业结构相似性较高的问题。

（四）产学研和技术产业相近化明显

河南省高校、科研院所和企业研发的项目、平台、学科设置等大体相同或接近，而且大众化、平庸化比较明显，自主品牌、特色专业和原始创新比较匮乏，高水平科技论文和研究成果较少，科研成果转化度不高，河南省专利、论文等科研产出效率低。2022年，全省专利授权量达到135990件，有效发明专利为67164件，[1] 区域创新实力综合指标排名第9，创新效率综合指标排名第17，这种创新投入与产出效益偏低现象，表明河南省产学研和技术产业结构相近程度和重复率高。《中国区域创新能力评价报告2022》显示，2022年河南省科技合作综合指标值为19.77，在全国排名第26；技术转移综合指标值为12.78，在全国排名第19，[2] 这表明科技成果缺乏创新性与引领性，产学研协同创新、系统耦合水平低，技术交易总量不高，一般性技术项目多，高端先进技术项目少。

（五）创新人才引进类型和政策趋同化

高端人才引领带动是创新驱动战略实施的重要因素。人才差异化需求是差异化发展的重要特征。不同层次的科技产业需要不同类型的人才。现实中，各市域不顾产业实际，以优厚条件引进人才，出现大材小用现象。同时，创新人才总量不足，领军型人才缺乏，"两院"院士、长江学者等高层

---

[1] 《2022年河南省国民经济和社会发展统计公报》，《河南日报》2023年3月23日。
[2] 中国科技发展战略研究小组、中国科学院大学中国创新创业管理研究中心：《中国区域创新能力评价报告2022》，科学技术文献出版社，2022。

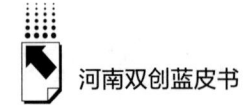

次人才严重短缺。从事科技创新活动的高素质人员总量不够、比例不高。2022年,河南省科技服务业从业人员占第三产业从业人员比重为0.8%,在全国排名第24;6岁及以上人口中大专以上学历所占的比例为12.7%,在全国排名第27。人才分布不合理,多数集中在高校和科研机构,作为科技创新活动重要主体的工业企业人才短缺,而且现有中高级专业技术人才存在流失现象。这些问题的存在最终严重影响河南省区域创新的可持续发展。

三 河南省区域创新差异化发展对策建议

根据国家科技创新政策、省外先进地区发展经验和河南的探索,解决当前河南省区域创新发展趋同化、相近化等问题的重要途径就是实行差异化战略。区域创新差异化就是紧密结合当前国家宏观调控政策和科技创新驱动发展等创新技术产业政策,在创新资源配置价值链中找准优势和最佳位置,实行差异化发展战略,形成各具特色、尽显优势、互相协作、错位发展的总体格局,推动河南省区域创新高质量发展。事实上,经过多年发展,河南省区域创新发展已经为差异化战略提供了经济基础、产业支撑、体制保障等,具备了差异化发展的条件。推进河南省区域创新差异化发展,应当沿着如下途径。

(一)加强区域创新差异化发展的顶层设计

制定差异化的区域创新发展规划是实施区域创新差异化发展的基础。规划应该针对各地既有的产业和人才优势,以需求为导向,突出功能和层级,以创新驱动为核心、以多元化为目标、以协同共生为策略,根据区域的产业资源和市场需求,促进产业转型和升级,推动产业结构多元化,加强创新企业之间的合作和交流,形成区域经济的协同共生效应,减少产业结构趋同化现象,加快形成各有特色、错位发展的区域创新差异化发展梯次格局。郑洛新国家自主创新示范区核心区要对标国内外先进园区,紧盯前沿科技与未来产业,发挥创新驱动引领示范作用,建设高质量发展先行区、实验区;其他地区应发挥地区资源优势，做大做强特色产业，成为区域创新发展增长极，引领支撑区域经济创新驱动发展。

（二）实施创新主体差异化政策，突出企业创新主体作用

企业是创新的主要承担者和推动者，也是推进和实施区域创新差异化策略的主体。发挥主体作用要对企业加大政策支持力度，在资金、人才、创业环境、产学研等方面提供有针对性的支持和服务。扶持优势特色企业，特别是重点骨干企业、领军企业、头部企业，充分发挥企业区域创新主体作用。同时，引导其他区域同类创新主体，实施技术、知识合作，梯次培育创新型企业，促进创新产业集聚发展。

（三）实施差异化的科技创新人才政策与队伍建设

人才关乎科技创新能力的强弱和创新发展战略实施成效。满足人才差异化需求，不同梯度的创新区配置不同类型的人才。原始创新集聚地的高梯度区域创新发展需要高尖端人才支撑，从事生产和操作任务需要更多的高技能人才。同时，坚持人才引进、培养与区域特色产业相匹配，刚性引进与柔性引智并举，重点采取"人才+项目"的引才育才模式，拓宽引进渠道。探索建立产教融合、校企合作的技能型人才培养模式，加强本土创新型人才培养，造就一批具有国内国际领先水平的战略科技人才、科技领军人才、创新团队。

（四）实施差异化发展的梯度政策和资金支持政策

资金投入是科技创新的重要保障。要进一步加大创新投入强度，确保河南省研发投入强度达到或超过全国平均水平。同时，要优化创新投入结果，注重质量，提高科技资源利用效率。依据区域科技创新发展程度，把全省分为高、中、低梯度创新区，以及在同一区域内分为不同等次的创新单元。大幅度提高地方财政科技支出增速，提升地方财政科技支出在财政总支出中的

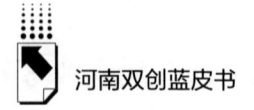

比重，整合财政科研投入体制，优化资源配置，进一步细化区域创新差异化政策，对不同梯度创新区进行不同定位，实施不同支持政策，通过政策和资金支持，引导不同梯度创新区发挥优势、突出特色、互相协作、错位发展，从而推进全省科技创新高质量发展。

（五）培育创新协同机制，构建创新联盟共同体

协同创新可以有效促进区域内各个主体之间的合作，促进优势互补，达到"1+1>2"的综合效应，进而提高整体创新水平。河南省在区域创新未来发展中，应建立以企业为主体，以高校、研究机构为支撑的创新联盟共同体，积极推动各类创新示范区之间的区域合作、示范区城市之间的合作，健全有效的协作和联动机制，协同推动区域合作创新发展。各市域创新示范区应发挥产业优势，以创新资源为基础，以市域技术创新体系为依托，以产业集群建设为载体，以优势产业为核心，积极开展区域产业协作，实现创新主体间的优势互补和强强联合，逐步将优势产业做大做强，提升创新能力和竞争力，促进河南省区域创新高质量发展。

B.21 数字经济时代河南省中小企业数字化转型研究

宋海静 张红玉 岳佳坤*

摘 要： 随着信息技术的迅猛发展，人类社会已经进入一个全新的充满变革的数字化新时代。数字化转型研究中的一个重要问题就是中小企业数字化转型路径和商业模式的选择。但是河南省中小企业数字化转型仍然存在诸多不足之处，其中一个重要问题是如何加快中小企业数字化转型。数字化转型意识淡薄、数字化转型差异大、数据资源采集以及整合困难等都是河南省中小企业存在的问题。中小企业数字化转型是河南省数字经济发展的关键环节。近几年，韩国政府实施了一系列数字化新政，颁布了一系列数字化转型政策和实施办法，如降低中小企业数字技术应用障碍、推进中小企业智能工厂建设、促进中小企业贸易数字化以及强化数字治理并提升数字化服务水平等相关举措。在分析河南省数字经济发展现状的基础上，借鉴韩国中小企业数字化转型相关政策和经验，对河南省中小企业数字化转型具有一定的借鉴意义。

关键词： 数字经济 数字化转型 中小企业 河南省

当今世界正经历百年未有之大变局，我国数字经济发展的内部环境和外

---

* 宋海静，博士（在读），黄河科技学院创新创业学院讲师，研究方向为数字经济、企业数字化转型；张红玉，黄河科技学院创新创业学院副教授，研究方向为创新创业教育；岳佳坤，黄河科技学院创新创业学院副教授，研究方向为创新创业教育。

部环境正在发生巨大的变化，面临错综复杂的国际环境带来的新矛盾。全球新一轮科技革命和产业变革深入发展，互联网、大数据、云计算、人工智能、区块链等数字技术蓬勃发展，数字化转型深入经济社会各领域全过程，传统产业加快向智能化、绿色化、数字化方向转型升级，新产业、新业态、新模式蓬勃发展，生产方式以及生活方式都发生着巨大改变，世界主要国家正在加快数字经济发展布局，制定战略规划，加大研发投入力度，努力创造未来新的竞争优势。

2021年10月，习近平总书记在主持十九届中央政治局第三十四次集体学习时进一步强调，要把握数字经济发展趋势和规律，推动我国数字经济健康发展。发展数字经济已上升为国家战略。2022年，中国信通院发布的《中国数字经济发展报告（2022年）》显示，2021年我国数字经济发展取得新的突破，数字经济规模达到45.5万亿元，较"十三五"初期扩张了1倍多，同比名义增长16.25%，占GDP比重达到39.8%。《河南省数字经济发展报告（2022）》指出，2021年，河南省数字经济规模突破1.7万亿元，规模连续6年稳居全国前十。从增速和占比看，2021年，河南省数字经济增速为14.6%，较上年提升6.3个百分点；数字经济占GDP比重为29.6%，较上年提升近2个百分点，呈现稳中向好的发展趋势。其中，数字产业化规模突破2800亿元，同比名义增长10.9%；产业数字化规模突破1.45万亿元，同比名义增长15.4%。

国际数据公司2020年的调查数据显示，数字化转型成功的中小企业销售额和员工效率均提高了50%。《中小企业数字化转型分析报告（2020）》显示，我国89%的中小企业处于数字化转型摸索阶段，8%处于数字化转型实践阶段，只有3%处于数字化转型深度应用阶段，只有15%建立了数字化人才培养方案。数字化投资与企业业绩的复杂关系，让很多企业对数字化转型投入感到困惑，一些已经开始转型的企业因"阵痛期"不断对投资提出质疑。实际上，中小企业存在转型能力弱、转型成本高、不愿转型以及无法转型等现象。学者亟待关注的重要前沿问题是企业内部数字化变革。企业数字化转型过程的实质是工业化时代向数字化时代的变革，通过将数字技术引入现有企业管理结构，通过信息结构、管理方式、运营机制、生产过程等手段重组产业化体系，客观上要求企业打破传统产业化管理模式。[1] 改变之前的管理思维，[2] 推动企业生产管理向智能化方向发展，加强企业营销管理的精准性，提升企业资源管理的效率，从而彻底改变企业管理模式和制度的革命性创新。[3] 数字化环境和潮流下，企业管理数字化变革已成为重要的前沿问题，亟须企业关注。[4]

一 企业数字化转型的含义

近年来，学术界对中小企业数字化转型进行了广泛的研究，主要集中在以下几个方面。

一是数字化转型的概念。Coile 在研究中首次提出"数字化转型"，[5] 随后国内外学者对数字化转型展开了更多的探索。国内外学者从不同的角度对数字化转型给出了不同的定义，Hess 等从组织结构视角指出数字化转型是利用数字技术驱动企业的产品和组织结构以及流程变革的过程；[6] 王春英和陈宏民认为企业数字化转型是数字经济与实体产业的融合。[7]

---

[1] 黄群慧、余泳泽、张松林：《互联网发展与制造业生产率提升：内在机制与中国经验》，《中国工业经济》2019 年第 8 期；肖静华：《企业跨体系数字化转型与管理适应性变革》，《改革》2020 年第 4 期。

[2] 陈剑、黄朔、刘运辉：《从赋能到使能——数字化环境下的企业运营管理》，《管理世界》2020 年第 2 期。

[3] Frynas, J. G., Mol, M. J., Mellahi, K., "Management Innovation Made in China: Haier's Rendanheyi," *California Management Review*, 2018, 61 (1): 71 - 93; Einav, L., Levin, J., "Economics in the Age of Big Data," *Science*, 2014, 346 (6210): 715-721.

[4] 陈冬梅、王俐珍、陈安霓：《数字化与战略管理理论——回顾、挑战与展望》，《管理世界》2020 年第 5 期；Agrawal, A., Gans, J., Goldfarb, A., *Prediction Machines: The Simple Economics of Artificial Intelligence*, Brighton, MA: Harvard Business Review Press, 2018。

[5] Colie, R. C., "The Digital Transformation of Health Care," *Physician Executive*, 2000, 26 (1): 8-15.

[6] Hess, T., Matt, C., Benlian, A., et al., "Options for Formulating a Digital Transformation Strategy," *MIS Quarterly Executive*, 2016, 15 (2): 1-2.

[7] 王春英、陈宏民：《数字经济背景下企业数字化转型的问题研究》，《管理现代化》2021 年第 2 期。

二是数字化转型的影响因素。国内外学者从很多角度对数字化转型的影响因素展开探索，在国外学者研究的基础上，魏国辰等以数字化转型中的零售企业为代表，找出了企业资源、企业能力、经营创新、企业家精神、宏观环境和市场环境等影响零售企业数字化转型的关键因素；[1] 刘宁等围绕数字化转型这一概念，对政策、技术、管理战略的支持、开放的组织氛围四个方面影响因素进行分析。[2]

综合众多研究观点，企业数字化转型是指利用数字化技术来适应或推动客户和市场方面的重大变化，进而促进数字渠道和营销、智能生产和制造、智能支持和控制、数字化产品和服务、商业模式创新等方面的发展。企业数字化是指将物联网、云计算、大数据等技术应用于生产、营销、运营和管理等全流程，深度挖掘生产过程中、管理过程中和服务过程中的各种数据，发现有价值数据后作为企业生产和决策的重要支撑。

二 河南省企业数字化发展现状

党的二十大报告提出，加快发展数字经济，打造具有国际竞争力的数字产业集群。河南省提出了加强数字经济建设，努力打造数字经济发展的新亮点。云计算、大数据、物联网、人工智能等被视为数字经济核心产业，它们是加快河南经济发展质量变革、效率变革、动力变革的重要引擎。实施数字经济核心产业发展工程，擘画数字经济核心产业发展路线图，建立有效的体制机制，将极大促进河南数字经济核心产业的发展，这将对河南数字经济的未来产生深远而积极的影响。中国信通院发布的《河南省数字经济发展报告（2022）》指出，2021年以来，河南省大力实施数字化转型战略，不断建立健全数字经济发展政策体系，努力营造数字经济发展的良好生态，努力

---

[1] 魏国辰、陈宇恬、王焕焕：《基于扎根理论的零售企业数字化转型影响因素》，《商业经济研究》2021年第19期。

[2] 刘宁、于梦鑫、彭飞凡：《企业数字化转型的影响因素及作用研究》，《生产力研究》2022年第2期。

打造以基础设施建设为支撑、核心产业发展为突破、融合应用创新为引领、数治能力提升为关键、数字生态优化为保障的数字化转型新格局。2021年，河南省各地市的数字经济规模相比上年均实现正增长，郑州市作为河南省的省会城市数字经济规模第一次突破了5000亿元，洛阳市数字经济规模已经达到2000亿元，南阳市数字经济规模第一次突破900亿元，驻马店、漯河迎来高速增长，高于全国全省平均增速，呈现"后发快进"的态势。

数字经济产业政策日益完备，国家制定《"十四五"数字经济发展规划》，河南省制定《河南省"十四五"数字经济和信息化发展规划》，并且密集出台加快数字经济发展的系列政策，提出建立数字基础设施、发展数字核心产业、推广数字融合应用、提升数字治理能力、构建数字生态体系"五位一体"的发展目标，构成了数字化发展的综合格局。河南数字经济发展的体制机制已经建立，产业政策日益完备。2018年，河南获批建设国家大数据综合试验区，形成了以郑州市龙子湖"智慧岛"为核心、河南省各个地市的18个大数据产业园区为关键的"1+18"大数据产业园区载体格局。2021年，郑州获批建设国家新一代人工智能创新发展试验区；2022年天瑞集团获批国家跨行业跨领域工业互联网平台；河南建设嵩山实验室等52个省级以上研发平台，建设河南省人工智能产业研究院等新型研发机构，数字经济核心产业科研平台日趋完善。

全国高端数字经济核心企业纷纷入驻，浪潮服务器、长城服务器、中科龙芯中原总部等高端计算企业纷纷落户郑州。阿里巴巴、华为、海康威视等国内高端综合性云平台服务商落户河南，科大讯飞、寒武纪等国内头部人工智能企业布局河南，阿里云、航天云网等领先工业互联网平台落子河南。全国头部数字经济核心企业落户，推动河南数字经济核心产业加快发展。

河南数字经济核心产业集群加快崛起，许昌鲲鹏制造基地量产"Huanghe"服务器及PC机，新乡鲲鹏开发软件，中原鲲鹏发展产业创新生态，鲲鹏计算产业集群强势崛起。以汉威科技、新天科技等为龙头的智能传感器产业集群，企业超3000家、产业规模超150亿元，居全国第5位。这些优势产业集群彰显了河南数字经济核心产业竞争力。

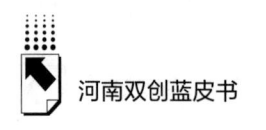

三 河南省中小企业数字化转型的问题

我国数字经济的蓬勃发展为河南省企业数字化转型提供了良好的机遇，但是河南省中小企业数字化转型存在数字化转型意识不足、数字化转型进程不一、数据资源获取和整合难度大、资金投入不足以及数字技能人才短缺等一系列问题。

（一）部分中小企业还未认识到数字化转型的重要性

在数字经济时代，中小企业普遍缺乏主动转型的意识，对数字经济的认知不够深刻，对数字化转型的理解存在偏差，未能充分认识数字化转型对企业发展的重要性，或者将数字化转型视为大型企业的事务，持有观望态度，缺乏采取实质行动的意愿。数字化转型的资金注入不能满足企业对眼前利益的追求，缺乏有效的数字化管理方法和工具等因素影响了数字化转型成效。中小企业在数字经济时代的生存面临着信息化水平不足和经营数据匮乏等挑战，因此数字化转型显得尤为紧迫。

（二）数字化转型在不同地域和不同行业差异比较大

数字化转型在河南省的不同地域、行业和企业之间呈现明显的差异。郑州市在数字化转型方面独树一帜，多项"两化"融合管理体系排名靠前，同时在宇通客车、郑煤机集团、中信重工、华兰生物等龙头企业的带动下，数字化转型进展迅速。从规模来看，大型企业数字化转型进程最快，中小型企业次之，小型企业最慢。在河南省的传统优势产业中，装备制造业和食品工业凭借坚实的产业基础，在龙头企业的推动下，实现了总体数字化转型，这一趋势在其他产业中并不明显。

（三）数字人才队伍建设落后、普遍数字素养不高

高素质数字专业人才，是企业数字化转型之本。但许多研究都指出，数

字化人才储备严重匮乏。中国信通院发布的《数字经济就业影响研究报告》指出，2020年中国数字化人才缺口接近1100万人。随着数字经济的飞速发展，河南对专业数字技能人才的需求高速增加，人才队伍建设落后成为河南企业数字化转型的短板。根据清华大学全球产业研究院的调查结果，有61.8%的企业认为数字化专业人才的匮乏正在成为它们实现转型的最大障碍，63.4%的企业认为数字化专业人才的匮乏也将成为未来推动数字化转型的最大障碍。尽管河南拥有显著的人口红利优势，但其高技能人才数量占从业总人数比例仅为4.6%。在当前数字化转型的进程中，河南数字化人才缺乏，在人才引进方面，河南与上海、广州、深圳等地差距比较明显，引进人才困难；政府还没有从政策上、经费上大力支持有关高校和企业的数字化人才培养。

四 韩国中小企业数字化转型经验借鉴

韩国在电子商务、信息科技、工业数字化建设和数字经济等方面处于世界先进水平，其经验做法对河南省中小企业数字化转型具有重要借鉴意义。2020年韩国发布了"数字新政"，要求政府在各个领域推进中小企业数字化转型，2021年又发布"数字新政2.0"，规划在2025年之前投资220万亿韩元用于数字经济等领域。

为促进中小企业数字化转型，韩国政府实施了如表1～表3所示的举措。韩国中小企业数字化转型政策涉及四个层面。

表1 韩国中小企业数字化转型政策举措

政策举措	实施方法
降低中小企业数字技术应用障碍（表2）	设立"数字服务凭证计划"，降低中小企业数字技术使用成本
	推出"共享电话会议室计划"，为中小企业提供电话会议设施
	助力中小企业远程办公
推进中小企业智能工厂建设（表3）	制定智能制造扩散和推进战略
	智能工厂建设可分为"政府主导普及型"和"公私合作型"两类

续表

政策举措	实施方法
促进中小企业贸易数字化	搭建电子商务平台,助力小微企业在线销售
	组织"虚拟贸易展览会",帮助中小企业对接海外客户
	保障中小企业的航空、海洋货运能力,为跨境贸易提供便利
强化数字治理并提升数字化服务水平	加强网络安全保护,助力企业修复网络安全漏洞
	营造良好的数字化监管法律环境
	提升公共服务数字化水平

表2 数字代金券和共享电话会议室计划限制条件和资格

政策举措	政策对象	条件和资格
数字代金券	数字服务供应商	以下情况下,数字服务供应商的资格将被取消,并处以罚款: ·转售现有产品 ·聘请第三方来吸引用户并支付奖励 ·参与价格操纵活动
	代金券用户	·直接或间接向代金券用户提供现金或商品,以换取使用其服务 ·代金券用户的满意度较低
共享电话会议室计划	办公空间供应商	·补贴不能用于购买家具 ·政策支持对象必须运营设施(包括行政支持、资产管理)至少3年,否则补助金额需要退还 ·视频设备不能用于营利目的

表3 智能工厂建设支持内容

类别	具体项目	支持内容
政府主导普及型	基础和高级化	自动化设备、控制器和传感器,用于构建物联网、5G、大数据、AR、VR、AI和云计算等先进技术的智能工厂
	行业专业化	支持制造工艺专用解决方案和联动自动化设备、控制器、传感器等
	数字集群	支持多家企业的智能工厂以数据和网络为基础相互连接,同时进行材料管理、订单生产、流通、营销等
	K-智能灯塔工厂	支持建立AI、5G等先进解决方案
	"碳中和"型智能工厂	提供能源诊断、设计咨询、高效设备等一揽子支持

续表

类别	具体项目	支持内容
公私合作型	"大中小企业双赢型"智能工厂	支持大中小企业合作建设智能工厂，由政府补贴部分资金
	智能工厂等级诊断	诊断企业智能制造水平，提供指导方针

五 促进河南省中小企业数字化转型的政策建议

一是强化相关政策引导，为中小企业数字化转型提供精准助力。针对不同产业类型与特征，推出具有针对性与可实施的精准化政策，试点企业数字化转型有关创新政策。与此同时，要进一步健全数字技术的行业应用标准、规范与管理好与之相关的行业，从而为中小企业数字化转型发展提供一个良好、有序的外部环境。我们必须勇于抢抓数字机遇、勇于先行先试、勇于突破创新、勇于前瞻部署基础设施，着力消除体制性和机制性障碍，加强技术支撑与多领域应用创新，推动协同治理，推动数字政府集约化、一体化、精细化、高效化发展。

二是强化资金保障，缓解企业采用数字技术的资金压力，减少转型顾虑。根据国家政策及本地区的实际情况，建立中小企业数字化转型专项资金并制定合理的财政预算，精简和减少烦琐的中小企业申报审批程序，充分发挥财政资金杠杆效应。

三是开拓市场，搭建贸易数字化公共服务平台，推动数字经济贸易走向国际市场。学习借鉴先进经验，增强数字治理创新能力。借鉴上海、浙江、贵州等地的先进经验，在充分调研的基础上，结合河南的实际情况，因地制宜寻找政府数字化变革的突破口和发力点。推动数字技术与数字贸易深度融合发展，不断丰富国际贸易场景数字化应用，共同完善与大数据技术、产品、服务相关的法律法规，助推数字经济全链条加速发展。

四是全面提升数字素养，夯实数字化人才队伍基础。欧盟数据库显示，

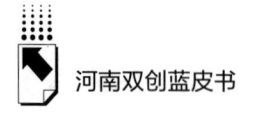

2017~2019年，英国数字化人才比例逐年上升，2019年已达74%。为了满足本土对数字化人才的需求，印度政府着力构建"数字人才库"，其中包括促进"政产学研"共同培养以及增设新的大数据分析学位计划。在产业数字化转型大潮蓬勃兴起的背景下，全球各经济体不断从技术与产业融合发展实际需求出发，逐步建立并完善数字人才发展规划、培养机制以及吸纳政策等，满足传统产业数字化转型对各类人才的需求。

探索开展"数字无障碍化"行动，优化数字社会环境，营造良好数字生态和氛围，厚植数字人才土壤。强力推进河南省政府公务人员的数字思维、技能和素养建设。创新政府公务人员数字能力培育机制，建立健全数字素养综合考评机制，不断激发公务人员提高数字素养的积极性和主动性。围绕数字化细分行业和技术领域，加大高层次人才的引进和激励力度。建设一支高水平的专家队伍，深化相关研究。河南高等院校、职业院校要承担为数字政府建设输送优质人才的职责，加强校企合作，搭建数字化人才实训基地。

参考文献

中国信息通信研究院：《中国数字经济发展白皮书（2022年）》，2022年7月8日。
中国信息通信研究院：《中国数字经济发展报告（2022年）》，2022年7月8日。
中国信息通信研究院：《全球数字经济新图景（2020年）——大变局下的可持续发展新动能》，2020年10月14日。
喻新安、胡大白、杨雪梅主编《河南创新创业发展报告（2022）》，社会科学文献出版社，2022。
王勇、谢晨颖：《中国企业数字化转型回顾与展望》，《科技与金融》2022年第3期。

B.22 濮阳市创新引领绿色低碳转型发展的实践探索

田文富[*]

摘　要： 党的十八大以来，濮阳市立足"资源型转型城市"这一发展定位，着力实施创新驱动和绿色转型战略，以科技创新为引领，以体制机制创新为动力，着力破解绿色低碳转型发展中的关键瓶颈问题，推动经济社会发展质量变革、效率变革、动力变革，探索形成了河南资源型城市高质量绿色低碳转型发展的系统解决方案，为河南资源型城市绿色低碳转型发展提供了实践样本。

关键词： 创新引领　绿色低碳　濮阳市

党的二十大报告指出，高质量发展是全面建设社会主义现代化国家的首要任务，推动经济社会绿色化低碳化发展是实现高质量发展的关键环节。濮阳市作为新中国最早因"油气"开发而形成的传统资源型城市，如何实现绿色转型发展历来是濮阳市委、市政府工作中心和重点任务。2021年6月，乘借"黄河流域生态保护和高质量发展战略"的东风，濮阳市入选河南省黄河流域生态保护和高质量发展核心示范区。2022年，濮阳市GDP同比增长4.9%，经济总量接近2000亿元，一般公共预算收入达到116.72亿元，在资源枯竭型城市绿色转型绩效评价中连续两年被评为优秀等级，探索形成了以科技创新引领资源枯竭型城市绿色低碳转型发展的濮阳模式。

---

[*] 田文富，中共河南省委党校教授，研究方向为生态文明建设、生态经济发展。

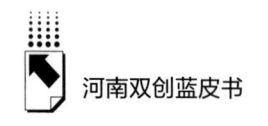

一 濮阳市创新引领绿色低碳转型发展初步成效

濮阳市作为全国第三批资源枯竭型城市，油气资源逐渐衰减，经济结构失衡、民生矛盾突出、生态环境恶化等问题日趋严重。2013年4月以来，清丰县、南乐县和华龙区相继入选国家和河南省可持续发展试验区，濮阳市委、市政府以此为契机，开始探索创新引领、生态优先、绿色发展的高质量之路，重点谋划布局创新引领绿色转型。近10年来，通过持续不懈的努力，濮阳经济呈现"稳中趋快、质效双升"的高质量发展态势。

（一）绿色转型基础进一步稳固

提高生态环境保护水平，建设河南沿黄绿色发展示范区，加大黄河保护和治理力度。常态化开展河流"清四乱"行动，整改突出问题。按照"农业休闲观光带"定位，大力实施黄河滩区综合治理、沿黄湿地生态修复工程，建设黄河、金堤河、马颊河、引黄入冀"四大生态走廊"，高标准建成金堤河国家湿地公园，湿地保护率稳定在64%以上。加强大气污染联防联控协同治理，2022年空气质量达到有监测记录以来历史最好水平。工业、建筑、交通等单位生产总值能耗下降19.1%，油田盐碱化土地治理率达100%，森林覆盖率保持在30.52%以上，整体生态环境质量持续提升。濮阳荣获"全省农村人居环境整治三年行动先进市"，蝉联"全国文明城市""国家园林城市""国家卫生城市"，获评"国家森林城市"。

（二）新旧动能转换步入新轨道

科技创新是引领高质量发展的第一动力，绿色低碳技术研发创新和推广应用在绿色转型发展中占据核心地位。谋创新、促发展，加快传统产业优化升级，提高产业发展的绿色化、低碳化、智能化水平。利用推广新技术新工艺，持续实现产业结构合理优化。发挥主场优势，加强和中石油、中石化等大型国有企业战略合作，广泛进行延链补链工作，加大项目招商和建设力度，提高绿色涂料、生物降解、聚碳等新材料产业集聚发展水平。2022年，河南省公布的首批战略性新兴产业集群中濮阳市新型功能材料产业集群成功入选。京东城市（濮阳）数字经济产业园建成投用，中原大化"5G无人机+AI"智能巡检等5个项目入选全省首批数字化转型典型应用场景。抢抓郑汴洛濮氢走廊规划建设的发展机遇，加快氢气制备、储运、加注、燃料电池和系统集成等主要技术和生产工艺的氢能产业园、氢能研究院建设。2021年，全市规模以上工业增加值增长10%，其中高技术制造业、战略性新兴产业增加值分别增长102.7%、28.6%，发展潜力和势头强劲。

（三）营商环境进一步优化

深化放管服改革，出台有利于激发市场主体动力的各项服务措施，促进各种生产要素自由流动和优化配置，激发整体社会活力，促进经济结构绿色转型和治理体系现代化，提升社会治理水平。针对影响经济发展和转型的重点方面，以问题为导向，聚焦金融服务、社会信用等领域重点改革，持续优化营商服务环境，入选"国家财政支持深化民营和小微企业金融服务综合改革试点城市"。

（四）招商引智取得新成效

在招商引资和扩大开放方面，聚焦留住石化冶炼等传统优势"油"加工及其设备产业，加大产业链招商力度，挖掘培育战略性新兴产业，以情招商，以商招商，以优质营商环境吸引龙头企业、补链企业洽谈入驻，通过前期谋划、储备，开展精准招商，提供中后期信息跟踪、洽谈咨询服务，围绕重点产业链，主动对接央企、省属企业项目信息，开展有针对性的专业招商。2021年，引进国内外500强企业和上市公司项目17个；制定出台涵盖"1+14"人才优惠政策的"濮上英才"计划。2022年，实施省、市"揭榜挂帅"项目5项，技术合同成交额达18.8亿元，入选全国首批"科创中国"创新枢纽城市试点市。

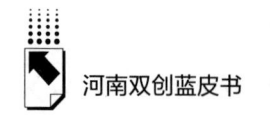

二 濮阳市创新驱动绿色转型经典做法和经验启示

濮阳市委、市政府立足自身资源禀赋、交通区位和产业发展水平，完整准确全面贯彻新发展理念，主动融入省委"两个确保""十大战略"新发展格局，大力实施创新驱动高质量发展战略，通过绿色低碳技术创新和推广应用，破解阻碍发展的体制机制障碍，开创了科技引领绿色低碳高质量转型发展新局面。

（一）濮阳市创新驱动绿色转型经典做法

1. 突出党的组织领导

高规格组建组织领导机构。在河南全省率先成立由市委书记、市长任双领导的濮阳市科技创新领导委员会，定期研究部署创新驱动工作、协调解决体制机制政策等问题。把科技创新重要事项列入全市能力作风建设周调度会议议程，实行"一周一交办"的闭环领导管理体制。完善科技创新的考核激励工作体制。为调动园区和开发区管理人员参与科技创新的积极性，将开发区高质量发展暨"三个一批"项目观摩活动制度化、常态化，将创新平台数量、龙头企业效益增量、高精尖小企业数量等纳入观摩考核指标。动态调整年度科技创新驱动转型发展的绩效评价综合考核指标体系和评价方法，提高科技创新的考核占比，形成抓创新、谋发展的良好政治生态。

2. 营造一流创新生态

在广泛调研和听取有关建议的基础上，经过充分科学论证，考虑到落地执行的实效性，制定出台《关于加快构建一流创新生态建设创新濮阳打造中部地区创新开放高地的实施意见》《濮阳市"十四五"科技创新和一流创新生态建设规划》《濮阳市实施创新驱动科教兴省人才强省战略工作方案》等多项规划方案。在政策配套改革衔接方面，制定了《关于深化新型研发机构科研经费管理改革的若干措施》《关于建设一流新型研发机构的若干措施》《关于推进科技成果转移转化的若干措施》《关于推动规上工业企业研发活动全覆盖的若干措施》。在实际操作和具体落地方面，出台《濮阳市重点企业、重点创新平台和重点科研院所引进人才工作细则》《濮阳市高层次创业人才引进工作细则》《濮阳市中试基地和中试项目管理办法（试行）》。通过一系列规划、意见、方案、措施和实施细则，初步形成了创新引领高质量发展的制度生态体系。

3. 搭建高端科研平台

政府牵头共建共享科技创新服务平台，最大限度提高各类创新平台的应用效率，实现创新资源的共用共享。濮阳市政府通过成立市科学技术研究院，集聚了40家研发平台、3个检验检测中心，共同促进技术研发、成果转化、科创型小微企业孵化等工作，贯通"产学研用"一体化创新服务发展链条。牵头与北京化工大学、中国石油大学联合成立研究院，与河南大学共建龙子湖新能源实验室。出台中试基地和中试项目管理8条奖励措施，命名全市首批4家中试基地，重奖科技型企业创建国家级、省级、市级科技研发平台，河南省生物基材料中试基地成功入选省中试基地。成功创建河南省生物基化学品绿色制造重点实验室，获批牵头组建河南省生物基材料产业技术创新战略联盟。

4. 谋划飞地平台经济

落实产业链总群链长和群链长"双长"制。加强京津冀产业协同发展，加强产业链供给端和需求端调研，深入掌握大区域产业发展战略现状；组织群链长责任单位根据产业链需求和濮阳市优势产业基础，梳理企业资源、创新资源和关键核心技术，围绕生物基新材料，编制优势集群产业"增链延链补链"图谱；支持宏业控股等"链长"单位推动部署创新链，重点围绕中小微科技型企业的市场需求和发展方向，分别在上海、北京、深圳等创新型城市和郑州国家中心城市布局政府离岸创新平台；通过柔性政策和激励措施招才引智、飞地招商、飞地创新创业，开辟科技创新及试验推广转化飞地平台，在上海率先成立注册濮沪科创（上海）能源科技有限公司，有望在低碳能源技术应用领域形成新的飞地经济策源地和新的经济增长极。

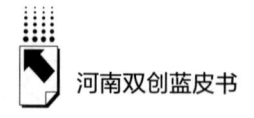

5. 着力培育科技型市场主体

加强"微成长、小升高、高变强"的科技型市场主体梯次培育制度建设，在培育新兴科创企业市场主体上深耕细作。重点围绕科创型小微企业进行增量提质，协助解决科创企业在土地、设施、人才和政策方面遇到的困难，为小微企业成长壮大提供优质良好发展环境。着力在科技型中小企业评价、高新技术企业倍增计划上下功夫、想办法、纾困解难。围绕氢能产业布局，引导企业加大技术研发强度。氢能是连接传统化石能源与可再生能源的桥梁。通过市、县联动帮扶和制定出台惠企政策，鼓励支持企业加大研发投入力度，抢抓郑汴洛濮氢走廊建设机遇，围绕氢能"制、运、储、用"全产业链，紧紧跟踪氢能相关前沿研究技术，筹划布局相关产业链，广泛招引氢能企业和人才团队，开展关键技术攻关和成果转化，在未来氢能源产业发展中成为供应链的一环。目前，濮阳高新技术企业数量和产值呈现"量的增长和质的提高"同时向好局面。高新技术企业研发投入在全市研发总投入中的份额超过50%，高新技术企业在国家、省科技奖励中获得科技奖项占比高达70%。全市696家规上企业中开展科技研发的企业为368家，研发覆盖率达到52.9%。

（二）濮阳市创新驱动绿色转型的经验启示

1. 坚持党的领导，进行科学谋划

加强党的领导是濮阳实现高质量转型发展的定海神针。针对创新能力不强、经济结构不优、发展动能不足的现实问题，濮阳市第八次党代会明确了濮阳资源枯竭型城市全面转型高质量发展的战略方向，提出"富强濮阳、生态濮阳、创新濮阳、幸福濮阳"和"打造中部地区创新开放高地"的战略目标。以新发展理念结合濮阳现实条件基础，出台《关于在全国资源枯竭城市高质量发展中走在前列勇立潮头的实施意见》，明确资源枯竭型城市全面转型高质量发展的功能定位和发展的重点任务。坚持"创新+"赋能现代产业体系重塑，着力做大做强新材料、新能源、节能环保、新一代信息技术、氢能、人工智能产业，建设中原氢城和新材料产业基地，打造黄河流域绿色低碳高质量发展现代化样板区。

2. 坚持绿色低碳，多元协同创新

坚持绿色低碳高质量发展导向，加强现代生态环保和低碳科技集成技术研发应用，正确处理生态环境保护、生态治理修复、生态资源利用与经济社会高质量发展的关系，通过科技创新统筹协调推进降碳、减污、扩绿、增长。坚持"生态+"赋能现代经济体系重构，实现生态产业化和产业低碳化。构建政府主导、企业主体，科研机构、高校、社会团体和公众多方参与的科技创新协同发展体制机制，协同推进产业园区、高新技术示范区绿色低碳布局以及政策、项目、人才、平台等创新资源集聚。通过建设"氢能走廊"推动区域协同创新，强化与国家科技创新全局工作的对接，强化与河南发展实际需求的对接。

3. 坚持深化改革，实现开放共享

坚持"发展至上"和"企业至上"的服务理念，把"发展是第一要务"和"坚持以人民为中心的发展思想"落到实处。制定出台针对行业问题特点和具有针对性的"20条""21条""23条"等支持企业纾难解困的一系列政策措施，创造性地选派创新意识强、业务能力高的党政干部到重点企业和重点项目担任首席服务员，切实帮助企业解决注册、融资贷款、招工等实际困难问题，形成了濮阳特色的"六个一""万人助万企"活动工作机制。南乐县生物质能产业园入选省级化工园区，被省"万人助万企"活动工作专班列为典型案例，营商环境观察员制度被写入《河南省优化营商环境条例》，濮阳入选"万人助万企"活动优秀省辖市。

三 构建开启濮阳现代化新征程的开放型制度环境

由传统资源型大市转变为绿色低碳高质量发展的现代化强市，是一项系统复杂的工程，也是一项无比艰巨的历史任务。在全面开启现代化河南实践的新征程上，濮阳绿色低碳高质量发展既面临诸多机遇，又面临多项制约创新转型的不利因素。为此，必须进一步强化发展的重要性，保持战略清醒和

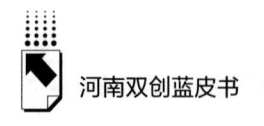

战略自觉，坚定不移实施创新驱动发展战略，通过深化体制机制和政策创新，化危为机，破解绿色转型发展中的制度瓶颈问题。

（一）制约全面推进绿色高质量发展的因素

作为以石油化学工业起家的资源型城市，濮阳具有地域面积小、产业结构单一、环保民生压力大等先天不足。和许多内陆城市一样，濮阳发展理念、发展思路、创新能力、研发投入等依然滞后于中国式现代化高质量发展的要求，在营商环境、招商服务、项目规模质量和国际交流合作等方面亦需进一步拓展提升。

1.财政扶持创新的保障能力不足

经济体量小、地方财政保障能力弱，绿色转型和可持续发展的经济基础、财政实力不够扎实，在一定程度上制约了创新研发财政投入和新产业扶持优惠财税政策资金的落实。

2.优质创新资源的集聚能力不强

整体创新资源不足，创新能力有待进一步提升。新型高层次创新平台较少，创新人才数量不足。如缺乏国家级工程技术研究中心和行业内领军人才、创新团队，产业创新联盟、产业研究院等数量极少，高端科技人才引进力度不大，专业技术人才招引、培养不足，对创新发展和绿色转型形成长期制约。

（二）建立健全科技创新引领高质量发展的保障机制

建立健全与科技创新引领高质量发展相适应的制度型开放体系，加大绿色低碳高质量发展财税政策扶持力度，营造绿色低碳高质量发展的良好文化氛围和制度环境，进一步激发自主创新、独立创业的社会动能，更好助力高质量绿色转型发展。

1.完善科技创新的优惠政策

以绿色技术研发、低碳技术推广应用为导向，以实现资源节约、能耗降低、结构优化、质量提升、效益提高等高质量发展指标为主要参考，从内生动力机制角度探索建立符合经济高质量绿色发展的绩效评价考核体系。健全完善政府引导、企业主体、科研机构和大学为依托的科技创新机制，加大对高新技术产业和社会事业领域科技创新的财政投融资支持力度，推广"星创天地"等典型模式，营造全社会创新创业的良好氛围和发展环境。

2. 加大重点领域改革力度

在开发区全面推行"管委会+公司"模式的体制机制改革，按照"三化三制"原则，实行"扁平化""大部门制"管理。对市属国有企业根据门类和产业发展重点需要进行整合，实现功能模式重塑和体制机制再造。推行跨省通办、接诉即办、一窗受理，做到一枚印章管审批、一件事一次办，打造"濮事网办"特色品牌。围绕聚碳新材料、生物可降解材料、绿色涂料、新能源装备等特色园区建设，进行产业招商、精准招商、增链延链招商。

3. 构建创新型开放型制度体系

围绕黄河流域生态保护和高质量发展战略，协同京津冀一体化发展，联动中原经济区，在新型功能材料产业集群和数字经济产业园以及未来氢能产业园发展建设中，立足国内，放眼国际，引导全国全球创新创业资源向创新龙头企业集聚，拓展联络省内高校、科研院所、国家自主创新示范区和自贸实验区建设地的横向科技合作攻关，推动各类试验室、检测测试合作平台建设，促进创新要素在京津冀和中原城市群的流动共享和高效配置。建立以市场需求为导向的技术转移和成果评价机制，促进绿色低碳使用技术的流动转化和推广应用。以市场需求为导向，面向濮阳未来绿色低碳经济发展主战场，一体贯通"产学研用"，创新高质量发展的体制机制，构建形成具有濮阳特色的更高层级的创新型开放型制度体系。

总之，濮阳深入学习贯彻党的二十大精神，以实现绿色低碳高质量发展为目标，锚定"资源枯竭城市高质量发展"，勇立潮头，进一步提升整体科技创新能力，大力培育新型市场主体，构建现代绿色低碳产业体系和现代绿色低碳经济体系，在全面建设中国式现代化国家河南实践中走在全省前列。

参考文献

刘耀彬、郑维伟：《新时代区域协调发展新格局的战略选择》，《华东经济管理》2022年第2期。

《踔厉奋发　勇毅前行　在全国资源枯竭城市高质量发展中走在前列、勇立潮头》，《濮阳日报》2023年1月5日。

《濮阳市政府工作报告》，《濮阳日报》2022年2月23日。

《科创引领　赢得未来》，《濮阳日报》2022年6月10日。

B.23
南阳集聚创新要素助力副中心城市建设研究

韩 鹏*

摘　要： 建设省域副中心城市使南阳发展迎来了重大战略机遇。牢记习近平总书记嘱托，南阳科学把握基础条件和发展机遇，通过加强组织领导、完善载体平台建设、优化科技创新发展机制，在集聚创新要素、加快创新引领、支撑省域副中心城市高质量建设方面取得了明显成效。然而，囿于历史因素与现实条件，南阳实施创新驱动、科教兴宛、人才兴市战略，强化副中心建设的动力支撑还面临着突出的短板弱项、环境机制和合作发展问题。为此，从组织领导、项目建设、筑基培优、政府与市场合理分工、创新环境和合作发展等方面提出了相关的针对性建议，供地方发展的科学决策借鉴。

关键词： 创新驱动　副中心城市建设　南阳市

创新在现代化建设中发挥着关键作用。习近平总书记在党的二十大报告中强调，"必须坚持科技是第一生产力、人才是第一资源、创新是第一动力""坚持创新在我国现代化建设全局中的核心地位"；在2021年视察南阳时强调，"地方特色产业发展潜力巨大，要善于挖掘和利用本地优势资源，加强地方优质品种保护，推进产学研有机结合，统筹做好产业、科技、文化

---

* 韩鹏，博士，河南省社会科学院助理研究员，研究方向为城市经济、区域经济、生态经济。

这篇大文章"①。南阳是河南省委、省政府明确支持建设的省域副中心城市，科技创新资源丰富、发展潜力明显。牢记总书记嘱托，南阳把加快集聚创新要素摆在副中心城市建设的重要位置，大力实施科教兴宛、人才强市、创新驱动战略，创新能力加快提升，在加快建成副中心、实现现代化中发挥了重要作用。然而，囿于历史积累和现实条件，南阳在基础研究、人才支撑、主体活力、科技投入方面存在明显不足，与副中心城市建设要求存在明显差距，亟待进一步强化政策供给、优化创新环境、增进创新动力，为副中心城市建设提供强大科技支撑。

一 南阳以创新驱动助力副中心城市建设的基本条件与重大意义

南阳区位地位重要，人口总量、经济体量优势明显，产业和科技创新基础扎实。面临建设省域副中心城市的重大历史机遇，加快集聚创新要素，深入实施创新驱动战略，既是南阳加快优化发展机制、提升城市能级的有效路径，又是南阳加快锻长优势、补齐短板的现实需要，具有重要的现实意义。

（一）建设副中心城市的发展基础与重大机遇

南阳区位条件独特，地处豫西南，是豫鄂陕三省交界地带，是沟通京津冀、成渝两大全国增长极，连通郑州、武汉、西安三大国家中心城市的重要节点。南阳土地面积2.65万平方千米、常住人口971.3万人（第七次全国人口普查数据），分别居全省第1位、第2位；2022年地区生产总值（GDP）4555.40亿元，实现社会消费品零售总额2245.85亿元；2014年以来，粮食播种面积一直保持在1900万亩以上，总产量稳占全国1%左右。

随着长江经济带、黄河流域生态保护和高质量发展、中部崛起等国家区

---

① 《习近平在推进南水北调后续工程高质量发展座谈会上强调 深入分析南水北调工程面临的新形势新任务 科学推进工程规划建设提高水资源集约节约利用水平》，习近平系列重要讲话数据库，2021年5月14日，http://jhsjk.people.cn/article/32103854。

域战略、区域协调战略，以及南水北调后续工程高质量发展、汉江生态经济带、淮河生态经济带等深入推进，南阳作为黄河流域生态保护和高质量发展对接长江经济带、中原城市群对接成渝双城经济圈和连接东中西部的关键支点，以及南水北调水源地区和豫南高效生态经济区的中心城市，在省域乃至全国生态安全、经济社会发展中的作用日益突出。

在此背景下，近年来，南阳连续迎来重大发展机遇。2021年5月，习近平总书记亲自到南阳实地考察，主持召开推进南水北调后续工程高质量发展座谈会，并就相关工作做出重要指示。2021年10月，河南省第十一次党代会明确提出，支持南阳建设副中心城市。2022年6月30日，河南省委、省政府出台《关于支持南阳以高效生态经济为引领建设省域副中心城市的若干意见》，省直厅局委相继出台配套措施，支持南阳副中心城市建设。

（二）实施创新驱动的现实基础

南阳工业体系相对完善、特色产业初步发达，高新产业、创新载体、创新平台发展基础扎实，经济社会发展已经进入初步具备集聚创新要素，亟须科技创新进一步支撑产业加快升级完善的新阶段。

南阳是河南重要的工业基地和农产品加工基地。2022年，全市规上工业增加值同比增长6.8%，37个大类行业中有19个行业生产实现增长，形成了以数字光电、防爆电机、汽车及零部件、食品加工、生物医药等重点产业链群为代表，装备制造和食品加工为重点的链群式、集群式产业发展格局，正在努力构建以21个重点产业链群为重点，以"5+N"主导和特色产业集群为主体的现代工业体系。

创新载体、平台初步完善，集聚创新资源的基础条件初步形成。南阳高新技术产业开发区于1995年3月经河南省政府批准成立，2005年被纳入国家开发区名录库，2010年9月经国务院批准晋升为国家高新区，是河南省较早晋升为国家高新区的开发区之一，基础设施和公共服务完善，具有较高的吸引力和凝聚力。"一县一省级开发区""三化三制"改革全面推进，承载能力、发展质量持续提升。截至2022年底，南阳拥有普通高等院校7所，中等职业技术学校69所，省级重点实验室7个、工程技术研究中心226个，国家级和省级企业技术中心分别有11个和79个。

（三）加快集聚创新要素厚植发展动能的重大意义

南阳作为拥有近千万常住人口和规模体量的经济大市、区域中心城市，加快集聚创新要素，对于厚植发展动能、提升城市能级，联动周边区域走高质量创新发展之路具有重要意义。

一是肩负历史使命的必然取向。经过长期发展，特别是党的十八大以来，南阳经济社会发展已经进入新的阶段，以往粗放型经济增长模式已经难以适应新的发展需要。河南省委、省政府明确支持南阳建设省域副中心城市，又为南阳发展赋予更高定位，使南阳肩负新的历史使命。加快集聚创新要素，有助于南阳加快转换发展动力，实现绿色高质量崛起。

二是厚植发展动能的必然选择。面临新的历史使命，南阳提出了以高效生态经济为引领、以创新为动力、以制造业高质量发展为基础的发展道路。三者相辅相成、互为支撑，成为南阳实现高质量发展、绿色崛起的基石。而其中又以创新最为基础、最为关键，也是南阳发展中相对更为薄弱的环节。为此，亟待加快提升创新要素集聚能力，优化全市创新布局，以创新驱动厚植发展动能。

三是联动区域发展的重要布局。南阳地处河南南部，豫鄂陕三省及中原、关中和长江中游城市交界地带，区域经济社会发展水平相对较低，集聚创新资源能力较弱。加快提升南阳创新要素集聚能力，不仅是完善豫南地区创新布局、补齐豫南高效生态创新发展短板的重要选择，也是相关区域提升创新能力、加快高质量发展的重要布局。

四是实现南水北调中线水源地区高质量发展的关键一环。南水北调中线水源地区生态地位重要，其高质量发展关乎全国生态安全格局，关乎中线供水输水安全，关乎地方民生福祉。南阳作为重要的区域大市，加快集聚创新要素、增强发展动力，有助于联动其他城市更好地践行新发展理念，加快打通"两山"转化路径，实现更高质量发展。

二 南阳实施创新驱动助力副中心城市建设采取的主要举措与成效

立足新发展阶段南阳建设省域副中心城市要求，完整全面准确践行新发展理念，着眼于在构建新发展格局中把握好原则要求、发挥好特色优势，锚定区域创新高地建设目标，南阳全面贯彻落实中央、省、市有关决策部署，大力实施创新驱动发展战略，聚焦关键核心技术攻关、创新主体培育、载体平台建设、重点领域改革、开放创新等重点工作，加强组织领导、强化政策供给，积极推进"双创"，全面优化环境，全力为高质量建设现代化省域副中心城市提供坚实有力支撑。

（一）加强组织领导

着眼于构建一流创新生态，完善领导机制，强化政策供给，创新驱动发展环境明显优化，全社会创新生态不断优化，创新活力持续迸发，成功创建"国家创新型城市"和"国家知识产权示范城市"。

健全领导体制机制。成立科技创新推动发展委员会，落实好省委、省政府支持南阳副中心城市建设决策部署和省科技厅《关于支持南阳建设省域副中心城市的若干措施》等相关支持政策，强化重大问题组织领导、研究谋划和协调推进，增进科技、教育、人才、产业、金融政策协同、发展合力。

完善政策体系。制定出台《南阳市实施创新驱动科教兴宛人才强市战略工作方案》《南阳市实施创新创业行动工作方案》《南阳市支持科技创新政策清单》《南阳市促进科技成果转移转化工作实施方案》等支持科技、教育、人才和改革工作的11项政策文件，深化科技创新、学科建设、人才发展等重点领域改革，加快建设更具支撑力、承载力、竞争力的全领域创新生态体系。

狠抓政策落实。以科技型企业承担科技项目为重点，加大财政科技经费

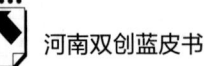

的支持力度，全面落实企业研发费用加计扣除、高新技术企业税收优惠等国家、省、市科技创新优惠政策，建立常态化政银企对接机制，畅通融资渠道。"十三五"期间，全市科技型企业共抵、减免所得税31.87亿元，带动全社会增加研发投入200多亿元。2022年，全市财政科技支出达16.9亿元，带动全社会研发投入67.83亿元，增速达52%；全市科技型企业共获得省"科技贷"支持85笔、4.1亿元，获得"科技贷"企业数量和额度均居全省第一方阵。

（二）提升创新能势

把提升科技创新支撑能力作为推动传统产业迭代升级、新兴产业抢滩占先、未来产业破冰布局的先手棋、关键环节，围绕"5+N"产业集群和制造业发展"553"工程，坚持项目为王，强化企业创新主体地位，壮大创新主体，打好关键核心技术攻关战，形成科技创新与产业发展相互促进的良性循环。

加强关键核心技术攻关。围绕产业链布局创新链，以产业升级发展智能化、数字化、网络化、绿色化、集约化的技术需求为基点，抓好重大科技项目组织实施。聚焦全市21个优势产业链科技创新需求，开展产业共性、关键技术攻关，突破制约产业升级发展的瓶颈。聚焦科技优势领域，着眼提升高校和科研院所创新策源能力，以人才培养、学科建设、科技研发、成果转化"四位一体"强化创新能力系统建设。实行"揭榜挂帅"制度，聚焦产业链重点领域、关键环节，围绕关键共性技术、"卡脖子"难题，实施一批前瞻性、战略性重大科技创新项目。2022年，南阳争取国家、省重大科技项目57项、科技经费近7000万元，接连取得关键核心技术重大突破。

强化创新主体培育能力提升。坚持企业技术创新主体地位，推动规上工业企业研发活动全覆盖，建立"微成长、小升高、高变强"的科技型企业梯次培育机制，促进高新技术企业量质齐升、集群发展。开展规上工业企业研发活动"一对一"指导，推动研发活动和研发经费全覆盖。完善"小升高"培育机制，推动高新技术企业量质齐升。积极推进科技型中小企业评价工作，强化孵化服务、研发和"双创"补贴等支持措施。完善"高变强"培育机制，增强企业人才、平台等创新资源集聚能力，大力支持创新龙头企业、"瞪羚"企业和科技"雏鹰"企业做强做优。2022年，全市规上工业企业研发活动覆盖率达69%，获批省创新龙头企业8家、"瞪羚"企业6家，高新技术企业增加至497家，科技型中小企业评价入库2653家。

科技创新支撑了南阳产业的高质量发展。坚持项目为王、创新为要、环境为本，专业化分工、产业化协作、集群化发展的现代产业体系加快形成。高精度光学元器件和激光投影机、新能源汽车智能水泵、中药配方颗粒等优势领域接连实现技术突破，支撑装备制造、光电等主导产业核心竞争力明显提升。南阳产的排气歧管和涡轮增压器壳体在国内市场分别占58%和41%的份额，防爆产品供应全球。

（三）完善载体平台

着眼于创新要素高效集聚、合理流动，科研力量有效整合、科学优化，加快形成培育和发展高新技术产业强大载体支撑，科技进步、社会发展、经济增长的高效加速器。南阳着力优化创新布局，壮大创新策源优势，推动区域协同创新发展，加快形成发展新动能。

着力推动创新载体提质升级。复制推广郑洛新国家自主创新示范区改革创新经验，推动南阳国家高新区分批纳入产业基础条件较好、创新资源较丰富的产业集聚区（工业园区），加快"一区多园"发展，打造创新型产业集群。支持宛西高新区争创国家高新区，唐河、邓州、方城等省级产业集聚区争创省级高新区。布局建设南阳中关村智慧岛，加强科技企业孵化器、大学科技园、众创空间、星创天地等孵化载体建设，加快小微企业"双创"示范基地建设，构建"众创空间—孵化器—加速器"完整孵化链条和"孵化+创投"的创业模式。南阳高新区在2021年全国国家高新区排名中跃升11个位次，2022年全市新认定国家级、省级、市级双创载体13家，双创载体总数达到37家，其中省级以上双创载体数量达26家，中关村E谷（南阳）软件创业基地、南阳众创空间分别被认定为国家级科技企业孵化器和

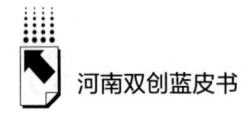

国家级众创空间。

着力推动创新平台提质增效。围绕优势领域和重点产业，以"补短板、建优势、强能力"为重点，建设国家、省重点实验室和中试基地，技术创新中心、工程技术研究中心等创新平台，完善科技创新平台体系。加快推进天冠国家重点实验室战略重组、西湖牧原合成生物研究院建设，加强与嵩山实验室、神农种业实验室对接协作，积极筹建张衡实验室、张仲景实验室、丹江实验室，推动和支持中药固体制剂、防爆电机等省级技术创新中心创建。建立健全以企业为主体、以市场为导向、产学研深度融合的创新平台体系，实现重点产业高能级创新平台全覆盖、高新技术企业省级创新平台全覆盖、科技型中小企业市级创新平台全覆盖。截至2022年底，全市共有省级工程技术研究中心273个，省重点实验室7个，国家级企业技术中心10个，省级企业技术中心98个。

（四）优化发展机制

坚持全面深化改革，持续拓展开放创新空间，加快完善人才发展、学院学科发展机制，建立健全有利于加快科技成果高效对接、有效吸纳转化的体制机制。推进人才发展体制改革和政策创新，把人才作为支撑产业升级发展的第一资源，全面构建"1+1+20"政策体系，加强创新人才全生命周期、全过程服务，加快推动院士工作站等高层次人才平台建设，扩大高等院校、科研院所、公立医院等事业单位引才用才自主权，建立健全海纳人才、健康发展、保障有序的人才发展和保障机制。推动学院学科和专业结构优化。支持南阳师范学院、南阳理工学院高水平发展，南阳技师学院提质发展，加快张仲景国医大学复建，推动河南工业职业技术学院、南阳农业职业学院升本，集聚更多力量举办高等教育。坚持市场主导、需求牵引、供需高效对接，支持企业深化与知名高校、科研院所深化合作组建创新联合体、合作建设创新载体平台，加快技术转移示范机构培育、专业化技术转移人才队伍建设优化，加强技术合同登记工作，增强高质量科技成果有效供给能力，促进创新链与产业链全域融通，提高科技成果向现实生产力转化能力。加强与大学大院大所大科学家合作，做好高端创新平台共建、一流课题攻坚、各类人才培育，主动对接国内国际两个市场两种资源，灵活开展异地孵化、飞地经济、伙伴园区、辐射园区等方式合作。截至2022年，南阳建成院士工作站5个；获批国家、省引智项目4项，省高层次人才国际化培养资助项目1项，促成对外科技对接交流活动签约9项，组织科技成果转移转化项目142项，签订技术合同1825份，技术合同成交金额达108.39亿元。

三 南阳以创新要素集聚助力副中心城市建设面临的突出问题

党的十八大以来，特别是习近平总书记视察南阳和省委支持南阳建设副中心城市以来，南阳集聚创新要素、实施创新驱动发展战略，加快副中心城市建设取得了明显成效。然而，囿于科教资源布局历史因素、经济社会发展平均水平较低的现实条件，南阳加快集聚创新要素推动副中心城市建设实现更高质量发展的短板弱项明显存在，环境机制和开放空间也亟待优化拓展。

（一）短板弱项亟待补齐

南阳在科技投入、创新主体、科技成果转化、教育支撑和人才引领等方面还存在明显短板弱项。科技投入方面，2022年南阳财政科技支出16.9亿元，带动全社会研发投入67.83亿元，分别占一般公共预算支出的2.16%和生产总值的1.49%，远低于全省的3.86%和1.79%，全国的3.85%和2.55%，亟待增进。创新主体方面，主体数量相对于副中心城市发展要求不够多，总体水平不够强。2021年，南阳研究与试验发展（R&D）人员数与有研究与试验发展（R&D）活动单位数之比为11.32，远低于安阳、郑州、洛阳、平顶山、新乡等工业和创新优势突出城市。高水平高等院校、职业院校、科研机构建设有待进一步提速，高层次人才及团队建设有待强化，科技成果转化能力也有待加强。

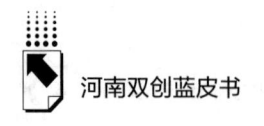

（二）环境机制有待优化

在市委市政府高度重视、认真推进和各类创新主体积极努力下，科技创新已经成为南阳主导产业创新发展、战略性新兴产业快速发展、未来产业破冰布局的重要动力源泉，发挥着重要作用。然而，囿于历史积累不足、经济社会发展水平和财政保障能力较低，财政支持科技创新"真金白银"有限，不少传统企业创新活力动力不足，全社会重视创新、尊重创新、关爱人才的氛围还不够浓郁，南阳集聚创新要素、助力副中心城市建设还有待进一步优化全社会创新环境和相关发展机制。

（三）合作空间仍待拓展

经过积极努力，南阳以京宛南水北调中线水源地对口协作等合作机制为契机，在高端创新平台打造、各类创新载体共建，以及科技成果转化、科技产业发展方面合作逐步深入、渐入佳境。然而，与南阳建设副中心城市的发展需要相比，相关合作无论是在广度、深度还是在与南阳发展的有机耦合方面，都存在明显不足，有较大拓展空间。

四 南阳加快集聚创新要素助力副中心城市建设对策与建议

高质量建设现代化省域副中心城市，既是南阳加快提升创新能势、集聚创新要素，走好中国式现代化之路的重要战略机遇，也对南阳高效配置创新要素、促进创新要素有序流动提出了更高要求，亟待进一步健全领导体制机制，务实推动项目建设、载体平台培育，加快形成政府与市场分工合理、各方协同推进的创新格局和良好的创新氛围，以及宽领域深层次多形式合作的创新发展空间。

（一）加强组织领导

充分发挥科技创新推动发展委员会作用，更好地落实中央和省市有关科技创新决策部署，承接好、运用好中央、省委及相关部门对南阳创新发展的支持政策，科学统筹科技创新各方力量和内外资源，合理安排各级政府及相关部门分工，落实责任主体和主体责任，进一步完善科技创新规划体系和规划衔接，实施科技创新年度工作计划和细分领域行动计划，强化督查监督、目标责任考核和考核成果应用，加快形成创新发展的全社会合力，实现科技创新与现代产业体系建设、经济社会发展协调共促。

（二）坚持项目为王

坚持把项目建设作为创新能力提升和现代产业体系建设的具体抓手，聚焦基础优势突出、发展带动能力强、前景广阔的细分领域，围绕产业链创新链建链强链延链补链，加快健全更加科学合理高效的项目谋划推进体制，形成各级各部门协调配合、密切联动、系统谋划、形成合力、全程跟进的项目推进服务机制，持续开展"三个一批"活动，扎实推进"万人助万企""千企升级""百优企业家培育"，以创新能力提升、重点项目建设、关键项目创新突破带动技术创新、现代产业发展全局的整体跃升，扛牢扛好经济大市在全省发展中的"主力军""顶梁柱"作用。

（三）大力筑基培优

针对南阳科技投入、创新主体、载体平台、教育人才支撑等存在的明显短板弱项，大力实施科技创新筑基培优行动，协调推进各类创新主体科学实施创新活动。完善财政科技投入机制，保障财政科技投入增速高出全市一般公共预算支出增速和全省财政科技投入增速，引导增加社会科技研发投入。推动规上工业企业研发活动全覆盖，"微成长、小升高、高变强"梯次培育体系更完善，进一步壮大创新主体。持续提升高新区、开发区、农业现代化示范区、现代农业产业园等高新产业发展载体建设，优化实验室体系，完善技术创新中心、工程技术中心、中试基地等平台体系布局。优化院校学科布局，超常规推动张仲景国医大学、南阳师范学院、南阳理工学院一流学科建

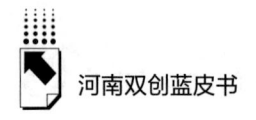

设，扎实推进高等院校质量提升、学校学科优化设置，让高等院校成为凝聚人才、策源创新的重要主阵地。

（四）政府市场合理分工

坚持有为政府与有效市场合理分工、更好结合，加快形成多方协同推进科技创新良好格局。更好发挥政府政策供给、要素保障等经济规划、社会管理、发展服务作用，做好基础研究、应用基础研究规划布局和要素投入，加强对创新主体、社会资本的政策指引和管理服务。充分发挥市场在高效配置资源方面的决定性作用，激发创新主体发展活力动力，支持和引导资本规范有序发展，推动创新要素在南阳大地加快集聚、高效配置、合理有序流动。

（五）优化创新环境

科学把握创新活动规律，围绕充分激发创新主体和创新人才的创新活力，聚焦服务国家重大战略，支撑产业发展、民生需要，打造高质量的科技创新环境。坚持引育并举，以用为本，完善常态化、开放性的人才发现引进培育机制和政策保障体系，优化激发人才创新活力、充分发挥人才作用的人才评价、绩效考核机制。坚持营商环境、创新环境协同优化，加快提升政府行政管理、公共服务效能，统筹载体平台、创新主体建设培育，支持各类创新主体深化合作、各类创新要素有序流动，加快形成全社会积极参与创新、支持创新的发展氛围。

（六）拓展发展空间

充分发挥南阳"两山两源"生态优势、"圈群环抱"区位优势、相对完整产业优势、经济规模体量优势和人才辈出网络优势，抓好构建新发展格局和河南省际合作战略新机遇，以飞地经济，共建园区载体平台，共享合作成果，共同解决关键技术、重要产业、创新主体发展问题等多种形式，与创新优势突出、经济发达地区产业、资源、金融、人才等各领域开展合作，加快形成宽领域深层次多形式创新合作格局，有效拓展南阳创新发展空间。

参考文献

郑新立：《南阳建设省域副中心城市的战略思考》，《经济研究参考》2022年第5期。

张占仓、卢志文：《南阳市建设河南省副中心城市的战略机遇与推进举措》，《南都学坛》2022年第3期。

耿国彪：《念好高质量建设省域副中心城市的生态经——访全国人大代表、南阳市人民政府市长王智慧》，《绿色中国》2023年第5期。

《南阳市人民政府办公室关于加强科技创新推动产业升级发展的意见》，《南阳市人民政府公报》2022年第9期。

肖遥、王延资：《南阳市副中心城市暨区域中心城市发展对策研究》，《南阳理工学院学报》2022年第4期。

《谱写新时代中原更加出彩的绚丽篇章》，《人民日报》2022年6月11日。

《科技创新强劲起势》，《南阳日报》2023年2月17日。

《南阳：全力拼发展建强副中心》，《中国经济时报》2023年3月9日。

《产业强市　跑出南阳"加速度"》，《南阳晚报》2022年8月12日。

《南阳：特色产业敲开"致富门"》，《河南日报》2022年6月8日。

《建强副中心，开启新征程》，《河南日报》2023年1月12日。

《南阳市落实创新驱动科教兴宛人才强市战略走笔》，南阳市人民政府网站，2023年6月，https://www.henan.gov.cn/2023/06-06/2756391.html。

B.24
驻马店加速创新要素集聚提升的经验与启示

张新民*

摘　要： 驻马店作为农业大市，存在科技基础薄弱、科技资源不足等诸多制约创新要素集聚提升的障碍因素，但通过全市上下积极努力，不断补短板、增强项，创新要素不断加速集聚提升，创新能力明显增强。主要经验启示有：加强党的领导，做好顶层规划；借力"院士大脑"，实现换道超车；持续增加投入，培植创新源泉；优化服务生态，厚植创新沃土；搭建创新平台，激发内生动力。

关键词： 创新要素　创新引领　驻马店市

党的二十大报告提出，必须坚持科技是第一生产力、人才是第一资源、创新是第一动力，深入实施科教兴国战略、人才强国战略、创新驱动发展战略，开辟发展新领域新赛道，不断塑造发展新动能新优势。习近平总书记强调，抓创新就是抓发展，谋创新就是谋未来。

当前科技创新进入空前密集活跃期，信息、生命、制造、能源、空间、海洋等领域不断取得创新突破，新一轮科技革命和产业变革迅猛发展，科技创新已成为影响世界经济社会发展格局的最大变量，世界各主要国家均强化创新战略部署，全球创新竞争进一步加剧。以创新要素集聚提升赋能经济社

---

* 张新民，博士，黄淮学院数字经济研究所所长、教授，研究方向为数字经济、农村发展。

会高质量可持续发展成为必然选择。

2022年以来，驻马店相继发布了《驻马店市"十四五"科技创新和一流创新生态建设规划》《关于加快构建一流创新生态建设科技创新强市的实施意见》《驻马店市深化"院士经济"发展　推进产业转型升级工作方案》等一系列含金量很高的政策举措，为构建一流创新生态，不断提升创新发展水平。

一　驻马店创新要素集聚发展基础及短板

近年来，驻马店坚持以创新引领发展，推动新旧发展动能转换，科技创新资源的集聚和增长能力不断增强，为全市经济社会高质量发展提供了坚实科技支撑。

"十三五"期间，驻马店国家级创新平台载体建设实现重大突破，总数达10个；新认定重点实验室、工程技术研究中心、国际联合实验室、企业技术研究中心等市级以上创新平台264家，其中省级创新平台载体数量达61家；2020年全社会研发经费投入达25.3亿元，比2016年增长216.6%；研发经费投入强度升至0.88%，较2016年提高0.47个百分点；2020年高新技术产业增加值占规模以上工业增加值比重达到28.4%；技术合同成交额达17.18亿元，为2016年的197.67倍，圆满完成"十三五"既定目标。

但与河南省先进省辖市相比，驻马店科技创新工作还存在高校和科研院所少、社会研发投入严重不足、创新平台载体数量偏少、自主创新能力偏弱、人才资源储备不足、科技服务能力不强等突出短板，科技创新支撑高质量发展的动能不强，全社会推动科技创新的合力尚未完全形成，迫切需要推进以科技创新为核心的全面创新，为经济增长提供新的动力。为弥补短板和不足，驻马店为加速创新要素集聚提升做出了持续不断的努力。

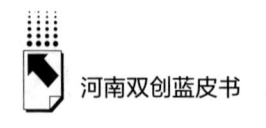

二 驻马店加速创新要素集聚提升的主要做法和成效

（一）数字赋能创新要素集聚提升成效显著

"十三五"时期，驻马店加强融合创新，突出应用引领，重点实施信息基础设施建设、数据资源整合共享开放、产业集聚发展、创新能力建设、数字化新业态发展、制造业数字化转型、服务业数字化转型、农业数字化转型、新型智慧城市建设九大重点任务，以数字赋能推动创新要素集聚提升。

一是政策机制基本建立。制定《驻马店市大数据产业发展行动计划（2023—2025年）》《驻马店市推进新基建（5G智慧产业）发展三年行动计划（2020—2022年）》，明确大数据发展思路、战略目标、主要任务和产业导向。印发实施《驻马店市数字经济发展工作方案》《驻马店市数字经济发展重大工程》《驻马店市制造业数字化转型工作方案》《关于加快推进数字政府建设的实施意见》等政策文件，制定了电子信息和5G产业链现代化提升方案，加快发展以数据为关键要素的数字经济。建立促进数字经济发展部门协调联动推进机制，支持数字经济发展的政策体系基本建立，协同推进体制不断完善。

二是核心产业稳步发展。实施数字经济基础设施建设、数字经济核心产业提速、产业数字化转型、新业态新模式培育、数字经济布局优化、数字化治理能力提升、新型智慧城市建设七大工程，"十三五"期间引进华为、阿里巴巴、腾讯云等一批龙头企业，创建国家级众创空间1个、省级众创空间3个、省级产业技术创新战略联盟5家、省级大数据示范园区2个、省级双创示范基地3个。在原经济技术产业集聚区科技园的基础上，改造提升建设中部地区规模最大、配套一流、承载能力较强的5G产业园，与高新区大数据产业园区形成南北呼应之势，强力助推驻马店数字经济核心产业稳步发展。

三是数字化转型持续推进。驻马店加快实施"上云用数赋智"行动，协调推动各地运用数字技术改造传统设施、装备和生产工艺，加快推进传统行业数字化转型。"十三五"期间，圆满完成智能制造和工业互联网发展三年行动计划，累计培育国家级新型信息消费示范项目1个、省级智能工厂9家、省级智能车间17家、市级智能制造示范企业71家；滚动培育智能化改造项目254个，总投资542.84亿元；累计上云企业2835家，实现了规模以上企业"上云"全覆盖；实施"两化"融合对标企业1058家，启动贯标企业49家，其中28家企业已通过工信部"两化"融合贯标机构认证，为制造企业转型升级提供了学习样板，进一步加快智能化改造有效模式的复制、移植和推广。

四是数字化治理能力不断提升。数字技术大规模应用，政府治理水平和能力不断提升，民众满意度和获得感持续增强。"十三五"期间，驻马店大力推进政务数字化，推进政务信息系统整合和基础设施统建共享，三级政务服务事项基本实现"最多跑一次"；探索建立"互联网+热线+督查"模式，形成"政府推动、热线主导、多头联动"的热线督查格局，确保群众诉求真正得到落实；开通企业开办、企业注销、不动产办理、"一件事一次办"等特色应用，形成以政务服务移动端"咱的驻马店"为引领，涵盖"互联网+监管"、一体化协同办公平台移动端等多领域的应用。通过数据共享建立"一站式"政务服务体系，向全社会提供高效优质、规范透明和全方位的管理与服务。

五是信息化基础设施加快完善。"十三五"期间，驻马店大力推进4G建设优化、宽带普及提速和全光网城市社区（村）建设，网络信息基础设施建设步伐不断加快。数据基础设施加快布局，通信网络基础设施省内领先，为数字经济发展提供了有力支撑。截至2020年底，全市骨干高速城域网总带宽达到17.66Tbps，城域互联网出口带宽达到7042Gbps，宽带互联网用户超过210万户，光纤入户率超过99.2%，城市宽带接入能力达200Mbps，部分达到1000Mbps，农村宽带接入能力达100Mbps，20户以上自然村宽带普及率达到100%；深入开展4G网络建设优化工程，全市完成电信普遍服

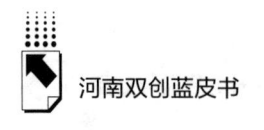

务试点行政村246个，实现20户以上自然村4G网络全覆盖，全市4G用户累计达562.6万户。

（二）制造业创新要素集聚明显加快

一是创新能力明显增强。市经开区与清华大学联合成立了驻马店人工智能研究中心。引进创新引领型人才团队，引进22名院士在驻马店建立院士工作站，全市已有40家高新技术企业与清华大学、中国科学院、浙江大学、江南大学、郑州大学等60余家高校和科研院所建立科技合作关系。

二是产业结构持续优化。驻马店制造业技术改造全面实施，大数据、5G等新兴产业加快集聚，高新技术企业由2015年的26家发展到2020年的149家，增加值占规上工业增加值的比重提高到17.9%；战略性新兴产业占比从10%提高到24.3%，成为全国最大的半挂车、调味品、芝麻油生产基地，全国重要的原料药生产基地，河南省最大的电动摩托车、醋酸和三聚氰胺生产基地。

三是智能制造加快融合。截至2020年底，驻马店成功培育71家市级智能制造示范企业，其中26家企业被评为省级智能工厂（智能车间）；滚动培育智能化改造项目254个，总投资542.84亿元；为300家企业提供专业化、常态化的智能化改造诊断服务，出具100份专业诊断报告；全市累计上云企业3037家，实现了规模以上企业"上云"全覆盖。

四是产业集群优势彰显。产业集群进一步壮大，鹏辉电源、昊华骏化、中集华骏、天方药业等骨干企业不断壮大，培育了农产品加工千亿级产业集群和装备制造、轻纺等百亿级县域特色产业集群。推进驻马店市战略性新兴产业培育和发展，是主动应对经济新常态、推进供给侧结构性改革的内在要求，也是驻马店发挥比较优势、构建新型产业体系的必然选择。

（三）战略性新兴产业创新要素集聚不断增强

一是产业规模增长迅速。驻马店市战略性新兴产业涵盖高环保装备和服务业、现代生物和生命健康产业、电子信息产业、新材料产业、节能与新能源汽车产业、5G产业等多个产业门类。2020年,驻马店工业战略性新兴产业增加值占规模以上工业增加值比重为24.3%,超额完成"十三五"时期的规划目标。

二是产业特色日趋鲜明。驻马店各个县区基本上已形成自己的特色产业,如驿城区的装备制造产业、汝南县的电动车产业、平舆的防水防潮产业等。在电子玻璃、电子信息、新能源电动汽车、新能源电动二轮车等专业园区内已经初步形成较为完整的产业链。电动车整车生产企业设计产能达到260万辆、零配件300万套,立马车业、绿佳车业在全国2000多家电动车生产企业中排名前十,已成为全省重要的电动车生产基地。

三是骨干企业不断壮大。在电动车产业、电子信息产业、新材料产业等领域均形成了以若干大企业为龙头的发展格局。个别领域(如超薄玻璃技术)甚至填补国内空白,个别企业的产销量连续多年居全国同行业第一(如半挂车、螺旋霉素原料药等),部分企业迈入行业百强之列(如中国氮肥企业50强、中国化工企业100强等)。

四是创新引领获新突破。驻马店市全员劳动生产率从2015年的33000元/人增至2020年的56000元/人;科技进步贡献率从2015年的55%增至2020年的60%;每万人发明专利拥有量从2015年的0.31件增至2020年的0.68件;互联网普及率从2015年的61%增至2020年的80%以上;"十三五"期间创建国家级创新平台10家。

五是创新主体发展态势良好。培育创新引领型企业,实施科技型中小企业"小升高"和"双提升"培训培育行动。"十三五"末高新技术企业达176家,是"十二五"末的6.7倍。建立创新引领型机构,在市政府主导下,依托黄淮学院,成立了驻马店产业创新发展研究院等6个学院。

六是创新引领型平台建设成效显著。一批国家和省级重大创新平台落地建设。截至2020年,认定国际联合实验室1家、省级重点实验室1家,认定国家级星创天地3家、省级星创天地4家。拥有国家级企业技术中心2家,省级企业技术中心34家;拥有河南省工程实验室、工程研究中心16家,初步形成了较为完善的技术研发体系。

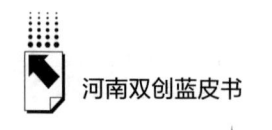

（四）现代农业创新要素集聚提升加速

以打造"国际农都"为引领，促进农业高质高效、乡村宜居宜业、农民富裕富足，驻马店奋力实现农业农村现代化创新要素加速提升。

一是优势特色产业不断壮大。初步形成一批在全国具有较大影响的特色产业集群。花生种植面积和产量连续20年保持全国第一位，2020年突破550万亩，正阳县花生产业集群集聚发展效应凸显，正在发展成为国家花生现代产业核心引领高地；白芝麻种植面积达到88万亩，居全省第一位，建成全国知名的平舆芝麻特色小镇；畜牧业产值达到396亿元，居全省第一位，肉、蛋、奶产量分别居全省第一、第二、第三位，肉牛、生猪养殖规模分别居全省第一、第二位，培育出泌阳夏南牛国家级优势特色产业集群，"泌阳夏南牛"业已成为中国第一肉牛品牌；蔬菜种植面积达到185万亩，食用菌鲜品产量达到60万吨，中药材种植面积稳定在21万亩以上，在全省乃至全国均有重要影响。

二是农产品加工业迅猛发展。依托中国农产品加工业投资贸易洽谈会、中国（驻马店）国际农产品加工产业园和现代农业产业园、农业产业强镇等载体平台建设，相继引进思念食品、今麦郎、恒都等一批全国知名农产品加工企业，培育壮大十三香、久久农科等一批本土企业。截至2020年，驻马店农产品加工企业发展到1710家，农业产业化重点龙头企业达到410家，其中国家级6家、省级80家、市级324家，均居全省前列。以龙头企业为引领，培育市级以上农业产业集群62个，其中省级集群21个，位居全省第一；培育省级农业产业化联合体21个，位居全省第二。2018年，借力农产品加工业会展经济助推大发展，驻马店市荣获国务院督查激励和通报表扬。农产品加工业产值达到1884亿元，成为全市产值超千亿元的支柱产业，为农业增效、农民增收、农村发展做出了突出贡献。

三是绿色发展水平显著提高。农业清洁生产步伐加快，主要农作物化肥利用率40.0%、农药利用率40.1%、秸秆综合利用率95.5%、畜禽粪污资源化利用率98.4%。农产品质量安全水平不断提升，八县一区全部成功创建省级农产品质量安全县区，主要农产品检测合格率常年稳定在97.0%以上,"三品一标"认证数量达到229个,其中绿色食品92个。品牌创建实现新突破,成功培育出正阳花生、平舆白芝麻、泌阳夏南牛、泌阳花菇、确山黑猪等一系列全国知名区域品牌,其中正阳花生、平舆白芝麻、泌阳夏南牛3个品牌成功入选《中国农业品牌目录》。

四是科技支撑引领能力不断增强。以农业高质量发展为重点,加快农业科技创新体系建设,着力推广应用了一批绿色发展技术、现代设施装备、农产品仓储物流和精深加工技术,加快现代智慧农业和创意农业技术应用,农业发展的科技支撑引领作用全面提升。建立国家级农业科技园区1个、院士工作站12个,以"引进一个院士,带来一个团队,培养一批人才,带动一个产业"的创新资源集聚效应,发展"院士经济"。新品种、新技术、新设施、新装备推广应用取得明显成效,良种覆盖率稳定在98%以上,高效节水灌溉面积达到45万亩,农业综合机械化率达到88.5%以上,小麦、玉米、花生基本实现全程机械化。

五是新型农业经营主体蓬勃发展。加大对新型农业经营主体扶持支持力度,实现了数量质量并重发展。截至2020年底,新型农业经营主体达到37438家,居全省第一位。注册农民合作社22787家,其中国家级示范社45家、省级示范社87家;注册家庭农场9954家。社会化服务组织不断壮大,达到2522家,其中省级示范组织22家、市级示范组织66家。

(五)科技创新支撑能力显著增强

面对新态势带来的新机遇和新挑战,驻马店深入实施以"创新驱动、教育优先"为统领的"十大战略",找准关系经济转型升级、产业命脉的关键环节,提供更多高质量科技供给,充分释放科技创新潜力,提升科技创新支撑驻马店现代化发展的能力。

一是科技核心力量加速壮大。2022年,驻马店共培育创新龙头企业15家、瞪羚企业27家、雏鹰企业29家、国家高新技术企业128家;认定市级工程技术研究中心83家、市级重点实验室15家;培育省级、市级农业科技园区5家,认定省级农业科技园区1家、省级企业技术中心11家、市级企

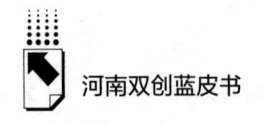

业技术中心26家。

二是提升企业科技创新原动力。截至2022年底，驻马店培育先进制造业创新主体199家，评价入库国家科技型中小企业388家，推动规上工业企业研发活动全覆盖，强化企业创新主体地位，引导创新要素向企业集聚，建立健全"微成长、小升高、高变强"梯次培育机制；培育一批具有国际影响力的行业领军企业，带动一批科技型中小企业发展壮大，提升驻马店重点产业创新能力与核心竞争力。

三是全社会研发经费持续增加。科技投入增速加快，按照"财政科技投入只增不减"的政策要求，2022年驻马店全市财政科技支出11777万元，比上年增长7.8%，实现财政科技投入连续5年高增长，全社会研发投入增速持续高于经济增长水平。

四是"院士经济"集聚效应凸显。为弥补高校、科研院所不足，驻马店出台了《驻马店市深化"院士经济"发展 推进产业转型升级工作方案》等一系列重大科技创新政策举措，"花生院士"张新友、"食用菌院士"李玉、"防水院士"王复明等22名院士全力为驻马店科技创新发展赋能增势，推动驻马店科技创新换道领跑。

五是实施科技成果转化工程。支持建立科技成果转化服务平台，开展科技成果转化能力提升行动。加强科技成果奖励和知识产权保护，强化企业创新主体地位，促进创新链产业链融合。以提高研发投入强度为重心，推动企业研发财政补助政策落实，进一步激励企业持续加大科研投入力度，推动科技与经济紧密结合。

三 驻马店加速创新要素集聚提升的经验启示

驻马店作为农业大市，存在科技基础薄弱、科技资源不足等诸多制约创新要素集聚提升的障碍，但通过全市上下积极努力，不断补短板、增强项，创新要素不断加速集聚提升，创新能力明显增强。综上分析，主要有以下经验启示。

一是加强党的领导，做好顶层规划。驻马店市委、市政府高度重视创新能力提升，久久为功，相继发布了《驻马店市"十四五"科技创新和一流创新生态建设规划》《关于加快构建一流创新生态建设科技创新强市的实施意见》《驻马店市深化"院士经济"发展　推进产业转型升级工作方案》等一系列含金量很高的政策举措，为构建一流创新生态，支撑现代化驻马店建设制定了规划图和路线图。

二是借力"院士大脑"，实现换道超车。通过不断借势借力，大力发展"院士经济"，建成高能级院士工作站12个、中原学者工作站2个、国家企业技术中心2个、博士后科研工作站11个，搭建战略咨询、科技攻关、人才培养"三大平台"，促进院士才智与地方产业深度融合。坚定走好创新驱动高质量发展"华山一条路"，多措并举引领催化产业能级提升，赋能驻马店弯道超车、换道领跑，实现了"引进一个院士、带来一个团队、带动一个产业"的良好局面。

三是持续增加投入，培植创新源泉。不断加大科技资金投入力度，是创新要素集聚提升的基础。驻马店在财政困难的情况下，持续加大财政科技资金投入力度，实现财政科技资金投入多年增幅都在50%以上，鼓励引导企业不断增加研发资金投入，推动创新能力不断提升。

四是优化服务生态，厚植创新沃土。建立市领导结对联系院士、重要决策院士专家咨询制度和常态化合作机制，打出"1+N"人才政策"组合拳"。设立人才发展专项资金，倾力打造招才引智的"环境高地"、快捷高效的"服务高地"和筑巢引凤的"项目宝地"，让人才"引得进、留得住、用得好"，逐步把院士"才富"演变为天中"财富"。

五是搭建创新平台，激发内生动力。通过搭建战略咨询、科技攻关、人才培养"三大平台"，加大财政奖补力度，激励企业大胆创新，完善"微成长、小升高、高变强"创新型企业梯次培育机制；完善科技成果转化服务平台，提升科技成果转化能力，强化企业创新主体地位，促进创新链产业链融合发展，激发企业创新发展内生动力。

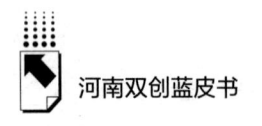

参考文献

《习近平：深入理解新发展理念》，《民心》2019年第5期。

郝汉舟等：《创新要素集聚与产业升级：中介效应和调节效应研究》，《长江流域资源与环境》2022年第11期。

汪彬等：《创新要素对绿色经济的影响及空间效应研究》，《华东经济管理》2022年第8期。

刘诗蓉等：《连作对半夏生长及次生代谢产物的影响》，《中药材》2022年第1期。

周璇、陶长琪：《创新要素集聚、制度质量与产业结构高端化》，《数量经济研究》2021年第4期。

王晓君等：《创新要素集聚对京津冀农业科技协同发展的影响》，《地域研究与开发》2021年第3期。

刘帅等：《中国创新要素集聚能力的时空格局与动态演化》，《科技进步与对策》2021年第16期。

王淑英、寇晶晶、卫朝蓉：《创新要素集聚对经济高质量发展的影响研究——空间视角下金融发展的调节作用》，《科技管理研究》2021年第7期。

刘和东、刘繁繁：《要素集聚提升高新技术产业绩效的黑箱解构——基于经济高质量发展的门槛效应分析》，《科学学研究》2021年第11期。

杨博旭等：《从分散到协同：高新技术产业创新要素集聚发展路径》，《科技管理研究》2020年第12期。

吴卫红等：《创新要素集聚对区域创新绩效的溢出效应研究——基于门槛值的分析》，《科技管理研究》2020年第5期。

周元元、冯南平：《创新要素集聚对于区域自主创新能力的影响——基于中国各省市面板数据的实证研究》，《合肥工业大学学报》（社会科学版）2015年第3期。

江永真：《区域企业创新要素集聚效益评价》，《福州大学学报》（哲学社会科学版）2015年第3期。

池仁勇等：《创新要素集聚与区域创新绩效研究——基于浙江中小企业的实证分析》，《浙江工业大学学报》（社会科学版）2014年第2期。

丁荣余、卜安洵：《江苏数字经济创新发展的若干建议》，《唯实》2020年第4期。

《驻马店市人民政府关于印发驻马店市"十四五"数字经济和信息化发展规划的通知》，驻马店市人民政府网站，2022年3月9日，https：//www.zhumadian.gov.cn/html/site_gov/articles/202203/150895.html。

《驻马店市人民政府关于印发驻马店市"十四五"战略性新兴产业和未来产业发展规划的通知》，驻马店市人民政府网站，2022年3月9日，https：//www.zhumadian.gov.cn/html/site_gov/articles/202203/150893.html。

Abstract

With the theme of "accelerating the aggregation of factors of innovation", the book is divided into general reports, innovation entities, innovation environment, innovation industries and innovation studies, striving to reflect the practices and results of Henan's acceleration of the agglomeration and upgrading of innovation factors since 2022 from different perspectives, and provide strong theoretical and intellectual support for solidly promoting the construction of modern Henan and composing a more brilliant chapter in the new era of Zhongyuan.

General Reports consists of two sub-reports. "Analysis on Innovation Factor Agglomeration and Upgrading and Henan's Economic Development Policy in 2022−2023", on the basis of reviewing the effectiveness of innovation factor agglomeration and improvement in Henan Province, systematically analyzes the situation of accelerating innovation factor agglomeration and upgrading and Henan's economic development in 2023, and puts forward countermeasures and suggestions for Henan to accelerate the agglomeration and improvement of innovation factors in 2023. The "Henan Province Urban Innovation Capacity Evaluation Report (2023)", from the empirical point of view, constructs an urban innovation capacity evaluation index system in Henan Province that includes 5 first-level indicators and 37 second-level indicators, evaluates the innovation capabilities of 18 provinces and municipalities in Henan Province, and analyzes the total evaluation score ranking and sub-index scoring ranking.

Innovation Entities starting from the reality of innovation and development in Henan Province, this chapter takes innovative entities such as colleges and universities, Zhongyuan Agricultural Valley, science and technology business incubators, and "Specialized, Refined, Differential and Innovative" small and medium-sized enterprises as research objects, and supports the high-quality development of regional economy in Henan's higher education, improves the incubation capacity of Henan vocational college incubators, accelerates the construction of the Zhongyuan Agricultural Valley, promotes the construction of science and technology business incubators in Zhengzhou, cultivates the high-quality development of "Specialized, Refined, Differential and Innovative" small and medium-sized enterprises in Luoyang City, and explores the implementation of educational science and technology innovation and the creation of "double first-class" in Henan University of Science and Technology Universities and other issues have been thought about and made suggestions.

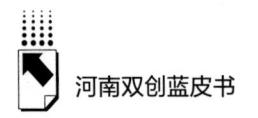

Innovation Environment focuses on the themes of the commercial application system of technological achievements, the innovation support system for advanced agricultural provinces, the digital business environment and innovation ability, the creation of a good environment for the introduction and cultivation of innovative talents, the deep integration of the capital chain of the innovation chain, the capital chain and the talent chain, etc., to carry out analysis and research on the current innovation environment in Henan Province. It puts forward countermeasures and suggestions to accelerate the construction of a system for commercial application system of technological achievements, improve the innovation support system for the construction of an advanced agricultural province, optimize the digital business environment, create a good environment for the introduction and cultivation of innovative talents, and promote the deep integration of the innovation chain, industrial chain, capital chain, and talent chain.

Innovation Industries guided by promoting the transformation and upgrading of the industrial structure, with the goal of making the real economy stronger and better, this chapter puts forward relevant ideas and policy suggestions for the agglomeration of innovative factors to help the construction of Henan's modern industrial system from five aspects: the forward-looking distribution of Henan's future industries, the improvement and development of traditional industries, the cultivation and growth of strategic emerging industries, the optimization and upgrading of modern service industries, and the green development of agriculture,

Abstract

so as to provide strong support for Henan Province to comprehensively shape new advantages for development and calmly cope with development changes and challenges at home and abroad.

Innovation Studies based on the practical experience of Henan Province and other cities in implementing the innovation development strategy, this chapter takes the deepening of the reform of the scientific and technological system in Henan Province, the research on the digital transformation of small and medium-sized enterprises in Henan Province, the green and low-carbon transformation and development of Puyang City, the construction of Nanyang Sub-central City, and the experience of accelerating the agglomeration and improvement of innovation factors in Zhumadian as the starting point, summarize the results achieved in the process of innovation and development, analyzes their existing problems and difficulties, and finally puts forward targeted countermeasures and suggestions. It is expected that this will provide reference for the high-quality economic development of various regions.

Keywords: Innovation and Entreprenewship; Innovation Factors; Modernization Henan

Contents

I General Reports

B.1 Analysis on Innovation Factor Agglomeration and
Upgrading and Henan's Economic Development Policy
in 2022-2023　　　　*Research group of Henan Zhongyuan*
Innovation and Development Research Institute / 001

Abstract: Since 2022, Henan has placed innovation at the starting point of development and the core position of modern Henan's construction, continued to expand diversified innovation entities such as private enterprises and small and medium-sized enterprises, greatly stimulated the agglomeration of innovative factors such as platforms, carriers, talents, and funds to improve efficiency, accelerated the elimination of low-cost factor input development model, and provided solid support for stabilizing the overall economic market.

At present, in the face of profound changes in the macro environment at home and abroad, the economic development of Henan Province is also facing unprecedented opportunities and challenges. On the one hand, China's economic recovery has accelerated, scientific and technological innovation has made all-round efforts, and the foundation for long-term economic improvement is relatively solid. On the other hand, the province's economic development is facing increased uncertainty, some structural contradictions are further prominent, and the task of promoting high-quality development is more arduous. Judging from the current situation at home and abroad, Henan is facing more opportunities than challenges.

In 2023, we should take Xi Jinping Thought on Socialism with Chinese Characteristics for a New Era as the guide, comprehensively study and implement the concept of the 20th National Congress of the Communist Party of China and the concept of the Central Economic Work Conference, implement the work arrangements of the provincial party committee and the provincial government, firmly grasp the strategic opportunity of building a new development pattern, and comprehensively implement various measures to promote economic growth and focus on reform and innovation to unleash policy effectiveness.

In the current era of increasingly fierce competition for innovative factors, Henan still needs to start in the construction of innovation ecology, the construction of high-level innovation platforms, the cultivation of high-level talents, the construction of diversified financial support systems, the strengthening of the main position of enterprise innovation, the commercial application and industrialization of scientific and technological achievements, etc., to accelerate the formation of a joint force to promote high-quality development.

Keywords: Innovation Factors; High-quality Development; Innovation and Entrepreneurship; Institutional Innovation; "Three Batches of Projects"

B.2 Evaluation Report on Urban Innovation Capacity in Henan Province (2023) *Research group of Henan Zhongyuan Innovation and Development Research Institute* / 043

Abstract: Since the 20th CPC National Congress, Henan Province has implemented the requirements of the Central Committee, insisted that science and technology are the primary productive forces, talents are the primary resources, and innovation is the primary driving force, and placed innovation in the core position of promoting Chinese-style modernization. This report constructed an evaluation index system of urban innovation capacity in Henan Province consisting of 5 first level indicators and 37 statistical indicators, and used statistical data to evaluate urban innovation capability, and Zhengzhou, Luoyang and Xinxiang maintained the top three urban innovation capabilities in Henan Province. Combined with the evaluation results, the report put forward countermeasures and suggestions on the devel-opment of urban innovation capabilities, increasing investment in scientific and technological innovation, accelerating innovation-driven industrial upgrading, continuously optimizing the scientific and technological innovation ecology, and deepening regional scientific and technological innovation cooperation.

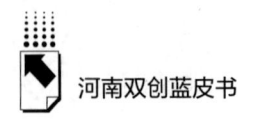

Keywords: Innovation Capability; Scientific and Technological Innovation; Henan Province

Ⅱ Innovation Entities

B.3 Research on Henan Higher Education to Support High-quality Regional Economic Development   *Gao Xin* / 060

Abstract: From the perspective of system coupling relationship, this Henan case study clarifies the mechanism of higher education supporting high-quality development of regional economy, the coupling coordination model is used to calculate the interactive relationship between higher education and regional economy in Henan from 2012 to 2022. Research has found that Henan's higher education and regional economy have formed interaction and co-change, and the two are in a stage of moderate coordinated development, and the overall coupling and coordination degree is slowly increasing. Therefore, Henan should be guided by strategic needs and strengthen the top-level design of higher education, take fosters virtues and cultivating talents as the fundamental to accelerate talent training, improve quality and innovation. Henan also should take discipline construction as the leader to enhance the original innovation ability of colleges and universities; In addition, Henan should take cooperation and sharing as the path to build an open landscape of higher education and take deepening reform as the driving force to optimize the governance system of higher education.

Keywords: Henan Higher Education; Regional Economy; Coupling Coordination Degree

B.4 Research on Strategies for Enhancing the Incubation Ability of Incubators in Higher Vocational Colleges in Henan Province　　　　　　　　*Bai Wenjing* / 074

Abstract: The incubator of higher vocational colleges is an incubation base organized and established in vocational colleges, which aims to cultivate the practical and entrepreneurial ability of students and teachers, promote the commercial application of scientific research achievements, and promote the development of start-ups. At present, the incubator of vocational colleges and universities has encountered many problems in the incubation process, resulting in a great reduction in its incubation ability, and how to improve the scientific research level and incubation ability of incubators of vocational colleges and universities has become very important. This paper takes three vocational colleges in Henan as the investigation objects, discusses the functions of higher vocational college incubators from the aspects of strengthening the construction of higher vocational colleges themselves, strengthening cooperation between higher vocational colleges and enterprises, and school-school cooperation, so as to meet the multi-faceted needs of higher vocational college management and enterprise operation, and provide some practical suggestions for improving the incubation capacity of higher vocational college incubators. This paper believes that improving the single incubation mechanism of the current incubator of higher vocational colleges has certain innovative significance and has improved the incubation capacity of higher vocational college incubators in Henan as a whole.

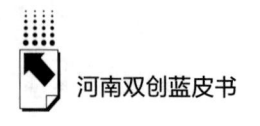

Keywords: Incubators in Vocational Colleges; Incubation Capacity; Henan Province

B.5 Accelerate the Construction of the Zhongyuan Agricultural Valley and Build a Focused Area of National Modern Agricultural Science and Technology Innovation

Dou Xiaoli, Zhao Pin / 087

Abstract: The construction of the Zhongyuan Agricultural Valley is of great significance, which is a new responsibility and new action for Henan to ensure national food security. It is a major arrangement for anchoring the "Maintain security in two key areas" to implement the "Ten Strategies", and a major measure to realize agricultural and rural modernization based on the conditions of Henan Province. With the development of seed industry as the core, Zhongyuan Agricultural Valley is a comprehensive development platform for the deep integration of industrial chain, innovation chain, supply chain and value chain "four chains", innovation is the key focus of Zhongyuan Agricultural Valley, and in the future, innovation should be taken as the lead to accelerate construction from multiple aspects such as technological innovation, institutional innovation, policy guarantee, and project construction, to help build a focused aera of national modern agricultural technology innovation.

Keywords: Zhongyuan Agricultural Valley; Modern Agricultural; Technology Innovation

B.6 Research on Strategies for Promoting the Construction of Technology Enterprise Incubators in Zhengzhou

Han Xiong, Wei Qiongrui and Liu Ruina / 097

Abstract: Science and technology business incubators are an important part of the national innovation system and an important carrier to enhance the vitality of innovation and entrepreneurship. Promoting the construction of incubators will help achieve high-quality entrepreneurship, form industrial clusters, and a new driving force for regional economic development. Although China ranks first in the number of incubators globally, there is still a gap in the quality of development compared to some developed countries and regions. Focusing on the development and construction of incubators in Zhengzhou, this paper systematically analyzes the development status and main problems of incubators in Zhengzhou and draws on the development experience of some excellent incubators. This paper puts forward Countermeasures and suggestions to accelerate the development of Zhengzhou's science and technology business incubator in six aspects, they are mainly as follows: Zhengzhou should scientifically strengthen the top-level planning, put more efforts on counseling and guidance, and strive to become a national incubator. Zhengzhou also should optimize incubator management and diversify profit models, pay attention to the quality of incubators, and strengthen the assessment of incubators. In addition, Zhengzhou should Implement talent strategy and improve the quality of mentors, diversify service models to achieve sustainable development.

Keywords: Technology Enterprise Incubator; Innovation and Entrepreneurship; Zhengzhou City

B.7 Research on Cultivating High-quality Development of "Specialized, Refined, Differential and Innovative" Small and Medium-sized Enterprises in Luoyang City

Qian Yi, Liu Yulai / 112

Abstract: After 30 years of development, SMEs have played an important role in entrepreneurship and employment, technological innovation and maintaining the stability of the national economy. "Specialized, Refined, Differential and Innovative" SMEs (SRDI-SMEs) are the leaders of SMEs, and the key nodes of the industrial chain and supply chain. This paper analyzes the development system, overview, and problems of SRDI-SMEs with different level in Luoyang City and clarifies the development trend. This paper also puts forward countermeasures and suggestions for the high-quality development of SRDI-SMEs in Luoyang City from the aspects of the management department's practical recruitment, increase the intensity of talent introduction and cultivation, innovate the working methods of enterprise financial services, improve the concept system of "innovation and entrepreneurship", and create a first-class business environment, so as to inject innovative vitality into the regional economy and the high-quality development of SMEs.

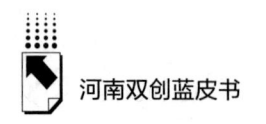

Keywords: Specialized Refined Differential and Innovative; Small and Medium-sized Enterprises; High-quality Development

B.8 A Study on Henan University of Science and Technology Implements Educational Science and Technology Innovation and Develop Double First-Class University

Wang Hongbin / 123

Abstract: The report of the 20th CPC National Congress proposed that "education, science and technology, and qualified personnel are the basic and strategic support for the comprehensive construction of a modern socialist country". Under the background of the in-depth promotion of the "double first-class university" construction by the Party and the state, local colleges and universities need to strive to achieve high-quality and connotative development in serving the national strategy and the overall situation of high-quality local economic and social development. Based on the research and innovation of Henan University of Science and Technology, this paper discusses the innovation of education science and technology and the establishment of a first-class university that conforms to China's reality, meets the requirements of modernization of

Chinese-style higher education, and has a "science and technology university paradigm".

Keywords: Regional Comprehensive University; Education and Technology Innovation; Double First-Class Construction University

Ⅲ Innovation Environment

B.9 Research on the System of Commercial Application of
Technological Achievements in Henan　　　　Li Bin / 135

Abstract: Focusing on the construction of the system of commercial application of technological achievements in Henan Province, this paper analyzes the progress of the construction of the system of commercial application of technological achievements from the aspects of policy system, platform carrier, technology transaction scale, and driving economic development. This paper also analyzes the problems and shortcomings of Henan's system of commercial application of technological achievements under the new situation from the aspects of institutional mechanism, policy implementation, input mechanism, and achievement supply. On this basis, in line with the overall goal of Henan's construction of a national innovation hub, the general idea was put forward from the perspectives of institutional mechanism innovation, source supply improvement, factor market construction, major project demonstration, and platform carrier support. In addition, from the perspectives of improving the top-level design, improving the investment mechanism, strengthening talent security, strengthening financial support, and creating a good atmosphere, this paper puts forward countermeasures and suggestions to accelerate the construction of the system of commercial application of technological achievements.

Keywords: Commercial Application of Technological Achievements; Technology Factor Market; Technology Contract Transaction

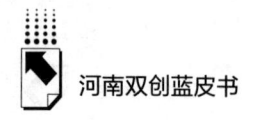

B.10 Research on the Innovation Support System for Henan's
Construction of an Advanced Agricultural Province

Chen Mingxing / 147

Abstract: The construction of a strong agricultural province is an inevitable choice to ensure the high-quality construction and high-level modernization of Henan. As a province with a large agricultural industry and a large rural population, Henan should do solid work and be in the forefront in speeding up the construction of an agricultural power. Henan must strengthen the innovative support for the construction of an advanced agricultural province, highlight problem-oriented, demand-oriented, green development-oriented, high-quality development-oriented, consolidate the fundamentals, make up for shortcomings, strengths and weaknesses, promote advantages, and tap potential. Henan should also improve the development level of rural characteristic industries in the whole chain, improve the level of livable and workable and beautiful rural construction with all factors, and improve the quality and ability of modern science and technology in all subjects.

Keywords: Advanced Agricultural Province; Innovation Support; Commercial Application of Achievements

B.11 Research on Henan's Digital Business Environment and
Innovation Capacity

Zhang Bing / 160

Abstract: The digital business environment is the integration of digital government and business environment, providing market entities with seamless, convenient, and efficient services. A good digital business environment can improve the innovation ecosystem and stimulate innovation. Based on the theoretical analysis of the relationship between digital business environment and innovation capacity and related mechanisms, this paper constructs digital business environment indicators from five dimensions: digital infrastructure construction, digital talent supply, digital market environment, digital government environment and digital financial environment, using Henan statistical data of the 2021, and the impact of Henan's digital business environment on innovation capacity is empirically analyzed. The study found that a good digital business environment can enhance Henan's innovation ability. It is recommended that Henan accelerate the construction of intelligent government, strengthen the construction of digital infrastructure, promote the open sharing of public data, and increase the supply of digital talents to improve Henan's digital business environment and innovation capabilities.

Keywords: Digital Business Environment; Patent Licensing; Enterprise Innovation

B.12 A Study on Creating a Good Environment for Introducing and Cultivating Innovative Talents in Henan Province *Wei Zheng* / 171

Abstract: Talent is the core element of innovation and development, and the introduction and cultivation of innovative professionals has always been the focus of talent policy competition in various provinces. Henan has always been a major province of human resources, but due to various factors, there is a serious shortage of innovative professionals. Based on the actual situation, this paper analyzes the preferential policies that Henan has introduced for talent attraction policy, compiled a catalogue of urgently needed workforce, and increased the support for the welfare of innovative professionals. At the same time, it analyzes the serious loss of scientific and technological professionals, the gravity of the macro environment is still relatively insufficient, the demand analysis of the refinement of the introduction policy is insufficient, the homogenization of the introduction policy and method, and the "top-heavy" of the whole process of introduction are analyzed. The study proposes to strengthen the top-level design and continuously optimize the talent attraction environment. The study also suggests doing a better job in industrial development planning and establish a list of talent needs, optimize the evaluation and assessment mechanism of attraction policies.

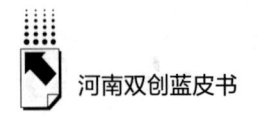

Additionally, the study makes recommendations for creating an atmosphere that respects science and advocates innovation.

Keywords: Innovative Professionals; Talent Attraction; Talent Environment

B.13 Henan Promotes the Deep Integration of Innovation Chain, Industrial Chain, Capital Chain and Talent Chain

Cui Mingjuan / 182

Abstract: In the new stage of development, promoting the deep integration of Henan's innovation chain, industrial chain, capital chain, and talent chain, and accelerating the formation of a more interconnected innovation ecological cycle is not only an inevitable choice to cope with the world's unprecedented changes in a century, but also a realistic need to seize the historical opportunity of high-quality development in the new era. Although Henan has carried out a series of practical explorations in the integration of the "four chains", there are still practical problems that need to be solved urgently, such as top-level design to be improved, weak independent and controllable ability of the industrial chain, low degree of scientific and technological resource sharing, and weak strategic scientific and technological force. On this basis, the paper puts forward relevant policy suggestions from the aspects of continuously improving the top-level design, accelerating the improvement of the independent and controllable ability of the industrial chain, focusing on strengthening the sharing of scientific and technological resources, and strengthening the distribution of strategic scientific and technological forces. To help promote the deep integration of the "four chains" and accelerate the agglomeration of innovation elements, which is of positive significance for writing a new chapter in the construction of modern Henan.

Keywords: Innovation Chain; Industry Chain; Capital Chain; Talent Chain; Four Chain Deepth Integration

Ⅳ Innovation Industries

B.14 Henan's Future Industrial Distribution Supported by
Innovative Factor Agglomeration　　　*Shang Sining* / 197

Abstract: Regarding the new round of scientific and technological revolution and industrial transformation, cultivating future industries has become a key measure to reshape the competitive advantage of regional industries. Henan has clearly proposed "forward-looking distribution of future industries" in its lane changing and leading strategy and emphasized the key cultivation of six major future industries in the "14th Five Year Plan". The distribution of Henan's six future industries has been launched and has achieved initial results in some subdivisions, but the lack of high-end innovation factors is still a bottleneck restricting the development of future industries. The paper puts forward countermeasures and suggestions for the innovation and development of Henan's future industries from the aspects of top-level design, platform innovation, scientific and technological research, industrial agglomeration, application promotion, talent introduction, and innovation ecological chain.

Keywords: Innovative Factors; Future Industrial; Industrial Upgrading; High-quality Development

B.15 Henan to Promote the Quality Improvement and
Development of Traditional Industries with the
Agglomeration of Innovative Factors　　　*Zhang Zhijuan* / 209

Abstract: During the 14th Five Year Plan period, the improvement and development of traditional industries in Henan Province is a key focus. Accelerating the quality improvement and development of Henan's traditional industries is a strategic need to build a new development pattern, a strong guarantee for accelerating the construction of a manufacturing innovation hub, and an important path for striving to build a modern Henan. Accelerating the agglomeration of innovation factors is the key to Henan's traditional industries to achieve the transformation of "high-end, intelligent, green and service-oriented". Henan has recently achieved initial results in helping Henan's traditional industries improve the quality and development with the agglomeration of innovative factors. For example, the policy support system has been continuously improved, the energy level of the food industry chain has been continuously improved, a large number of projects have been accelerated and reinforced, scientific and technological innovation has empowered the transformation and upgrading of traditional industries, and the business environment has been continuously optimized.

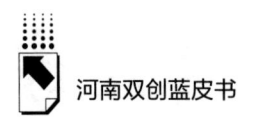

To further promote the agglomeration of innovation factors and help the quality and development of traditional industries in Henan Province, Henan needs to continue to make efforts to strengthen the government's macro-control, build an innovation resource integration and coordination system, strengthen the introduction and cultivation of high-skilled talents, and promote green and low-carbon development.

Keywords: Innovation Factor Agglomeration; Traditional Industries; Quality Improvement and Development; Integration of Innovation Resources

B.16 Henan Helps Cultivate and Grow Emerging Sectors of Strategic Importance with the Agglomeration of Innovative Factors *Liu Xiao* / 221

Abstract: As a technology and knowledge intensive industry, strategic emerging industries are the core of consolidating and strengthening the real economy, as well as the core engine and key support for high-quality international and regional transformation and development, which is of great significance for enhancing the sustainable economic and social development capacity of the country and various regions and transforming the mode of economic development. In the new stage, Henan's strategic emerging industries have achieved remarkable results in terms of industrial scale, innovation ability, industrial system, and development environment, but there is still a big gap compared with developed coastal areas, and there are some outstanding problems. Henan should focus on innovation factors such as technology, platform, talents, capital, and environment, promote the agglomeration and coordinated development of innovation factors, and improve the technological innovation system by improving independent innovation capabilities. Henan should also strengthen the construction of innovation platforms to promote the development of industrial clusters and promote the introduction of innovative talents to fully stimulate the vitality of talents. In addition, Henan should strengthen innovation policy guidance, deepen institutional reform, etc., and help cultivate and grow strategic emerging industries with the agglomeration of innovation factors.

Keywords: Strategic Emerging Industries; Innovative Factors; High-quality Development

B.17 Strategies for Henan Province to Assist in the Optimization and Upgrading of Modern Service Industry with the Agglomeration of Innovative Factors　　*Du Wenjuan* / 233

Abstract: The modern service industry is an important force driving economic growth. In recent years, the modern service industry in Henan Province has achieved some results in the process of development. However, there are still problems, they are mainly as follows: the overall development level needs to be improved, the internal structure is not excellent, the regional development is unbalanced, lack of integration between advanced manufacturing and modern service industries, and the factor guarantee capacity is insufficient. Therefore, it is necessary to help the optimization and upgrading of modern service industries from the aspects of strengthening effective supply, optimizing industrial structure, strengthening regional coordinated development, promoting cross-industry integrated development, and strengthening the guarantee of innovation factors, to promote the high-quality development of modern service industries in Henan Province.

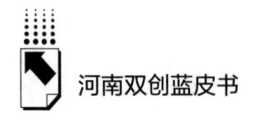

Keywords: Modern Service Industry; Innovation Factors; High-quality Development; Henan Province

B.18 Zhengzhou City Accelerates the Practical Innovation of Green Agricultural Development with the Recycling of Pesticide Packaging Waste *Zhao Pin* / 246

Abstract: In recent years, Zhengzhou has learned from the advanced experience of pesticide packaging waste recycling and treatment from other places. Zhengzhou actively explores new models based on local conditions and builds a diversified and cooperative recycling and treatment system between the government, farmers, enterprises and society in accordance with the idea of "reduction, recycling, and harmlessness". Zhengzhou has established a long-term mechanism guided and supported by the government, classified and aggregated by users, and actively participated by enterprises and social organizations. Thus, the soil environmental quality of agricultural land in Zhengzhou has been maintained well, the soil pollution prevention and control system has been gradually improved, and the rural living environment has been further improved.

Keywords: Pesticide Packaging Waste; Agricultural Green Development; Zhengzhou City

V　Innovation Studies

B.19 Research on Ideas and Countermeasures for Deepening the Reform of the Science and Technology System in Henan Province　　　　　　　　　　　*Liu Weixing* / 257

Abstract: To put the guiding principles from 20th National Congress of the Communist Party into action, and deeply implement the strategy of innovation-driven, science and education promoting the province, and talent strengthening the province, it is urgent to further reform the scientific and technological system and carry out greater research and practice. This article analyzes the main achievements, experiences, practices, and existing problems of deepening the reform of the science and technology system in Henan Province. It studies the reform of the science and technology system in Henan Province from the perspectives of innovation platforms, innovation entities, key core technology research, innovative talents, agricultural science and technology innovation, achievement transformation, innovation planning, and innovation environment, providing support for building a national innovation hub and an important talent pool.

Keywords: Science and Technology Innovation; Science and Technology System Reform; Henan Province

B.20 Research on Regional Innovation and Differentiated Development Problems and Countermeasures in Henan Province　　　　　　　　　　　　　　　　　　*Wang Kuiqing* / 271

Abstract: At present, the regional innovation and development of Henan

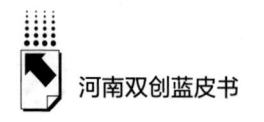

Province shows a good development trend. However, on the other hand, there are phenomena such as the convergence of regional innovation industry layout, equalization of financial guidance fund allocation, similarity of high-tech industry structure, similarity of industry-university-research and technology industrialization, and type of demand for innovative talents, which have become obstacles to regional innovation development. Henan should correctly understand and analyze these problems, and to promote the differentiated development of regional innovation in Henan Province. Thus, it will optimize the innovation ecology, and form a unique, advantageous, collaborative, and staggered development pattern, which will help promote and achieve high quality of regional innovation and development in Henan and build a national innovation hub.

Keywords: Regional Innovation; Differentiated Development; Complementary Advantages; Henan Province

B.21 Research on the Digital Transformation of Small and Medium-sized Enterprises in Henan Province in the Era of Digital Economy

Song Haijing, Zhang Hongyu and Yue Jiakun / 281

Abstract: With the rapid development of information technology, human society has entered a new era characterized by digitalization. The choice of digital transformation strategy and mode of Small and Medium-sized Enterprises (SMEs) is an important issue in the research of digital transformation of enterprises. However, there are still many shortcomings in the current situation of digital transformation of small and medium-sized enterprises in Henan Province, and how to accelerate the digital transformation of SMEs in Henan Province is still an important problem for the development of digital economy. At present, SMEs in Henan Province have weak awareness of digital transformation, large differences in digital transformation progress, difficulty in obtaining and integrating data resources, and other issues.

The digital transformation of SMEs is a key link in the digital economy of Henan Province. In recent years, the Korean government has implemented the Digital New Deal and introduced a series of policies to accelerate the digital transformation of SMEs, reduce the barriers to the application of digital technology for SMEs, build smart factories for SMEs, and build e-commerce platforms for SMEs, and measures to improve the level of government digital services. Based on the analysis of the current situation of the development of the digital economy in Henan Province, this report draws on the relevant policies and experiences of Korean SMEs in digital transformation, which has certain reference significance for the digital transformation of SMEs in Henan Province.

Keywords: Digital Economy; Digital Transformation; Small and Medium-Sized Enterprises; Henan Province

B.22 Puyang City's Practice of Innovation Leading the Development of Green and Low-carbon Transformation

Tian Wenfu / 291

Abstract: Since the 18th National Congress of the Communist Party of China, Puyang City has been positioned as a "resource-based transformation city", focusing on the implementation of innovation-driven and green transformation strategies. Puyang City taking scientific and technological innovation as the guide and institutional mechanism innovation as the driving force, focusing on solving the key bottlenecks in the development of green and low-carbon transformation. It promotes the quality, efficiency, and power transformation of economic and social development. This report investigates and form systematic solutions for the high-quality green and low-carbon transformation and development of resource-based cities in Henan, which provides a practical sample for the green and low-carbon transformation and development of resource-based cities in Henan.

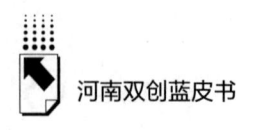

Keywords: Innovation Driving; Green and Low-carbon; Puyang City

B.23 Research on Nanyang Agglomeration Innovation Factors Help Sub-central City Construction *Han Peng / 301*

Abstract: The construction of a provincial sub center has brought significant strategic opportunities to the development of Nanyang. Bearing in mind the instructions of the general secretary, Nanyang scientifically grasped the basic conditions and development opportunities. By strengthening organizational leadership, improving the construction of supporter platforms, and optimizing the mechanism for scientific and technological innovation and development, Nanyang has achieved obvious results in gathering innovation factors, accelerating innovation leadership, and supporting the high-quality construction of provincial sub-central city. However, due to historical factors and practical conditions, the implementation of the innovation driven, science and education driven, and talent driven strategies in Nanyang, as well as the strengthening of the driving force for the construction of sub centers, still faces prominent weaknesses, environmental mechanisms, and cooperative development issues. Thus, relevant targeted suggestions are put forward from the aspects of organizational leadership, project construction, foundation building and excellence, reasonable division of labor between the government and the market, innovative environment, and cooperative development. This report provides reference for scientific decision-making of regional development.

Keywords: Innovation Driven; Sub-central City Construction; Nanyang City

Contents

B.24 Experience and Enlightenment of Accelerating the Accumulation and Upgrading of Innovation Factors in Zhumadian　　　　　　　　　　　*Zhang Xinmin* / 314

Abstract: As a major agricultural city, Zhumadian faces many obstacles such as weak scientific and technological foundation and insufficient scientific and technological resources that restrict the accumulation and improvement of innovation factors. However, through active efforts from all levels of the city to continuously supplement and enhance the shortcomings, the agglomeration and improvement of innovative elements have been continuously accelerated, and the innovation ability has been significantly enhanced. The main experiences and inspirations include: strengthening the leadership of the Party and doing a good job in top-level planning; leveraging the "brain of academicians" to achieve lane change and overtaking; continuously increasing investment and cultivating the source of innovation; optimizing the service ecology to encourage innovation, build an innovation platform to stimulate endogenous motivation.

Keywords: Innovation Factors; Innovation-oriented; Zhumadian City

社会科学文献出版社

皮 书

智库成果出版与传播平台

❖ 皮书定义 ❖

皮书是对中国与世界发展状况和热点问题进行年度监测,以专业的角度、专家的视野和实证研究方法,针对某一领域或区域现状与发展态势展开分析和预测,具备前沿性、原创性、实证性、连续性、时效性等特点的公开出版物,由一系列权威研究报告组成。

❖ 皮书作者 ❖

皮书系列报告作者以国内外一流研究机构、知名高校等重点智库的研究人员为主,多为相关领域一流专家学者,他们的观点代表了当下学界对中国与世界的现实和未来最高水平的解读与分析。截至2022年底,皮书研创机构逾千家,报告作者累计超过10万人。

❖ 皮书荣誉 ❖

皮书作为中国社会科学院基础理论研究与应用对策研究融合发展的代表性成果,不仅是哲学社会科学工作者服务中国特色社会主义现代化建设的重要成果,更是助力中国特色新型智库建设、构建中国特色哲学社会科学"三大体系"的重要平台。皮书系列先后被列入"十二五""十三五""十四五"时期国家重点出版物出版专项规划项目;2013~2023年,重点皮书列入中国社会科学院国家哲学社会科学创新工程项目。

皮书网

（网址：www.pishu.cn）

发布皮书研创资讯，传播皮书精彩内容
引领皮书出版潮流，打造皮书服务平台

栏目设置

◆ 关于皮书
何谓皮书、皮书分类、皮书大事记、皮书荣誉、皮书出版第一人、皮书编辑部

◆ 最新资讯
通知公告、新闻动态、媒体聚焦、网站专题、视频直播、下载专区

◆ 皮书研创
皮书规范、皮书选题、皮书出版、皮书研究、研创团队

◆ 皮书评奖评价
指标体系、皮书评价、皮书评奖

◆ 皮书研究院理事会
理事会章程、理事单位、个人理事、高级研究员、理事会秘书处、入会指南

所获荣誉

◆ 2008年、2011年、2014年，皮书网均在全国新闻出版业网站荣誉评选中获得"最具商业价值网站"称号；

◆ 2012年，获得"出版业网站百强"称号。

网库合一

2014年，皮书网与皮书数据库端口合一，实现资源共享，搭建智库成果融合创新平台。

皮书网　　"皮书说"微信公众号　　皮书微博

权威报告·连续出版·独家资源

皮书数据库
ANNUAL REPORT(YEARBOOK) DATABASE

分析解读当下中国发展变迁的高端智库平台

所获荣誉

- 2020年，入选全国新闻出版深度融合发展创新案例
- 2019年，入选国家新闻出版署数字出版精品遴选推荐计划
- 2016年，入选"十三五"国家重点电子出版物出版规划骨干工程
- 2013年，荣获"中国出版政府奖·网络出版物奖"提名奖
- 连续多年荣获中国数字出版博览会"数字出版·优秀品牌"奖

皮书数据库　"社科数托邦"微信公众号

成为用户

登录网址www.pishu.com.cn访问皮书数据库网站或下载皮书数据库APP，通过手机号码验证或邮箱验证即可成为皮书数据库用户。

用户福利

- 已注册用户购书后可免费获赠100元皮书数据库充值卡。刮开充值卡涂层获取充值密码，登录并进入"会员中心"—"在线充值"—"充值卡充值"，充值成功即可购买和查看数据库内容。
- 用户福利最终解释权归社会科学文献出版社所有。

社会科学文献出版社　皮书系列
卡号：665849129733
密码：

数据库服务热线：400-008-6695
数据库服务QQ：2475522410
数据库服务邮箱：database@ssap.cn
图书销售热线：010-59367070/7028
图书服务QQ：1265056568
图书服务邮箱：duzhe@ssap.cn

法律声明

"皮书系列"（含蓝皮书、绿皮书、黄皮书）之品牌由社会科学文献出版社最早使用并持续至今，现已被中国图书行业所熟知。"皮书系列"的相关商标已在国家商标管理部门商标局注册，包括但不限于LOGO（ ）、皮书、Pishu、经济蓝皮书、社会蓝皮书等。"皮书系列"图书的注册商标专用权及封面设计、版式设计的著作权均为社会科学文献出版社所有。未经社会科学文献出版社书面授权许可，任何使用与"皮书系列"图书注册商标、封面设计、版式设计相同或者近似的文字、图形或其组合的行为均系侵权行为。

经作者授权，本书的专有出版权及信息网络传播权等为社会科学文献出版社享有。未经社会科学文献出版社书面授权许可，任何就本书内容的复制、发行或以数字形式进行网络传播的行为均系侵权行为。

社会科学文献出版社将通过法律途径追究上述侵权行为的法律责任，维护自身合法权益。

欢迎社会各界人士对侵犯社会科学文献出版社上述权利的侵权行为进行举报。电话：010-59367121，电子邮箱：fawubu@ssap.cn。

社会科学文献出版社